KB022155

5개 원소로 읽는
결정적 세계사

Copyright ⓒ 2021 by The Commercial Press, Ltd.
Korean Translation Copyright ⓒ 2024 by Gilbut Publishing Co., Ltd.
This translation is published by arrangement with The Commercial Press, Ltd.
Through SilkRoad Agency, Seoul, Korea.
All rights reserved.

이 책의 한국어판 저작권은 실크로드 에이전시를 통해 The Commercial Press, Ltd.와 독점 계약한
㈜도서출판 길벗에 있습니다. 저작권법에 의해 한국 내에서 보호를 받는 저작물이므로 무단 전재와 복제를 금합니다.

5개 원소로 읽는
결정적 세계사

세상 가장 작은 단위로
단숨에 읽는 6000년의 시간

쑨야페이 지음 | 이신혜 옮김 | 김봉중 감수

더 퀘스트

이 책을 사랑하는 아내에게 바친다.

인류가 잊어버린 원소는 있어도 원소가 잊어버린 인류는 없다.
원소의 변천사는 우리 인류가 이 지구에 왔다 갔음을 증명해준다.

한 편의 문학적 대서사시로 기록된
원소의 기억

《5개 원소로 읽는 결정적 세계사》의 추천사 요청을 받고 많이 망설였다. '과학맹[盲]'인 내가 역사 서술에서 가장 경계하는 것이 '과학적 사고'이기 때문이다. 《5개 원소로 읽는 결정적 세계사》도 금, 구리, 규소, 탄소, 타이타늄이라는 선택적 대상을 통해 복잡한 인간사를 특정한 과학적 법칙의 틀로 편협한 역사적 공식을 도출하려는 시도일 것이라고 예단했다.

그래도 어떤 책인지는 알고 난 뒤 추천사를 고사하겠다는 마음으로 책을 폈다. 느긋한 자세로 대충 책을 읽으려 했다. 그런데 책장을 넘기면서 느긋한 자세는 곧추세워졌다. 대충 읽을 수도 없었다. 시작부터 책에 빠져들었다. 유럽인들의 금에 대한 욕망과 야망이 콜럼버스의 신대륙 발견에 얼마나 크게 작용했는지는 익히 아는 내용이지만, 가장 값비싼 원소 중의 하나인 금이 어떻게 아메리카 대륙을 침탈했으며 근대의 문을 열어젖혔는가를 색다르고 신선하게 재현한다. 역사는 에피소드의 선택에 좌우되는데 그 선택이 놀랍도록 객관적이며 과하지 않다. 어떤 거창한 담론이나 거대한 세계관으로 금이라는 원소의 치명적 가치를 들이대며 역사를 재단하려고 하지 않는다. 그냥 금이라는 매개를 통해서 인간의 욕망과 야망의 속살을 있는 그대로 보여줄 뿐이다.

이러한 기조가 다음 장에서도 그다음 장에서도 어기차게 계속된다. 청동기 시대를 들여다보는 구리, 고대 바위그림부터 지금의 AI 시대까지 인류와 함께하고 있는 규소, 진화적 본능이 만들어낸 단맛과 인류의 재앙을 예고하는 탄소, 우주와 심해의 새로운 미래를 열게 만든 타이타늄에 이르기까지 우리가 몰랐던 원소 이야기와 그것에 맞닿은 인류의 과거와 현재를 맛깔나게 소개한다.

그 맛깔난 서술의 힘은 다섯 개 원소에 대한 해박한 지식과 그것을 인류 문명에 연결하는 능력만으로 나오는 것이 아니다. 자연과학의 딱딱함과 일반 역사 담론의 진부함은 보이지 않고 한 편의 문학적 대서사시를 감상하는 기분을 느낄 정도로 지식의 전문성에 문학적 감수성이 더해졌다. 게다가 독자와 대화하는 화법이 신선하다. 뻔한 전개를 앞두고 "이 책을 읽는 여러분도 비웃을 것"이라고 돌려서 이야기하거나 아메리카 인디언을 학살하는 유럽의 정복자들을 "이 교양 넘치는 식민지 지배자들"이라고 역설적으로 꾸중하는 표현도 그렇다. 무릎을 탁 치게 하고, 웃음을 머금게 하는 서술이 곳곳에 잠복해 있다.

저자의 역사관도 고개를 끄덕이게 만든다. 최근 인류는 로봇과 AI 시대를 맞이하며 걱정이 태산이다. 하지만 저자는 자신 있게 말한다. "너무 걱정할 필요는 없다. 매번 위기를 성공적으로 헤쳐 나왔듯이 인류의 손에 열쇠가 있는 한 문제를 해결할 가능성도 언제나 열려 있으니까." 이 책을 꼼꼼히 읽은 독자라면 저자의 이 자신감을 이해할 것이다. 저자는 모든 열쇠가 우리에게 있음을 환기시키며 찰스 디킨스의 문장을 인용한다. "우리 앞에 모든 것이 있었고, 우리 앞에 아무것도 없었다. 우리 모두 천국으로 향하는 길을 걷고 있었고, 우리 모두 지옥의 문으로 들어가고 있었다." 결국 선택은 인간의 몫이라는 것이다. 저자는 화학자의 탈을 쓴 인문학자임에 틀림없다. 이 탈을 쓴 인문학자를 통해 역사를 보는 시야가, 아니 우리 인간을 들여다보는 깊이가 더해지길 기대한다.

전남대학교 사학과 교수

김봉중

원소가 없다면
역사도 없다

저자 쑨야페이는 나의 베이징대학교 후배이자, 칭화대학교에서 내가 박사 학위 과정을 지도했던 제자이기도 하다. 6~7년 전쯤의 어느 날, 내 사무실에 와서 이것저것 둘러보던 그는 20여 년 전 내가 미국에 유학할 때 가져갔을 정도로 좋아하는 책인 중국 화학사학자 위안한칭袁翰靑의 《중국화학사논문집中國化學史論文集》을 책상 위에서 집어 들더니 죽 훑어보기 시작했다. 그 모습을 보고 나는 쑨야페이에게 그 책은 요즘도 볼 때마다 감회가 새로울 정도로 화학사에 관한 내용이 두루 담긴 대단한 책이라고 이야기해줬다. 이처럼 대단한 책을 쓸 정도로 화학사에 조예가 깊은 위안한칭 선생과 쑨야페이가 모두 장쑤성 난통시 사람이라는 점을 떠올리면 참 인연이 깊다는 생각이 든다.

아마 내가 그때 했던 말 때문인지 그는 내게 책을 빌리고 싶다고 부탁했는데, 당시에도 그가 교양과학을 주제로 한 글을 쓰고 있다는 것을 알았던 나는 어쩌면 도움이 될 수 있겠다는 생각에 선뜻 책을 내줬다. 지금처럼 이렇게 큰 도움이 될 줄은 꿈에도 생각지 못했지만 말이다.

대학교 졸업 후 한 공장의 시험생산 팀에서 일하다가 다시 학교로 돌아온 쑨야페이는 내 밑에서 바이오매스 연료화를 연구하며 박사학위를 밟았는데, 초반에는 연구와 바이오매스 연료 산업화 프로젝트를 병행했다. 그의 산업화 프로젝트는 상당히 성공적이어서 2018년에 중국 중앙TV 방송국에서 취재하러 오기도 했다. 2019년 연말에 그는 다시 학교로 돌아와서 졸업 논문 준비를 위해 실험에 매진하기 시작했다. 그해의 쑨야페이는 전력을 다해 연구와 공부에 몰두하는 동시에 부지런하게 내게 빌렸던《중국화학사논문집》도 읽고 교양과학 책도 썼다. 그때 그가 한창 쓰던 책이 출판사의 손을 거쳐 지금 내 앞에 있는《5개 원소로 읽는 결정적 세계사》가 되었다는 사실이 감개무량하다.

나는 쑨야페이가 이 책의 아이디어를 얻고 글을 쓰는 과정을 전부 지켜보기도 했지만, 이 책이 탄생하기 전에 그가 책으로 내고 싶다며 들고 온 화학과 인류 문명의 발전에 관한 글을 읽어본 사람이기도 하다. 자연과학의 핵심 학문인 화학과 인류의 역사는 긴밀히 연결되어 있다. 인류 사회에 크나큰 변화를 가져온 도기, 목기, 동기, 철기를 비롯해 현대의 플라스틱, 섬유, 반도체 등은 화학의 발전과도 떼려야 뗄 수 없는 관계를 맺고 있다.

하지만 화학물질과 인류 문명의 관계를 체계적으로 정리하는 것은 쉽지 않다. 근대 화학은 겨우 200여 년 전에 탄생했고 물질을 원자 차원에서 해석하기 시작한 것도 고작 100여 년밖에 되지 않았으므로, 어떤 사료史料가 사실임을 증명할 수 있는 직접 증거가 절대적으로 부족하다. 학제 간 연구에 능하면서도 이야기를 풀어갈 능력을 갖춘 사람만이 이리저리 흩어진 실마리를 모아서 하나의 완전한 체계를 세울 수 있다.

여러 관련 해외 작품의 장점을 본받은 쏜야페이는 학술성과 문학성 가운데 후자에 더 집중하는 동시에 자신만의 독창성을 발휘했다. '가장 중요한 다섯 개 원소'라는 연결 고리를 이용해 장마다 하나의 원소를 집중적으로 다루며 원소와 인류 문명에 관한 이야기를 연결하고, 마지막 장에서는 원소 주기성의 법칙이 발견되는 과정을 설명했다. 또 이 책에서 다루는 원소 다섯 개는 본질적으로 연결되어 있다. 금, 구리, 규소, 탄소, 타이타늄은 각각 인류의 역사적 발전 단계, 곧 야만에서 미래 문명으로 나아가는 단계를 상징하며 인류의 발전과 끊임없는 자기 성찰을 여실히 재현한다.

쏜야페이는 고등학교 때 전국화학경진대회에 출전해 좋은 성적을 거둔 것을 계기로 베이징대학교 화학과 특례입학에 성공한 후, 대학교를 졸업해 창업가로서의 삶을 거친 뒤에 칭화대학교로 와 박사학위 과정을 밟으면서 여러 권의 교양과학 도서를 번역하는 등 다양한 삶을 경험하고 뛰어난 성취를 거둔 사람이다. 학교에서 공부만 했던 학생과 달리 다채로운 경력을 가진 그는 어떤 문제와 마주했을 때, 우선 해결책을 찾기보다 어떻게 하면 제대로 질문할 것인가를 더 고민한다. 그래서 《5개 원소로 읽는 결정적 세계사》는 매우 신선하다. 이 책은 거창한 담론을 꺼내거나 세상의 모든 원소를 일일이 다루려고 하지도 않으며 거대한 세계관으로 인류 문명을 설명하려 하지 않는다. 우연히 발견한 고대 바위그림, 현대의 잠수함이나 국가대극원과 같은 건물을 매개로 해 문명사회의 역사적 순간과 물건의 탄생을 생동감 넘치는 묘사로 풀어낸다. 이 책은 원소의 관점에서 역사적 순간과 사물을 새롭게 풀이하고 해석했다는 점에서 여느 책과 다르다. 가령 청동거울의 발전 과정을 설명하는 과정에서 구리 제련 기술이 얼마나 큰 영향을 끼쳤는지 또 무엇이 제련 기술의 발전을 이끌었는지 등 매우 가치 있는 주제를 다룬다. 나는 쑨야페이에게 앞으로도 저술 활동을 할 때 문학성을 해치지 않는 선에서 이와 같은 주제를 더 깊이 논의하여 아이디어를 구체화하기를 바란다고 제안하기도 했다.

《5개 원소로 읽는 결정적 세계사》는 매우 뛰어나고 독창적인 교양과학 도서이며 온갖 미사여구를 동원해서라도 추천하고 싶은 책이다. 이 작품을 계기로 쑨야페이가 계속 정진해 멋진 작품을 더 많이 써내기를 기대한다.

칭화대학교 캠퍼스에서

웨이옌危崖*

---

* 전 세계적으로 유명한 재료화학자인 웨이옌 박사는 칭화대학교 화학과 석좌교수이자, 칭화대학교 산하 첨단고분자연구센터前沿高分子研究中心의 주임이며, 과학기술 인재 확보를 위한 중국 정부의 지원 프로그램인 국가특별초빙전문가로 선정된 바 있다.

세상을 이해하는
가장 작은 단위의 노래

혼하디혼한 가전용 전기제품이었던 텅스텐 필라멘트 전구는 이제 쉽게 살 수 없는 물건이 되었다. 언젠가부터 조명 가게의 주인공은 LED 전구이며, 주인공 자리에서 밀려난 형광등은 겨우 조연 역할이나 하는 중이다. 계란형의 투명한 유리 속에 대충 둘둘 감은 얇은 텅스텐 필라멘트가 들어 있고 비활성기체로 가득 찬 텅스텐 필라멘트 전구는 동네 철물점에서나 겨우 찾을 수 있고, 설령 찾더라도 매장 한쪽 구석에서 먼지를 뒤집어 쓴 신세로 발견된다.

한때 빛의 상징이었으나 이제 깜깜한 앞날밖에 남지 않은 텅스텐 필라멘트 전구의 쇠락을 보고 나의 머릿속에는 영감이 떠올랐다. 실제로 조명을 발명할 때 토머스 에디슨Thomas Edison이 필라멘트 소재로 사용한 것은 텅스텐이 아니라 탄소였지 않은가. 이렇게 우리의 삶은 당대에 발견된 원소에 따라 움직인다. 중국 건국 기념일 연휴에 아내와 함께 찾아간 인산에서 2,000여 년 동안 전해져 내려온 바위그림을 보았을 때에도 인류 문명은 언제나 원소 덕분에 발전해왔다는 생각이 들었다. 고대인이 규소가 든 바위를 선택한 덕분에 바위그림은 현대 문명 발전사 연구에서 중요한 증거로 활용된다. 이처럼 역사적으로 큰 변화가 일어나는 동안 오로지 원소만이 그 자리를 굳건히 지키며 모든 순간을 낱낱이 기록해왔다.

나의 아내 천링샤오 박사는 내 연구에 구체적인 가르침을 줬다. 과학기술사에 통달해 큰 그림을 볼 줄 아는 아내는 내가 어떤 관점을 취하고 버려야 할지 고민할 때 분석을 도와줬다. 따라서 지금 눈앞에 있는 이 책이 치명적인 실수를 피할 수 있었던 것은 모두 아내의 자문과 감독 덕분이다. 이 책을 아내에게 바침으로써 말로 다 표현할 수 없는 감사의 마음을 전하고 싶다. 이 책을 쓰는 동안 만난 다른 인연들에게도 감사 인사를 전한다. 그들의 지도 편달에 힘입어 한 글자도 소홀함 없이 진지하게 글을 쓸 수 있었다.

화학이란 실용성을 중시하는 자연과학인 만큼 언제나 최첨단 기술을 발전시키는 것에 초점을 맞춰왔다. 하지만 과거의 항로를 끊임없이 수정해야 좋은 항로를 개척할 수 있듯이 최첨단 기술을 추구하는 학문일수록 그간의 발전사를 잊지 말고 돌아보아야 한다. 이 책을 쓰는 동안 나는 여러 사료를 살펴보고 그 속에서 많은 새로운 지식을 발굴해냈고, 그렇게 발견한 새로운 지식의 대부분은 이 책에 녹아들어 원소와 인류 문명의 발전 관계를 다루는 과정에서 내게 큰 도움을 줬다. 이 책을 통해 당신의 귓가에도 원소의 노래가 들리면 좋겠다.

칭화대학교 캠퍼스에서
쑨야페이

차례

1부 금 | 역사를 뒤바꾼 황금의 저주
•
•

4부   탄소 | 탄소 생명체의 고탄소 생활사

금
역사를 뒤바꾼 황금의 저주

에스파냐인이 대서양을 가로질러 아메리카로 향한 이유는
'황금'이라는 단어의 저주에 걸렸기 때문이다.

— 독일 철학자, 프리드리히 폰 엥겔스 Friedrich Von Engels

1.
황금의 유혹과
태평양의 거친 파도

1510년, 잔뜩 낙담한 바스코 발보아Vasco Balboa는 히스파니올라섬(지금의 아이티)을 떠나는 범선 궤짝에 몸을 숨기고 도망치는 중이었다. 한때 에스파냐 귀족이었지만 가세가 기울기 시작한 이후로는 주변 사람들에게 돈을 꿔서 근근이 살아가는 처지였다. 10년 전, 스물다섯 살의 청년 발보아는 조국 에스파냐의 '서쪽 항로를 개척하라'는 부름에 응해 이베리아반도에서 대서양을 거쳐 낙후된 카리브해 지역에 도착한 뒤 원주민들의 노동력을 착취해 작물을 대규모로 생산하는 플랜테이션 농장 개간 사업에 손을 댔다. 하지만 운영한 플랜테이션 농장 두 곳 모두 운이 따르지 않아 삶의 질이 향상되기는커녕 재산을 몽땅 잃고 빈털터리 신세가 되었다.

그런 발보아가 타고 있던 배의 승객들도 처지가 그다지 좋지는 않았다. 그래서 이 지역 식민지에서 이름을 떨치고 있던 한 변호사는 모두를 데리고 새로운 식민지인 산세바스티안으로 이주해 삶의 터전을 개척하려는 계획을 세웠다. 하지만 발보아는 썩 좋은 기회라고 생각하지 않았다. 새 식민지가 어디에 있는지도 모르는 데다가, 그곳에 도착해서 다시 플랜테이션 농장을 세워도 겨우 입에 풀칠이나 하는 삶을 살아갈 것이 뻔했으니 말이다. 발보아가 원한다고 이 기회를 잡을 수 있는 것도 아니었다. 히스파니올라섬의 빚쟁이들이 사방에서 그를 옥죄고 있었기 때문이다. 결국 목숨의 위협을 느낀 발보아는 허둥지둥 도망쳐 배에 실린 한 궤짝을 피난처로 삼았다. 배가 해안가에서 멀리 떨어져 모든 위험 요소를 뭍에 버리고 왔음을 확인한 후에야 발보아는 궤짝에서 나와 진짜 귀족처럼 투구와 갑옷을 착용한 다음 손에는 칼과 방패를 쥐고 갑판에 올라섰다.

이 배의 선장, 곧 앞서 이야기한 그 변호사는 갑자기 나타난 발보아를 보고 처음에는 의아함을 감추지 못했다. 이윽고 발보아의 자초지종을 들은 변호사는 화가 머리끝까지 치솟았다. 배를 곯아 죽는 것보다 신뢰를 저버리는 일이 훨씬 나쁘다고 생각했기 때문이다. 어떻게 빚쟁이를 피하려고 밀항을 한단 말인가? 변호사이자 선장인 그는 법률 업계 종사자답게 그 자리에서 즉시 판결을 내렸다. 항해 도중에 섬이 보이면 무조건 발보아를 그 섬에 내려놓고 가겠다는 것이었다.

다행히 작은 섬에 나앉게 되더라도 무인도 생존자로 유명한 소설 속 주인공 로빈슨 크루소보다 발보아의 처지가 나을 터였다. 그에게는 용감한 사냥개와 칼을 비롯한 무기가 있었으니까. 어쩌면 로빈슨 크루소가 식인종에게 쫓기던 다른 부족 원주민을 구해준 뒤 '프라이데이'라는 이름을 붙여주고 평생의 동료가 된 것처럼 발보아도 자기만의 '프라이데이'를 얻게 될지 모를 일이었다.

황금의 천국으로
향하다

《맹자孟子》의 "하늘이 장차 그 사람에게 큰일을 맡기려 한다"라는 말처럼 아직 섬에 도착하기도 전에 발보아 일행은 배 한 척과 마주쳤다. 당시 카리브해 지역을 딤힘하는 사람이리고는 에스파냐인밖에 없었고, 더군다나 새로 개간한 플랜테이션 농장들은 해상무역으로 내다 팔 만큼 농산물을 생산하지 못했기 때문에 바다 위를 수개월씩 떠돌아도 배 한 척 마주칠 수 없었다. 따라서 발보아 일행의 반대편에서 홀연히 나타난 이 배는 모두의 주의를 끌기에 충분했다. 선장이 나서서 그들의 정체를 물어보니 그들은 발보아 일행보다 한발 앞서 새 식민지를 개척하러 갔던 함대의 대원들이었다. 그들은 파나마 일대 식민지가 모두 현지 인디언에게 공격당해 사라졌으며, 식민지 지배자들은 독화살에 맞아 그 수가 크게 줄었고, 결국 살아남은 수십여 명만 마지막 남은 한 척의 범선을 타고 황급히 도망 나왔다는 나쁜 소식을 전해줬다.

이 소식을 들은 선장은 파나마행 모험을 취소하고 당장 뱃머리를 돌리기로 했다. 하지만 발보아는 히스파니올라섬으로 돌아가면 어떤 운명이 기다릴지 그 누구보다 잘 알았다. 그리고 마치 조조曹操가 행군하던 병사들이 목말라 고생하는 모습을 보고 침을 흘려 갈증을 해소하도록 "앞에 매실이 주렁주렁한 숲이 있다"라고 거짓말해서 위기를 넘긴 것처럼 군중의 마음을 사로잡는 비결을 잘 알았던 것 같다. 발보아는 과거 자신이 군대와 함께 항해하는 동안 여기서 멀지 않은 곳에 있는 다리엔이라는 지역에 대해 들은 적이 있다며 사람들을 꾀었다. 그는 사람들에게 착한 다리엔의 인디언들은 독화살 세례로 식민지 지배자들을 환영하지 않으며, 다리엔은 강물에 금gold, Au이 둥둥 떠다니는 '황금의 천국'이라고 감언이설을 늘어놓았다.

바다 한가운데 멈춘 두 배 위의 식민지 지배자는 모두 숨죽여 발보아의 말에 귀를 기울였고, 이내 마음속에 욕심이 꿈틀거렸다. 선장 역시 그의 말이 진짜인지 가짜인지 쉽사리 판단하지 못했다. 그도 그럴 것이 병사든 농부든 일행 가운데 발보아만큼 이 해역을 잘 아는 사람은 없었기 때문이다. 무엇보다 금이라는 단어가 너무나 유혹적이었다. 결국 금과 대서양 상공에 부는 바닷바람의 유혹에 넘어간 두 배의 사람들은 닻을 올리고 노를 저어 전속력으로 다리엔을 향해 나아갔다.

얼마 지나지 않아 도착한 다리엔의 인디언들은 발보아의 말처럼 아주 친절했고, 모든 원시 마을이 그렇듯 금을 최고의 보물이라 생각하고 집에 모아두고 있었다. 하지만 이 교양 넘치는 식민지 지배자들은 서슴지 않고 인디언들을 학살하며, 그들의 집에 쳐들어가 금을 긁어모았다. 금 약탈이라는 광기에 휩싸인 식민지 지배자들 앞에서 규칙이란 약육강식의 법칙을 설명하는 단어에 불과했다. 원래 변호사였던 선장은 물질적 가치가 있는 것은 제공하지 못한 채 이제 쓸모없어진 도덕과 질서 의식을 지키라고 부르짖기만 하다가 결국 여론에 밀려 섬에서 쫓겨나고 말았다. 기존 지도자를 쫓아낸 것은 물론 금 약탈까지 성공해 이 무리의 진짜 대장이 된 발보아는 살짝 우쭐해졌다. 그러고는 빚 때문에 도망쳐 다녔다는 사실을 잊기라도 한 듯 대담하게 에스파냐 국왕에게 항의 서한을 보내 그 선장을 또 이 섬으로 보내 소란을 일으키지 말아달라고 요구했다. 심지어 에스파냐에서 새로 파견한 총독마저 쫓아내버렸다.

도대체 금에 어떤 마력이 있기에 수많은 사람을 이토록 미치게 했을까? 바로 지구상에 존재하는 거의 모든 문명이 금을 최고 권력의 상징으로 생각해왔기 때문이다. 따라서 금을 찾아내고 많은 사람에게 나눠줄 수 있는 사람은 자연스럽게 위대한 지도자로 추앙받았다.

금을 향한
욕망의 잔혹사

한편 소소하게 금을 찾아낸 덕에 식민지 군대는 잠시 평온을 되찾았지만 다리엔을 개척해 자신의 영지로 만들겠다는 발보아의 야심을 잠재우지는 못했다. 이후 평정심을 되찾은 발보아는 이 땅의 진정한 주인이 되려면 가장 먼저 자신에게 씌워진 밀항과 반란죄의 굴레를 벗어나야 한다는 사실을 깨달았다. 만약 섬에서 쫓겨난 선장이 에스파냐에서 그를 고소하고, 복수를 위해 에스파냐 군대까지 데리고 온다면 발보아로서는 군대를 이길 방법이 없었다. 그렇다면 죄를 벗는 가장 좋은 방법은 무엇일까? 바로 더 많은 금을 찾아내는 것이다!

당시 에스파냐 법에 따르면, 발보아와 같은 식민지 지배자가 아메리카에서 귀금속을 찾으면 그중 5분의 1을 왕실에 바쳐야 했다. 금을 많이 찾을수록 협상의 여지가 커진다는 뜻이다. 이 목표를 이루기 위해 발보아는 자신의 전략적 재능을 최대한 발휘했다. 그는 인디언을 계속 적대시해서는 안

된다는 점을 알았기에 그들과 동맹을 맺으려고 여러 차례 호의를 베풀었다.

얼마 지나지 않아 소리 소문도 없이 기회가 찾아왔다. 그 지역에서 가장 힘 있는 원주민 추장이 접견을 승낙한 것이다. 발보아는 수행원 몇 명과 함께 추장이 사는 마을로 갔는데 그 마을의 전경이 뜻밖에도 발보아가 허풍을 떨던 황금의 천국과 매우 흡사했다. 추장이 그들에게 건넨 술잔과 제사를 올릴 때 사용하는 각종 제기가 모두 금이었고, 심지어 발보아 일행에게 100킬로그램이 넘는 금을 선물로 주기도 했다.

《서유기西遊記》의 손오공이 신선들의 복숭아밭 반도원을 지키라는 옥황상제의 명을 어기고 복숭아를 몽땅 먹어버린 것처럼, 금을 본 에스파냐인은 좀이 쑤셔서 견디지 못하고 자기 몫의 금을 챙기려 곧장 기사도에 따라 우아하게 칼싸움을 시작했다. 그런 에스파냐인의 모습에 비하면 원시 부족 문명 수준에 불과했던 인디언들이 도리어 신사로 보일 정도였다. 금은 요괴에게 비추면 정체를 드러나게 만드는 마법의 거울 같은 물질이다. 실제로 야만이 걸치고 있던 문명이라는 외투는 그저 부끄러움을 감추려는 수단에 지나지 않았다.

부하들이 금을 두고 서로 다투던 바로 그때, 주도면밀한 야심가 발보아는 장기적인 계획을 짰다. 졸개들의 배를 채우든 아니면 국왕의 탐욕을 채우든 지금 눈앞에 있는 이 정도의 금은 언 발에 오줌 누기에 불과하다고 생각했기 때문에 인내심을 갖고 추장과 협상을 이어나갔다.

금 앞에서 체면이고 뭐고 다 던져버린 에스파냐인의 모습을 본 추장은 이 침략자들이 금을 목숨보다 중요하게 생각한다는 사실을 깨달았다. 실제로 발보아 일행 중에는 금을 찾으려 가족과 직업을 버리고 대서양을 건넌 도망자가 많았다. 추장은 발보아에게 이 마을에서 며칠 거리에 있는 산 너머 바닷가에는 이 마을보다 훨씬 금이 많은 '황금의 나라'가 있다고 알려줬다. 거리로는 멀지 않지만 흉포한 야수들과 성질 나쁜 인디언으로 가득한 으스스한 밀림을 지나가야 하니 매우 험난할 거라는 말도 덧붙였다.

황금의 나라에 관한 전설은 오래전부터 에스파냐 정복자들의 가슴을 부풀게 했다. 이 전설은 수십 년 전에 크리스토퍼 콜럼버스Christopher Columbus가 처음 신대륙에 발을 내디디며 시작되었다. 실은 대항해 프로젝트에 국왕의 지원이 필요했던 콜럼버스가 떠도는 소문을 조합해 만든 것이 신비로운 '황금의 나라'에 관한 전설이었다. 그리고 환상에 사로잡힌 수많은 탐험가와 투기꾼이 끊임없이 밀림으로 들어가 목숨을 잃었지만 그 누구도 전설 속의 나라를 발견하지 못했다. 그러던 와중에 이 마을에서 불과 며칠 거리에 황금의 나라가 있다는 말을 들은 발보아는 흥분을 감출 수 없었다. 즉각 에스파냐 국왕에게 지원을 요청하는 동시에 자신을 황금의 나라를 정복할 군대의 사령관으로 임명해달라고 요구했다.

그 후 2년의 세월이 흘렀지만 발보아는 자신의 계획을 실행에 옮기지 못했다. 에스파냐 왕실이 그간 발보아가 저지른 악행으로 발보아를 전적으로 믿지 못하고 더불어 지난 수년간 찾지 못한 전설 속 황금의 나라의 진위를 의심했기 때문이다. 발보아는 이렇게 계속 시간만 낭비하다간 헤어날 수 없는 구렁텅이에 빠지리라는 사실을 잘 알았다. 먹이사슬의 최상단에 있는 에스파냐 왕실의 환심도 사지 못하는 상황에서 굶주린 늑대 같은 부하들에게 새로 금을 얻을 수 있는 장소를 제공해주지 못한다면 그들은 발보아를 은인이 아니라 원수로 생각할 것이 뻔했다. 1513년 9월 1일, 마음을 굳힌 발보아는 더는 본국의 지원을 기다리지 않고 190여 명의 용사만 데리고 원정에 나섰다. 조금 이상하게 들리겠지만 그의 이 결정은 세상을 바꿔놓았다. 아니, 적어도 이 결정 덕분에 세상의 변화가 조금 앞당겨졌다.

그 원정길은 추장의 말처럼 위험천만한 것들로 가득 찬 가시밭길이었다. 본래 그곳에 살던 성질 나쁜 인디언들에게도 발보아의 원정은 그야말로 대재앙이었다. 삶의 터전이 부서지는 것을 원하지 않았던 인디언들은 침략자를 막아내려고 노력했지만 인디언 전사들 수백 명이 화승총에 맞아 쓰러지고, 심지어 일부는 포로가 되어 산 채로 사냥개의 먹이가 되기도 했다. 이렇게 발보아와 그의 군대는 무자비한 대학살로 인디언들의 반항을 잠재웠다.

9월 25일, 드디어 발보아의 군대 앞에 산 정상이 보였다. 모든 사람이 산 정상에 올라 눈부실 정도로 찬란한 황금에 반사된 빛과 마주하는 그 순간을 고대했다. 발보아는 최대한 빨리 산 정상에 도착하려고 60여 명의 용사만 추려 총공격에 나섰다. 누구도 자신의 공을 가로채지 못하도록 선봉에 선 발보아는 지체하지 않고 산 정상을 향해 나아갔다. 추장은 그를 속이지 않았다. 산 너머에는 정말로 바다가 있었다. 단지 그 바닷가에 발보아가 꿈꿔온 황금의 나라가 없었을 뿐이다. 그 어느 때보다도 평온한 바다와 빛나는 파도는 파나마 해협을 건너 태평양을 발견한 첫 번째 유럽인에게 이 바다를 건너 서쪽으로 나아가면 동양의 중국과 인도에 도착할 수 있다고 알려주는 듯했다. 인류 역사가 위대한 전환점을 맞이한 순간이었다.

황금의 나라를 발견하지 못했지만 원정대는 실망하지 않았다. 그들이 발견한 이 새로운 바다는 무한한 가능성을 의미했기 때문이다. 이제 유럽에서 아시아로 이어지는 세계 일주 여행도 꿈만 같은 일이 아니었다. 산 정상에서 간단한 의식을 치른 후 20여 명의 대장급 군인들은 땅을 나누어 가지려고 서둘러 하산했다.

이번 원정의 일등 공신이 발보아라는 건 의심의 여지가 없었다. 그는 콜럼버스 이후 위대한 탐험가 중 한 사람으로 추앙받았을 뿐 아니라 에스파냐 왕실의 인정도 받아 남쪽 바다라는 뜻에서 '마르 델 수르Mar del Sur'라고 자신이 직접 이름 붙인 바다의 연안과 주변 섬을 관리하고 마음대로 보물을 캐내도 된다는 허락을 받았다. 이제 성공 가도를 달리기 시작한 발보아는 슬슬 귀족 자리를 되찾고 싶다는 생각이 들었다. 결혼을 통해서 얻는 귀족 자리라도 상관없었다.

약탈자의
야심이 꺾이다

태평양(마젤란의 세계 일주 항해 때 만들어진 이 이름은 실제 바다의 모습과는 전혀 어울리지 않는다)이 발견된 후 얼마 지나지 않아, 한 70대 노인이 파나마에 모습을 드러냈다. 바로 에스파냐 국왕의 명을 받은 총독 페드로 아리아스 다빌라Pedro Arias Dávila, 일명 페드라리아스Pedrarias라 불리는 인물이었다. 명망 있는 가문 출신으로 매우 존경받는 귀족이었던 그는 예전에 쫓겨난 변호사 출신의 선장보다 훨씬 계급이 높았기 때문에 발보아가 그의 부하가 되어야 한다는 것은 자명했다.

파나마 지협의 정치적 분위기는 삽시간에 무거워졌다. 늙고 힘없는 페드라리아스는 최고 권력자 자리를 차지했지만 젊고 기력이 왕성한 발보아는 죽음을 각오한 전사들과 새로운 땅을 개척하는 중이었으니 누가 봐도 이상적이지 못한 조직 구조였다. 발보아는 이 땅에 갓 상륙했을 때처럼 다짜고짜 총독을 쫓아내는 방식으로 페드라리아스를 상대할 수 없다는 사실을 잘 알았다. 또 얼마 전의 모험에서 발보아가 발견한 것은 망망대해에 불과할 뿐, 황금의 나라는 여전히 전설로 남아 있었다. 에스파냐 왕실이 발보아를 높이 평가한 이유는 그가 진짜 황금의 나라를 발견할 것이라고 기대했기 때문이다. 달리 말하자면 발보아가 금이라는 정치 후원금을 내고 국왕의 환심을 사지 못한다면 막다른 길에 몰린다는 뜻이었다. 아이러니하게도 발보아가 탐험을 계속하려면 페드라리아스가 이끌고 온 에스파냐 본국의 정규군이 필요했다.

다행히 늙고 쇠약하지만 여전히 두뇌가 비상한 페드라리아스는 발보아와 전혀 다른 시각으로 문제를 봤다. 연로한 자신과 달리 흉악하기로 소문난 이 발보아라는 자가 어느 날 수작을 부려 군권을 탈취하는 불의의 사고가 생기더라도 에스파냐 본국을 오가는 데만 수개월씩 걸리는 이 땅에서 진실은 바람과 함께 사라져버릴 것이 뻔했다. 그는 자기 몸을 지키기 위해 발보아에게 호의를 베풀겠다는 대담한 결정을 내렸다. 발보아를 불후의 공적을 세운 영웅이라고 추켜세우고, 심지어 자기 딸과 이 젊은 영웅을 약혼시켜 그가 에스파냐에 돌아가는 즉시 결혼식을 올리자고 제안했다. 생각지도 않은 기회가 눈앞에 나타나다니, 금 덕택에 발보아는 다시 귀족이 될 수 있을 듯했다.

그림 1-1. 발보아의 초상화

　언제 실현될지 모르는 결혼 약속으로 다리엔의 두 총독은 장인과 사위라는 관계뿐 아니라 동맹도 맺게 되었다. 페드라리아스는 이로써 발보아에게 '내 딸을 자네에게 시집보낼 테니, 나는 자네의 아버지나 마찬가지. 그러니 이제 나를 어떻게 하지 않겠지?'라는 메시지를 보냈다. 그러나 이 책을 읽는 여러분도 페드라리아스를 비웃을 것이다. 허울뿐인 아버지와 아들 관계는 물론, 친아버지라고 한들 발보아에게 무슨 상관이 있었을까?

　고분고분하지는 않지만 본디 됨됨이가 나쁘지 않던 발보아도 페드라리아스와 관계를 맺은 뒤 다소간 마음을 놓았다. 비천한 신분도 세탁할 수 있을 뿐 아니라 왕실의 경계를 누그러뜨려 황금의 나라를 찾겠다는 탐험 계획을 실현할 가능성이 커졌다고 생각했기 때문이다. 당시 발보아는 태평양 해안을 따라 남쪽으로 내려가면 있다는 '비루'라는 지역이야말로 진정한 황금의 나라라고 인디언을 통해 들은 상태였다. 그리고 이 탐험 계획을 실행하고자 태평양 연안에서 대형 선박을 건조하길 원했다. 에스파냐 함대는 전부 대서양 연안에 정박해 있던 탓에 파나마 지협을 넘어 태평양으로 올 수 없었기 때문이다. 지난 수십 년 동안 에스파냐 정복자들은 수많은 인디언 마을을 습격했지만 자그마한 황금 마을만 발견했으며, 그곳의 추장들이 가진 소량의 금 장신구로 원정용 대형 선박을 만든다는 것은 꿈도 꾸지 못할 일이었다. 하지만 어떤 미래가 기다리든 상관없이 발보아는 배를 만들겠다는 고집을 꺾지 않았다.

이런 발보아의 행동은 페드라리아스의 시기와 질투를 불러일으켰다. 어떻게든 승리를 쟁취하겠다는 발보아의 고집이 황금의 나라를 찾기 위해서가 아니라 아득히 멀고 구석진 곳으로 함대를 이끌고 가서 왕이 되려는 의도를 품었다고 본 것이다. 만약 발보아가 새 배를 갖고 도망치면 그를 잡기 위해 태평양 지역에서 또 배를 만들어야 하니, 시간과 힘을 낭비하는 것은 물론 승리할 수 있다는 보장도 없었다. 그러나 이 어르신은 직접 대놓고 지적하지는 않았다. 오히려 반대로 예비 사위를 있는 힘껏 지지하며 부모의 사랑으로 발보아가 감화될 수 있다고 믿는 것처럼 행동했다. 실제로 발보아는 예전에 한 추장의 딸과 결혼한 뒤 잉꼬부부라고 할 만큼 금실이 좋아 의리와 정을 아는 사람이라는 평을 받기도 했다.

눈 깜짝할 사이에 세월이 흘러 1519년이 되었다. 그해에 함대 편성을 마친 야심가 발보아는 곧 태평양을 따라 항해하며 아메리카를 탐험한 첫 번째 사람이 될 예정이었다. 그런 발보아를 위해 연로한 장인이 송별회를 열었다. 흔쾌히 초대를 받아들인 발보아가 시간에 맞춰 연회 장소에 도착하자

뜻밖에도 몇 년 전 함께 태평양을 발견했던 전우이자 충실한 심복인 프란치스코 피사로Francisco Pizarro가 병사를 이끌고 그를 맞이하러 나와 있었다. 그 모습을 본 발보아가 매우 기뻐하며 나는 듯이 달려가 전우와 옛이야기를 하려고 입을 떼는 순간, 피사로 일당이 그를 제압해 바닥으로 쓰러뜨렸다. 발보아는 몰랐지만, 그가 함선을 건조하고 태평양 함대를 편성하기 위해 산속에 틀어박혀 있을 때 페드라리아스는 대서양 연안에서 그를 쓰러뜨리려는 작업을 펼치고 있었던 것이다. 또 페드라리아스의 손을 빌려 발보아를 제거해야 탐험 기회를 얻을 수 있었던 피사로 일당은 한때 목숨을 걸고 함께 싸웠던 전우 발보아를 성공을 가로막는 눈엣가시로밖에 생각하지 않았다. 그들에게는 배도 만들어졌겠다, 항로도 확정되었겠다, 닻을 올리고 출항할 일만 남은 지금이 아무 쓸모도 없어진 발보아를 제거하기에 가장 좋은 기회였다. 결국 신대륙에서 수년간 정복 전쟁을 치른 이 용맹한 인물은 인디언의 독화살이 아니라 반역죄라는 명목으로 수하의 손에 목숨을 잃고 말았다.

발보아의 꿈,
운하의 탄생

예비 사위를 제거해 모든 위협을 없앤 페드라리아스는 드디어 파나마 지협의 유일한 총독이 되었고, 마음 놓고 그 지역의 구획을 나누고 총독부 건물을 지었다. '파나마시티Panama City'라는 도시가 세계 지도에 처음으로 등장한 것도 바로 이때의 일이다. 이후 새로운 파나마시티가 건설되면서, 16세기에 지어진 이 옛 도시는 이제 구시가지라는 뜻의 에스파냐어 단어인 카스코 비에호^{Casco Viejo} 또는 카스코 안티구오^{Casco Antiguo}라고 불린다. 이곳에 있는 파나마비에호박물관 정문 앞에 놓인 노인 페드라리아스의 반신상은 여전히 꼬장꼬장하고 강렬한 눈빛을 자랑한다.

비록 정치 싸움에서 패배했지만 발보아는 역사 속에 계속 살아 있다. 생전에 발보아는 그의 죄명인 반역죄와는 모순되게 대서양의 선박이 태평양에 쉽게 오가도록 지협을 통과하는 운하를 건설하려고 했고, 에스파냐 국왕도 신중히 이 계획을 검토해 탐사도 진행했으나 기술 문제에 부딪혀 실현하지는 못했다. 결국 운하는 300여 년이 지난 뒤 미국인에 의해 개통되었는데, 바로 수에즈 운하와 더불어 전 세계 뱃길 중에서 대단히 중요한 인공수역 중 하나인 파나마 운하다. 발보아의 공적과 위대한 계획을 기념해 파나마 운하의 내항^{內港} 이름은 '발보아항^{Port of Balboa}'이라고 지어졌다.

한편 발보아는 사후 400년이 지난 뒤 생각지도 못한 방식으로 '부'를 얻게 되었다. 현재 파나마에서 자체 발행하는 화폐는 발보아를 기념하고자 '발보아^{balboa}'라고 부른다. 실제로 동전 발보아 뒤에는 황금 탐험가 발보아의 초상이 그려져 있는데, 이처럼 발보아는 죽어서도 끈끈하게 돈과 연결되어 있다.

발보아를 암살했던 피사로는 어떻게 되었을까? 누구도 몰랐지만 발보아가 계획한 항로를 그대로 따라간 이 전설적인 투기꾼은 인류 역사상 가장 규모가 큰 금 약탈 사건의 서막을 연 장본인이 되었다. 이 이야기를 시로 읊으면 다음과 같다.

황금의 나라로 가려고, 다리엔을 난장판으로 만들었네,

검은 뱃속의 정복자들, 굶어 죽은 사람이 온 도성에 가득했다네.

발보아가 사라졌다 좋아하니, 피사로가 또 왔구나.

이후 벌어진 일을 알고 싶거든 잠시만 기다려주시게.

2.
황금의 영광과
황금 제국의 멸망

피사로가 지나간 원정길을 따라가기 전에 먼저 이 이야기에 등장한 수많은 사람이 벌떼처럼 몰려들어 찾아 헤맨 황금이 도대체 어떤 물질인지, 왜 권력의 상징이 되었는지, 왜 발보아를 비롯한 사람들이 목숨까지 걸고 얻으려 했는지 자세하게 알아보자.

카를 마르크스Karl Marx는 "금과 은silver, Ag은 본디 화폐가 아니지만 화폐는 원래부터 금과 은이었다"라고 말했다. 이 말은 정치적·경제적 시각에서 다양하게 해석되지만, "금과 은은 모든 상품의 가치를 측정해 그 교환을 중개하는 일반적 등가물의 역할을 맡기에 적합하지만 일반적 등가물로서의 금과 은은 본질적으로 조개껍데기와 같다"라는 해설이 가장 정설에 가깝지 않을까 싶다. 마르크스의 이 말이 화학 시험에 출제되었다고 생각해보면 곱씹을수록 흥미롭다. 금은 주기율표라는 호텔 79번 방에 입실한 그다지 특별하지 않은 조용한 투숙객일 뿐이다. 오히려 금과 같은 층에 투숙한 원소 중 가

장 왼쪽 방에 있고 물에 닿으면 폭발하는 알칼리 금속 세슘cesium, Cs이나, 가
장 오른쪽 방에 투숙한 공기에 들어 있는 양이 희박한 방사성 비활성기체
inert gas* 라돈radon, Rn이야말로 금보다 수완이 좋은 원소들이다.

금이 가진 여러 성질을 종합적으로 이해하면 마르크스의 말에 담긴 화
학적 의미가 파악된다. 황금의 나라에 관한 전설은 인류의 거의 모든 고대
문명에 존재하고, 금으로 민든 고대 유물 역시 종종 발견된다. 가령 중국
에서는 간쑤성 위먼시에 위치한 훠사오거우문화火燒溝文化유적지에서 출토
된 금귀걸이가 고고학자들의 연구를 통해 고대 하나라 유물임이 밝혀지면
서 최소한 4,000여 년 전부터 금을 사용한 것으로 알려졌다. 고대 이집트는
6,000여 년 전부터 금을 사용했다는 기록이 있고, 수메르인도 최소 5,000여
년 전부터 능숙하게 금을 가공했다고 한다. 같은 시기에 남아메리카 대륙에
서 살던 페루, 곧 인디언들이 발보아에게 알려줬던 황금의 나라 '비루'의 선
현들도 금 가공 실력이 뛰어났다.

자연계에는 원래부터 다른 물질이나 원소와 결합하지 않고 그대로의
모습을 유지하는 유리금遊離金이 존재한다. 심지어 커다란 덩어리 형태로 존
재하기도 하는데, 고대 중국인은 그 모습이 개의 머리와 닮았다고 해서 '구
두금狗頭金'이라고 부르기도 했다. 바로 이 특성 덕분에 인류는 여러 금속 중
에서 금을 가장 먼저 발견하고 사용했다. 화학적 성질로 말할 것 같으면, 금
은 매우 안정된 원소로 잘 산화하지 않고 산과 염기에도 잘 부식되지 않는

---

* 주기율표의 18족 원소인 헬륨helium, He, 네온neon, Ne, 아르곤argon, Ar, 크립톤krypton, Kr, 제논
xenon, Xe, 라돈을 이르는 말이다.

다. 45억 년 전 지구가 탄생한 이래로 산소oxygen, O, 황sulfur, S, 염소chlorine, Cl 등이 호시탐탐 산화시키려고 노리는 가운데서도 격렬한 지각 운동까지 견뎌내며 끝까지 부식되지 않고, 있는 그대로의 상태를 유지하는 금속은 자연에 존재하는 지구상의 금속 원소를 전부 살펴봐도 금, 백금platinum, Pt, 은, 비스무트bismuth, Bi 정도에 불과하다. 가끔 지구 밖에서 온 손님인 유성이 철iron, Fe과 니켈nickel, Ni로 이루어진 철질운석을 가져다주기는 하지만 하늘에서 금속이 뚝 하고 떨어지는 일은 손에 꼽을 정도로 드물다.

또 독특한 색깔 덕분에 금은 산화되지 않고 유리 상태를 유지하는 금속 중에서 가장 식별하기 쉽다. 대부분 유리 상태의 금속은 은백색 빛을 내고 가루 상태일 때는 회색빛을 띤 검은색인 경우가 많지만 금은 반짝이는 노란빛을 내고 가루 상태일 때도 여전히 사람의 눈을 사로잡는 노란색을 유지한다. 그러니 반짝반짝 빛을 내는 금모래 속에서 금가루를 발견한 고대인은 얼마나 신기해했을까? 아마도 모래 속 광물이 반사하는 빛에 매료되어 한참이나 바닷가 모래사장에 쪼그리고 앉아 구경하는 어린이 같지 않았을까.

인간 세상을 환히 비추는 태양과 색이 닮아서 그런지 고대 그리스 신화를 포함한 여러 민족의 신화와 전설 속에서 금은 태양을 상징한다. 반면 밝고 맑은 달빛이 은백색이라서 그런지 은은 달의 대명사로 사용된다. 이처럼 금과 은이 태초부터 인간의 사랑을 받아온 것은 그 색깔과 깊은 연관성이 있다. 그런데 누구나 금의 색깔이 빼어나게 아름답다는 사실을 알고 있지만, 금이 노란색인 이유를 정확히 설명할 수 있는 사람은 거의 없다. 고대 그리스의 여러 현인은 금이 태양을 상징하는 금속이라서 금색을 띤다고 생각했는데, 낭만적이기는 하지만 과학적으로는 황당무계한 해석이다.

금과
원자모형

이 문제의 정답은 20세기 초가 되어서야 서서히 알려졌다. 1911년에 원자를 연구 중이던 영국 물리학자 어니스트 러더퍼드Ernest Rutherford는 원자의 중심에 원자핵이 있고, 그 원자핵을 중심으로 바깥에 여러 전자가 돌고 있는 형태의 원자 행성 모형을 제시했다. 한편 러더퍼드가 원자모형을 제시하기 얼마 전부터 양자역학이라는 학문이 태동 중이었는데, 젊은 덴마크 학자 닐스 보어Niels Bohr가 이 학문에 흠뻑 매료되어 있었다. 그러던 와중에 러더퍼드의 원자모형을 접하게 된 보어는 깊은 생각에 빠진다.

당시 전도유망한 젊은이였던 보어는 코펜하겐대학교에서 갓 박사학위를 받고, 대학교 축구단에서 골키퍼로 활약 중이기도 했다. 그 축구단에서 보어와 그의 남동생 하랄 보어Harald Bohr는 가장 열정적인 선수였고, 심지어 하랄은 덴마크 국가대표 선수로 활약하며 1908년에 열린 올림픽에서 은메달을 수상하기도 했다. 하지만 대단한 스포츠 재능보다 더 크게 이름을 떨친 것은 각자의 연구 분야에서 두각을 나타낸 천재 형제의 두뇌다.

2년 후 보어는 러더퍼드의 원자모형에 양자역학 이론을 접목해 더 정교하게 보완한 원자모형을 세상에 내놓았고, 보어의 원자모형은 현대 화학의 기초 모형이 되었다. 이후 세상에 등장한 화학 결합, 분자 파동함수 등의 개념도 모두 보어의 원자모형에서 발전했다. 이러한 그의 공헌을 인정하여 노벨상위원회는 1922년에 보어에게 노벨 물리학상을 수여했고, 그는 사상 최초로 가장 축구를 잘하는 노벨상 수상자이자, 축구 선수 중에서 가장 높은 과학적 성취를 이룬 인물이 되었다. 보어보다 한 해 전에 노벨 물리학상을 받은 사람은 물리학의 거장 알베르트 아인슈타인Albert Einstein이었다. 아인슈타인과 보어는 서로 앞서거니 뒤서거니 하며 자연과학계의 최고 영예를 거머쥔 후부터 30년이라는 긴 세월 동안 설전을 벌였다.

양자역학의 중요 창시자인 두 과학자는 서로에게 벗이자 스승이 되어 학문적 도움을 주고받으며 여러 번의 토론을 바탕으로 많은 이론의 기틀을 닦기도 했다. 하지만 1927년에 독일 과학자 베르너 하이젠베르크Werner Heisenberg가 혜성처럼 나타나 양자역학의 세계에서는 미세 입자의 위치와 속도를 동시에 정확하게 측정할 수 없다는 내용의 '불확정성 원리'를 제시하며 세상을 놀라게 하자, 아인슈타인과 보어는 어느 편에 서야 하느냐는 문제에 부딪혔다.

하이젠베르크의 불확정성 원리는 아직 완벽한 원자모형을 만들지 못했던 보어의 여러 고민거리를 확실하게 풀어줬다. 불확정성 원리에 따르면 원자핵 바깥의 전자는 애초부터 어떤 특정한 위치에 정확하게 모습을 드러낼 수가 없다. 따라서 전자가 어디쯤 출현할 것인가에 대한 대략적 확률만 계산할 수 있다. 보어는 하이젠베르크를 지지하는 것은 물론, 그와 함께 코펜하겐학파를 창시해 양자역학 발전의 구심점 역할을 했다. 아인슈타인은 자신의 연구를 근거로 불확정적 계수란 존재하지 않는다고 주장하며, 정확한 측정이 불가능하다고 말한 하이젠베르크의 주장을 반대했다.

원자모형을 동전 던지기에 비유해본다면 세 과학자의 주장을 더 잘 이해할 수 있다. 우선 보어와 아인슈타인이 각각 먼 곳을 향해 동전을 던진다고 가정해보자. 보어는 동전의 앞면이 나오거나 뒷면이 나오는 확률만 있을 뿐, 지면에서 동전이 45도 각도로 비스듬하게 서 있는 결과는 나오지 않는다고 본다. 반대로 아인슈타인은 동전을 던질 때 작용하는 모든 변수를 다 알고 있다면 동전을 던지는 바로 그 순간에 동전의 앞면이 나올지 뒷면이 나올지를 계산할 수 있다고 본다. 여기에 하이젠베르크는 "동전을 어떻게 던지든 앞면으로 뒤집힐 가능성과 뒷면으로 뒤집힐 가능성은 각각 50퍼센트입니다. 어떤 결과가 나올지는 예측할 수 없고, 단지 그러한 확률이 있다는 것만 알 수 있을 뿐이지요"라고 말하며 보어의 주장에 힘을 실어주고 아인슈타인의 주장은 부정했다. 황당하다는 반응을 감추지 못한 아인슈타인은 "신은 주사위 놀이를 하지 않는다"라는 희대의 명언을 남겼다. 그러자 보어는 이에 아랑곳하지 않고 "신에게 이래라저래라 말하는 것을 그만두시오"라며 맞받아쳤다.

보어의 원자모형 덕분에 우리는 금속의 색이 결정되는 현상을 비롯한 많은 문제를 더 잘 해석할 수 있게 되었다. 보어는 마치 육상선수들이 각각 다른 레인에서 달리는 것처럼 원자핵 바깥에 있는 전자도 각각 다른 궤도에서 움직인다고 보았다. 알다시피 맨 안쪽에 있는 궤도의 둘레는 다른 레인에 비해 짧기 때문에 에너지 소모가 덜하다. 반대로 가장 바깥쪽에 있는 궤도에서 달리면 훨씬 많은 에너지를 소모해야 한다. 그래서 전자가 궤도상 위치를 바꿀 때 에너지를 흡수하거나 방출하는데, 이를 전자 전이electronic transition라고 부른다. 금속의 색깔도 바로 이 전자 전이를 통해 만들어진다. 햇빛이 금속의 표면을 비추면 원자핵 바깥에 있는 전자는 빛을 일부 흡수하고, 더 에너지가 높은 궤도로 전자 전이가 일어난다. 이때 금속이 흡수한 광선이 가시광선 영역에 있다면 금속은 흡수한 빛의 보색을 띤다. 대부분의 금속은 햇빛의 흰색만 반사하기 때문에 흰색으로만 보인다.

아름다운 금빛은
어떻게 생겨났을까?

금은 예외다. 보어의 생각대로 계산하면 금도 대다수 금속처럼 평범한 은백색을 띠어야 하지만 현실은 그렇지 않았다. 영광의 상징이자 존귀한 금이 보어에게 영광을 선사하기는커녕 보어의 원자모형을 위기에 처하게 한 것이다. 이때 버그를 수정하는 패치 작업에 나선 사람은 다름 아닌 그의 오랜 라이벌 아인슈타인이었다.

금은 주기율표의 여섯 번째 주기에 속하는데, 이 주기에 속한 원소는 대부분 비범한 능력을 갖추고 있다. 우선 밀도가 아주 높다. 오스뮴osmium, Os이라는 금속의 밀도는 22.59그램퍼 세제곱센티미터로 철의 세 배에 가깝다. 심지어 6주기에 속한 원소 중에는 녹는점이 놀라울 정도로 높은 원소들이 있다. 가령 녹는점이 섭씨 약 3,400도에 이르는 텅스텐tungsten, W은 발명가 에디슨이 백열등 필라멘트로 사용하기도 했다. 한편 같은 6주기에 속하지만 텅스텐과 성질이 완전히 반대인 수은mercury, Hg은 녹는점이 섭씨 영하 39도로 금속 중에서 가장 낮으며 상온에서 액체 상태로만 존재한다.

앞서 설명한 성질은 물리적 성질에 불과할 뿐, 화학적 성질을 살펴보면 특별한 사례를 훨씬 많이 찾아볼 수 있다. 고전 이론에 따라 금속끼리 결합하면 합금이 만들어지지만 화학반응은 일어나지 않는다(금속 간의 결합은 화학적 결합이 아닌 물리적 현상에 의해 발생하기 때문이다). 6주기에 속한 일부 금속은 고분고분 이 이론을 따르지 않는다. 예를 들어 금은 다른 금속인 세슘과 이원자 이온화합물인 '금화세슘cesium auride, CsAu'을 만들어내는데 신기하게도 이 화합물에서 금 원자는 음전하를 띤다.

여러 가지 특별한 일을 한데 그러모으면 새로운 규칙이 만들어지기 마련이다. 1919년에 일어난 특별한 일식 덕분에 아인슈타인은 지구상에서 가장 주목받는 과학계의 스타로 일약 부상했다. 아인슈타인은 달이 지구를 끌어당기는 힘인 인력의 작용 때문에 빛이 직진으로 움직이지 않고 휘어진다고 예측했는데, 그해에 일어난 개기일식 덕분에 그의 사고 실험이 옳다는 것이 입증되면서 아인슈타인과 그의 상대성 이론도 세상의 인정을 받았다. 그로부터 얼마 지나지 않아 영국의 물리학자 폴 디랙Paul Dirac을 포함한 양자역학의 거장들이 상대성 이론의 힘을 빌려 보어의 원자모형을 다듬는 과정에서 드디어 6주기 원소의 비밀을 알게 되었다.

간단하게 설명하면 아인슈타인은 모든 물체가 빛에 가까운 속도로 움직이면 고전역학, 곧 뉴턴 역학의 방정식들이 적용되지 않는다고 본다. 이때 물질의 상대론적 운동에너지는 움직이지 않고 가만히 있을 때보다 늘어난다. 그렇다면 원자 속 전자의 속도는 어떻게 변할까? 하이젠베르크의 원리에 따르면 전자의 속도와 위치를 동시에 정확히 측정해내는 것은 불가능하며, 단지 양자역학 이론에 따라 확률만 추산할 수 있다. 추산 방법은 단순하다. 원자가 주기율표상의 번호에 따라 계속 무거워지면 전자의 운동 속도도 그만큼 빨라진다는 원리를 그대로 대입하면 된다. 그런데 이 원리에 따르면 6주기에 속한 원자량이 큰 중원소의 경우, 가장 바깥층에 있는 전자인 최외각 전자의 운동 속도가 광속의 절반을 넘어버린다. 이를 상대성 이론의 원리를 적용해 풀어보면, 전자가 움직이지 않고 가만히 있을 때보다 상대론적 운동에너지는 약 20퍼센트나 늘어난다. 아무리 봐도 오차라고 치부하고 넘어갈 수 없는 값이다.

원소의 물리적·화학적 성질은 대부분 전자에 의하여 결정된다. 따라서 전자의 상태가 변하면 원소의 성질도 자연스럽게 변하는데, 6주기 원소가 보여주는 여러 신기한 현상을 통칭 '상대론적 효과relativistic effect'라 한다. 상대론적 효과에 따라 금 원소의 전자가 움직이는 궤도 대부분에서는 수축이 일어난다. 이 말은 러더퍼드가 만든 행성 모델을 머릿속에 떠올리면 더 쉽게 이해할 수 있다. 태양이 어느 날 갑자기 엄청나게 커져버렸다고 하자. 그러면 태양계의 행성은 인력의 작용으로 태양에 가까워지게 된다. 주기율표의 주기 번호는 전자 배치의 전자 층수를 나타내니까 6주기에 속하는 금 원소에는 총 여섯 층의 전자가 있다. 그중에서 가장 바깥층인 여섯 번째 층에 있는 전자가 인력의 영향을 가장 많이 받는다. 그래서 이 전자의 궤도는 정상적인 조건보다 훨씬 '작아'(전자 궤도를 행성 궤도로 표현하는 고전역학과 달리 양자역학은 전자 궤도를 파동함수로 표현한다. 따라서 여기서 지칭하는 '작다'는 확률적 의미일 뿐, 글자 그대로의 의미는 아니다)지고, 위치 에너지도 이에 따라 낮아진다.

전자의 궤도가 오히려 '커'지면서 바깥쪽으로 퍼지기도 한다. 곧 에너지가 높아지는 것이다. 금의 다섯 번째 층 전자가 바로 그렇다. 다시 육상경기 레인에 비유해 설명해보면 원자는 큰 경기장, 원자핵은 그 경기장 한가운데 위치한 축구장 그리고 축구장을 둘러싼 육상경기 레인은 전자의 궤도라고 볼 수 있다. 따라서 금 원자라는 경기장에는 축구장 한 개와 레인 여섯 개가 있는 셈이다. 그런데 경기장을 마상 짓고 보니 각 레인당 너비를 균등하게 만들려던 애초 설계와 달리 축구장을 너무 크게 지어버리고 예산도 너무 많이 써서 가장 바깥쪽 레인은 설계보다 좁게 만들기로 한다. 그러면 자연스럽게 축구장 때문에 가장 안쪽 레인의 너비가 상대적으로 넓어지면서 결국 레인의 너비를 균등하게 만들려던 설계와는 다른 형태가 되고, 육상선수들이 레인과 레인 사이를 이동할 때 발생하는 에너지의 차이는 줄어든다.

일종의 전자기파인 빛의 에너지와 파장은 반비례한다. 따라서 원자 안쪽 궤도와 바깥쪽 궤도의 에너지 차이가 줄어들면 전자 전이는 더 긴 파장, 곧 에너지가 더 작은 전자기파가 있어야 일어날 수 있다. 그 결과 금은 본래 불가시광선 영역의 단파에서 일어나야 할 전자 전이가 가시광선 영역의 푸른색 광파에서 일어나고 여러 금속 중에서 유일무이하게 푸른색 빛을 흡수한 뒤 그 보색인 황금색을 반사하게 된다.

고대인이 금을 특별하게 생각하게 된 배경에는 안정적인 화학적 성질뿐 아니라 그 아름다운 색깔도 한몫했을 것이다. 덕분에 금은 물론 금이 반사하는 금색마저 존귀함의 대명사가 되었다. 일례로 고대 중국에서는 금색을 사용할 때 신중에 신중을 기했다. 주로 황실의 상징색으로 사용되면서 황족이 아닌 사람이 분수를 모르고 금색을 썼다가 사형당하기도 했다. 물론 거의 모든 문화권에서 금이 최고 권력의 상징이 된 데에는 지각 매장량이 적고 기술력과 관계없이 채굴량이 상대적으로 일정하다 보니, 오랫동안 희소한 물질로 대접받았다는 이유도 있다.

황금의 나라,
잉카 제국

이러한 특성 때문에 많은 문명이 교역을 위해 조개껍데기며 비단 등 다양한 물건을 원시 화폐로 사용했지만 결국에는 모두 금 또는 금의 대체품인 은을 제일 좋게 생각했다. 한편 고대 그리스인이 '달'에 해당하는 원소라고 생각한 은은 신기하게도 주기율표에서 금 바로 위층에 있다. 사실 값비싼 금도 그렇지만 은도 화폐로 쓰기에는 불편한 물질이다. 일단 유통하기가 불편하니 디플레이션이 일어나기 쉽다는 점은 둘째 치고, 은을 화폐로 쓰면 거스름돈을 거슬러주는 일이 여간 불편한 것이 아니다. 그런데도 여러 나라가 금과 은을 화폐의 기준으로 삼은 것은 금과 은이 가진 권위가 정치부터 경제까지 일관되게 통용되기 때문이다.

콜럼버스가 대서양을 탐험할 때 남긴 "금을 가지면 영혼까지도 천국에 보낼 수 있다"라는 말에서 위로는 국왕, 아래로는 범죄자까지 모두 금에 눈이 멀었던 탐욕스러운 에스파냐인의 모습을 엿볼 수 있다. 그런 사람들 가운데서도 피사로는 가장 전설적인 황금 사냥꾼이다. 발보아를 해칠 때도 야심을 감추지 않았고 금을 얻기 위해 수단과 방법을 가리지 않았다. 특히 그가 원정대를 이끌고 전설 속 황금의 나라 잉카 제국을 정복한 이야기는 지금도 전해진다.

남아메리카는 자연 상태에 존재하는 금 광물의 양을 뜻하는 금광 자원량이 상대적으로 풍부한 편이다. 지금도 페루와 콜롬비아에 실제 채굴할 수 있고 경제적 가치가 확인된 큰 금광이 많다. 비록 이후의 문화는 유라시아 대륙 문화보다 많이 뒤떨어지긴 했지만 일찍이 5,000년 전부터 페루의 선현들이 금을 캐왔다는 사실은 그리 놀랍지 않다.

16세기로 돌아와 이야기를 이어나가면, 당시 남아메리카 대륙에는 300여 년의 역사를 가진 거대한 잉카 제국이 있었다. 끊임없는 정벌 전쟁과 문화적 동화를 통해 잉카 제국은 안데스산맥 서쪽의 100만 제곱킬로미터에 가까운 땅을 장악하며 현재의 페루, 칠레, 에콰도르, 아르헨티나뿐 아니라 볼리비아와 콜롬비아의 일부 지역에 걸친 광대한 영토를 통치했다.

잉카 제국은 바퀴, 철기, 심지어 문자도 발명되지 않았던 터라 밧줄에 매듭을 묶어 기록을 남겼다. 중앙아메리카의 마야 문명이나 아스테카 문명에 비해 뒤떨어진 것처럼 보이지만 중앙아메리카 인디언처럼 석공 기술이 매우 뛰어나 잉카 제국의 사원을 보고 유럽인이 기가 죽기도 했다. 잉카 제국에만 있는 보물은 따로 있었다. 첫 번째 보물은 바로 다양한 농작물이었다. 잉카 제국은 엄청난 수의 인구를 지탱할 수 있을 정도로 감자, 옥수수, 호박 등 남아메리카 고유식물이 매우 풍족했다. 두 번째 보물은 아메리카 대륙의 유일한 대형 가축인 알파카였다. 알파카 길들이기에 성공한 덕분에 털, 가죽, 고기를 얻었을 뿐 아니라 상거래를 위해 전국 방방곡곡 빈틈없이 만들어진 도로에 알파카가 오가며 바퀴의 빈자리를 든든하게 채워줬다. 무엇보다 잉카 제국에서는 상당히 일찍부터 여성 해방 운동이 일어났다. 이 덕분에 여성은 여러 사회 활동에 참여했고 생산력과 사회적 지위도 높은 편이었다. 이처럼 탄탄한 정치적 · 경제적 토대를 바탕으로 잉카 제국은 당대 과학기술력보다 훨씬 높은 수준의 번영을 구가했다.

번영은 양날의 검과 같았다. 주변국과 느슨하게 동맹 관계를 유지한 아스테카 문명과 달리 잉카 제국은 동맹국과 단단하게 결속했고, 인신 공양 같은 미신 활동도 적었다. 중앙집권제도가 거의 자리를 잡은 터라 대형 사업도 집중적으로 추진했다. 여기서 말하는 대형 사업에는 사원 등 종교 건물을 짓는 것뿐 아니라 계단식 논을 개간하고 용수로를 만드는 등의 공사와 언어를 통일하는 문화 사업도 포함된다. 그러나 지역 간의 융합을 촉진한 중앙집권제도는 귀족 계급이 분열하는 결과를 초래하기도 했다.

16세기 잉카 제국에는 이미 화폐가 있었다. 하지만 그 화폐는 남아메리카의 풍부한 금으로 만든 것이 아니라 알파카 털로 만든 방직물이었다. 잉카 제국에서 여성을 해방할 필요성을 느낀 이유가 바로 여기에 있다. 여성들이 부지런하게 돈을 만들어냈기 때문이다. 한편 금은 당시 잉카의 법률에 따라 평민은 소유할 수 없었고, 오로지 귀족이나 사제만 쓸 수 있었다. 왕궁에서는 각종 구조물을 만드는 데 금을 사용했다. 무겁고 무른 성질이 있어서 구조물 제작에 적합하지 않은데도, 왕이 타는 가마를 전부 순금으로 장식하고 평소에 신는 샌들마저 금으로 만들었다. 자신들이 태양의 자손이라고 생각한 잉카 문명은 태양신을 섬겼고, 최고 권력자인 왕은 그런 태양을 상징하는 금을 마음대로 사용해도 된다고 생각한 것 같다.

존귀한 존재로 대접받고 사치스럽게 생활하는 왕 자리를 많은 경쟁자가 노렸겠지만, 잉카의 개국 군주는 고대 중국처럼 정실부인의 아들만 태자가 될 자격이 있다고 못 박아두었다. 다만 중국과 다르게 왕족 중에서도 공주만이 정실부인이 될 수 있었기에 왕이 누구를 더 총애한다고 해서 정실부인으로 지위를 끌어올리지는 못했다. 이처럼 비교적 합리적인 잉카의 왕위 후계 제도 덕분에 300년이라는 세월 동안 왕실 내에서는 별다른 사고가 일어나지 않았다.

하지만 유럽인이 상륙하자 모든 것이 변했다. 중앙아메리카에 있던 피사로는 발보아가 세상을 떠난 후에 곧장 페루로 진격하지 않고 자금부터 준비했다. 경제적 뒷받침 없이 하늘 높이 우뚝 솟은 안데스산맥을 상대했다가는 살아서 돌아올 수 없다는 점에서 그의 결정은 합리적이었다. 얼마 후, 디에고 데 알마그로Diego de Almagro라는 한 장교의 사생아가 피사로의 남아메리카 원정을 후원하기로 했다. 그동안 남아메리카로 떠났던 탐험대들은 열악한 자연환경과 우거진 밀림 때문에 수년째 금 그림자도 보지 못한 채 빈손으로 돌아오기 일쑤였지만 말이다.

잉카 제국에 천연두라는 멸망의 씨앗을 뿌려놓은 장본인이 바로 이 에스파냐 탐험대다. 원래 아메리카 대륙에는 천연두 바이러스가 존재하지 않았기 때문에 원주민들에게는 바이러스 저항력이 전혀 없었다. 순식간에 잉카 제국의 황제 우아이나 카팍Huayna Cápac을 비롯한 인디언들이 줄줄이 사망했다. 우아이나 카팍은 재위 기간에 북방의 여러 부족을 정복하고, 지금의 에콰도르 수도인 키토에 제2의 수도를 세운 유능한 황제였다. 본인도 키토에 머무르며 새로운 도시 건설에 적극적으로 참여하고, 총애하는 아들 아타우알파Atahualpa를 키토의 왕으로 임명했다. 같은 시기에 아타우알파의 이복동생이자 왕세자인 우아스카르Huáscar는 잉카 수도 쿠스코에서 다른 지방을 관리했다. 이런 상황에서 두 아들의 지위를 어떻게 조절할 것인지에 대해 황제는 명확한 의사를 표명하지 않았다.

결국 비극이 펼쳐졌다. 황제가 천연두에 걸려 후사를 정할 새도 없이 세상을 뜨자 왕위 다툼이 벌어졌고 거대한 잉카 제국의 운명은 역사의 갈림길에 섰다. 잉카 제국의 눈앞에 놓인 길은 모두 낭떠러지를 향했지만 하필이면 에스파냐인의 공격이 있기 바로 하루 전날 밤에 그들은 낭떠러지로 향하는 가장 빠른 지름길, 곧 내전을 선택하고 만다.

아타우알파는 황제의 서쪽 지방 원정을 따라다닌 덕분에 전쟁 지휘 능력이 훨씬 뛰어났다. 황위를 빼앗길 것을 두려워한 우아스카르가 먼저 아타우알파를 공격했지만 아타우알파는 손쉽게 그를 격퇴해버렸다. 아타우알파는 여기서 멈추지 않고 우아스카르를 포로로 잡아 산하 세력을 뿌리 뽑으려고 했다. 이때 아타우알파도 멀지 않은 밀림에서 흰 피부의 사람들이 신기한 동물(말)을 타고 이상한 무기(총)를 손에 든 채, 제국의 안위를 위협하러 온다는 것을 알았다. 전투에만 능했던 아타우알파는 '형제끼리 집안에서는 싸워도, 외적 앞에서는 합심해야 한다'라는 오래된 이치를 몰랐다. 결국 피사로를 비롯한 에스파냐인이 잉카 땅에 발을 디디고 원주민의 통역을 거쳐 평화적인 관계를 맺고 싶다는 메시지까지 보냈지만, 아타우알파는 진지하게 받아들이기는커녕 온 정신을 내전에만 쏟았다.

잉카 제국에 내려진
금의 저주

잉카 제국을 망국의 길로 들어서게 한 내전은 몇 년이나 계속되었고, 악전고투 끝에 승리는 1532년에 아타우알파에게 돌아갔다. 한편 어부지리를 얻으려고 긴장의 끈을 놓지 않은 채 내전을 지켜보던 피사로는 페드라리아스가 사망한 후 에스파냐 국왕에 의해 총독으로 임명되었다. 그리고 아타우알파가 승리를 거둔 지 얼마 지나지 않아, 피사로는 약 200명의 '대군'을 이끌고 잉카 국경을 공격했다.

비록 잉카 제국의 병력은 내전으로 많이 소모되기는 했지만 여전히 최소 5만 명의 대군을 운용할 여력이 있었다. 따라서 피사로 군대는 잉카군보다 기술적으로 몇 세대나 앞서 있었지만 그대로 진격했다간 심각한 병력 차이 때문에 계란으로 바위를 치는 꼴이 되고 말 것이 뻔했다. 피사로는 먼저 손에 《성경The Bible》과 십자가를 든 신부를 보내 선교 활동을 펼치도록 했다. 아타우알파는 선교에 아무 신경도 쓰지 않았다. 태양의 자손인 우리는 태양신의 보우를 받는데, 하느님이 무엇인지 알게 뭐냐는 식이었다. 모욕당한 피사로는 종교로 그들을 정복하겠다는 환상을 버리고, 무력을 동원하기로 마음먹었다.

말도 철도 없는 잉카 제국은 수세에 몰렸다. 중국의 병법가 손자孫子의 "적을 알고 나를 알면 100번 싸워도 위태롭지 않다"라는 말과 달리, 아타우알파는 적을 알려고 하지조차 않았기 때문일까. 5만 명에 이르는 잉카군은 소수에 불과한 피사로의 기병을 상대로 아무런 방어 전술도 펼치지 못했다. 잉카군을 이끌던 아타우알파는 자신도 영문을 모르는 사이에 포로로 사로잡혔고, 피사로는 거대한 잉카 제국 정복에 성공했다!

전쟁에 패해 에스파냐군의 포로가 된 아타우알파와 우아스카르 형제는 어처구니없는 선택을 하고 만다. 우아스카르는 왕위를 돌려받는 대가로 에스파냐인에게 금을 바치기로 했는데, 이 소식을 접한 아타우알파는 우아스카르에게는 암살자를 보내고 에스파냐인에게는 금을 몸값으로 낼 테니 자유와 왕위를 달라고 제안했다. 에스파냐인들은 금이라는 단어를 듣자마자 지난 몇 년간의 고생이 이제 수확으로 되돌아올 차례가 되었다는 생각에 활기를 되찾았다. 심지어 몇 년 동안이나 자취를 감추었던 알마그로마저 금냄새를 맡고 투자 수익을 회수하려 시찰에 나설 정도였다.

방 하나를 가득 채운 금이 아타우알파가 제시한 몸값이었다. 몇 년 동안이나 백성의 고혈을 짜내야 긁어모을 어마어마한 양이었다. 에스파냐인은 흔쾌히 그 제안을 받아들였다. 하지만 금은보화를 보고 난 뒤 아타우알파를 풀어주기는커녕 이런저런 핑계를 삼다가 소위 에스파냐 법을 적용해 잉카 황제에게 사형을 선고했다.

그제야 비로소 아타우알파도 꿈에서 깨어나 정신을 차렸다. 그러나 아타우알파는 나라를 통일하고 권력을 손에 쥐는 데 성공했을지언정, 여러 해동안 이어진 내전 때문에 민심을 잃어버린 상태였다. 특히 옴짝달싹하지 못하는 포로가 되었을 때도 형제 우아스카르를 암살하고 왕위를 탐하다가 주권도 나라도 몽땅 에스파냐인에게 빼앗기고 말았다. 이제 아무도 그를 구하려고 나서지 않으니, 아타우알파는 정말로 오갈 데 없는 외톨이가 되었다. 한때 안데스산맥을 호령했던 키토의 왕은 죽음을 눈앞에 두고 궁색한 조건을 하나 내밀었다. 육신이 사라지면 내세에 갈 수 없으니 화형만은 하지 말아달라고. 그러자 에스파냐인은 아타우알파에게 다시 《성경》을 들이밀었다. 이번에는 아타우알파도 하느님을 모욕하지 않고 순순히 가톨릭으로 개종했으며 결국 교수형에 처해졌다.

금, 지고지상의 금속이자 권력과 부의 상징. 그러나 잉카라는 황금의 제국에서 금은 저주와 모욕의 상징이 되고 말았다. 그 후로 제국은 더 깊은

그림 1-2. 〈피사로의 잉카 정복Pissarro captures the Peruvian Inca〉 (존 밀레이John Millais 作)

수렁에 빠졌으며, 몇몇 후대 황제들이 봉기를 일으켰지만 매번 총과 바이러스 앞에서 쓰러지고 말았다. 반면 피사로는 소원을 성취했다. 에스파냐 국왕에게 자신이 발견한 금의 5분의 1을 바친 뒤 왕으로부터 후한 상을 받았고, 당시 세계에서 손꼽히는 부자가 되었다.

금의 저주는 계속되었다. 금 때문에 목숨을 잃은 발보아와 멸망한 잉카 제국처럼 피사로와 알마그로의 운명 역시 금의 저주에서 벗어나지 못했다. 1539년에 알마그로는 전리품을 공평하게 분배하지 않았다는 이유로 피사로와 사촌 형제에게 살해당했다. 2년 후, 복수의 기회를 노리던 알마그로의 심복이 피사로의 머리를 베어버렸다. 수십 년간에 걸쳐 싸운 두 사람은 금을 가지면 영혼을 천국에 보낼 수 있다는 콜럼버스의 말을 서로 앞서거니 뒤서거니 하며 확실히 입증한 셈이다.

여기까지 이야기를 듣다 보면 에스파냐 국왕이야말로 최대의 승자라는 생각이 든다. 그런데 아메리카 대륙의 많은 금이 계속해서 에스파냐로 흘러 들어가자 대항해시대에 무적일 것 같던 왕국은 금융 시스템이 심각한 타격을 입은 가운데, 재물을 실어 나르는 상선을 해적의 약탈로부터 보호하고자 군비 지출을 늘리면서 해상 패권을 유지해야 했다. 에스파냐 왕국은 황금의 시대로 발을 내딛는 그 순간부터 뼛속까지 금이 내뿜는 독소에 중독되고 있었다. 여러 해 동안 발버둥을 쳤지만 결국 에스파냐 왕국은 1588년에 영국 함대에 격퇴당한 사건을 계기로 모든 영광을 뒤로하고 쇠락의 길로 접어들고 만다.

여기까지 이야기를 들으면 묻고 싶은 질문이 생길 것이다. 도대체 어떤 계기로 에스파냐는 금 탐험에 나서게 되었을까? 이 질문에 대답하려면 우선 역사의 태엽을 수백 년 더 앞으로 감아야 한다.

2. 황금의 영광과 황금 제국의 멸망

3.

황금에 이끌려
근대의 문을 열다

1492년, 에스파냐의 콜럼버스는 아메리카 대륙을 발견했다. 에스파냐 왕국은 바로 그해에 이슬람 세력의 지배에서 벗어나 진정한 독립과 통일을 이뤄낸 레콩키스타Reconquista, 재정복 운동에 성공했다. 그 후 식민지라는 모자를 벗어 던지고 순식간에 정복자로 변신한 뒤, 해외로 진출해 아메리카 대륙 식민사를 써 내려갔다.

800년 전까지만 해도 에스파냐는 가톨릭 왕국과 이슬람 세력 간에 벌어진 전쟁의 최전선을 담당했다. 오랫동안 이베리아반도를 통치한 서고트 왕국은 711년에 아랍인(무어족)의 침략을 받은 후 얼마 지나지 않아 멸망했지만 서고트족의 해방 운동은 끊임없이 일어났다. 이 지역 사람들에게 아랍인이란 자신을 나라 없는 유랑민으로 만들어 갖은 고생을 겪게 한 침략자이면서 선진 문명의 전파자였다. 로마 교황청의 통치를 받던 중세 유럽에 비해 유럽, 아시아, 아프리카라는 세 개 대륙에 걸쳐 통일 제국을 세운 신흥 세력 이슬람은 과학, 문화뿐 아니라 경제적으로도 훨씬 앞서 있었다.

아랍인은 고대 그리스 문명 지역을 정벌하는 과정에서 수백 년 전에 그리스인이 남겨놓은 의학, 철학, 수학, 천문학 같은 유물을 운 좋게 발견했다. 특히 그들은 이집트 지역에서 매우 신비한 기술을 손에 넣는 데 성공했다. 다름 아닌 납lead, Pb을 금으로 변신시키듯이 흔한 금속을 귀금속으로 바꾸는 기술이었다. 곧이어 아랍인도 누구나 사랑해 마지않는 이 기술에 푹 빠졌고, 이 기술에 우리도 잘 알고 있는 '연금술alchemy'이라는 이름을 붙였다.

한편 머나먼 유라시아 대륙 동쪽 끝에서 전성기를 구가하던 당나라도 한창 연금술과 유사한 기술을 개발하는 중이었다. 당나라 시대로부터 800년 전인 전한의 무제武帝 때부터 중국 각지에서는 불로장생약과 돌멩이를 금으로 바꾸는 연단술練丹術을 연구했다. 다만 춘추전국시대 제나라 재상 관중管仲이 자신의 글을 모아 펴낸 논문집 《관자管子》에서 "주나라 왕께서는 귀중한 정도에 따라 화폐로 사용하는데 가장 으뜸인 것은 옥이고 그다음 가는 것이 금이며 마지막으로 청동으로 만든 칼 모양 화폐인 도폐刀幣라 하셨다"라고 했듯이, 동양 문화는 옥을 더 소중하게 생각했기에 제아무리 존귀한 금이라 할지언정 2순위로 밀려날 수밖에 없었다. 이후 관중의 경제 정책을 그대로 받아들인 역대 황제들 덕분에 금을 만드는 것이 아니라 불로장생약인 '금단金丹'을 만드는 것에 목적을 둔 연단술이라는 기술이 한나라 때부터 크게 발전했다. 사실 진나라와 한나라 때부터 자리 잡은 중앙집권제 정부는 금융 정책을 매우 중요하게 생각했지만 거대한 제국의 경제 시스템을 뒷받침하기에 금은 생산량이 너무 적어서 활용도가 떨어졌다. 그래서 금은 황제가 내리는 하사품, 제례용품, 무역 화폐 등으로만 사용될 정도로 역대 중국 제국의 금 수요는 그다지 크지 않았다.

연금술의
씨앗

7세기, 유라시아 제국을 관통하는 위치에 있던 이슬람 제국에서는 정벌과 교역의 확대로 금 수요가 가파르게 상승하는 중이었다. 그리고 값싼 물질을 금으로 바꾸는 연금술 연구를 위해 수도 바그다드에서는 여러 과학자, 문학가, 철학자가 그리스어, 라틴어, 심지어 고대 시리아어로 적힌 책을 번역하며 살폈다. 세월 속에 사라졌다고 알려진 그리스와 이집트 연금술이 다채로운 글과 그림으로 되살려져 아랍인에게 선보였다. 아랍인은 고대 그리스인의 철학과 사상을 그대로 이어받아 어떤 금속이든 색을 바꿔 금으로 만들수 있다는 '알 익시르Al iksir'라는 이름의 묘약이 존재한다고 믿었다.

현대 화학의 관점에서 보면 당연히 얼토당토않은 말이다. 이른바 금속의 색깔이 변한다는 것은 그저 원자 차원에서 일어나는 화학반응에 불과하고, 심지어 서로 다른 금속이 섞여 합금이 되어도 원자 자체에는 아무런 변화가 일어나지 않는다.

초기 구상 단계부터 단추를 잘못 끼웠다면 그 결과는 불 보듯 뻔하지 않을까? 수백 년에 걸쳐 노력했지만, 금은 티끌만큼도 보이지 않았다. 하지만 연금술을 연구하는 과정에서 아랍인은 액체를 증류할 수 있는 증류 플라스크와 길고 가는 S자형 목이 붙어 있는 백조목형 플라스크 등 새로운 실험도구를 많이 발명했다. 이러한 기기들은 과거에 이집트에서 사용하던 연금술 기기와 비교해보면 형용할 수 없을 정도로 월등히 빼어났다. 국가 차원에서 연금술 프로젝트를 시행하면서 각종 기기 투자에 돈을 아끼지 않은 결과였다.

당나라와 국경을 맞대고 문화 교류와 상품 교역을 하던 이슬람 제국은 중국에서 성행하던 연단술의 영향도 받아 연금술 실험에 다양한 재료를 사용하기 시작했다. 가령 실험에 초석硝石, 곧 질산칼륨potassium nitrate, KNO₃을 사용했는데, 흰색 가루인 초석을 '중국의 눈Chinese snow'이라고 부른 것으로 미루어 이 실험 기술을 중국으로부터 배웠을 가능성이 크다. 한편 아랍인의 연금술 재료 중에는 '중국의 돌'이라는 것도 있었는데, 이는 구리copper, Cu와 니켈의 합금인 백동cupronickel을 지칭하는 단어였다.

아랍인은 알코올 정제 기술도 익혔다. 알코올을 뜻하는 영어 단어에서 아랍어의 흔적을 찾아볼 수 있다(알코올을 뜻하는 영어 단어 'alcohol'의 'al-'은 아랍어 특유의 접두사다). 그 밖에도 아랍인은 전기 분해 기술이 발명되기도 전에 수산화나트륨sodium hydroxide, NaOH 제조법을 발견하고 '알칼리alkali'라는 이름도 붙였다. 한 걸음 더 나아가 지방과 알칼리를 반응시키면 비누가 되는 비누화 반응을 발견하고 비누도 탄생시켰다. 아랍인은 황산sulfuric acid을 정제하는 방법도 손에 넣었다. 황산을 얻자 자연스럽게 질산nitric acid과 염산hydrochloric acid도 얻었고 금을 녹이는 왕수aqua regia*도 만들 줄 알게 되었다. 비록 아랍인은 연금술은 손에 넣지 못했지만 신선이 사물의 형태를 바꾸는 법술을 뜻하는 점화點火 기술을 발견했다.

---

* 진한 염산과 진한 질산을 3:1의 비율로 혼합해 만든다.

무엇보다 연금술은 철학 체계에 지대한 영향을 끼쳤다. 연금술을 발전시키는 과정에서 그리스 고전 철학과 완전히 다른 실증주의라는 새로운 사상이 싹텄다. 어떤 연구가 맞는지 틀렸는지를 실증하려면 꼭 정량화를 거쳐야 한다. 연금술은 정확하게 무게를 재고 기체를 모으는 방법을 중시했으며 이러한 영향으로 근대 과학의 씨앗이 심어졌다. 이제 아랍인은 연금술로 과학 진입을 목전에 두고 있었다.

이슬람 제국의 연금술 대가들은 이 모든 경험과 철학을 책으로 정리해 남겼는데, 그중에서도 가장 뛰어난 연금술사를 꼽으라면 단연 아비센나Avicenna*다. 그는 이슬람 제국의 황금시대를 연 걸출한 철학자이자 작가다. 아비센나는 어릴 때 아리스토텔레스Aristoteles의 형이상학이 이해가 안 가자 책을 아예 처음부터 끝까지 몽땅 외워버려 주변 사람들로부터 천재라는 소리를 들었다. 글을 통째로 외웠지만 그 의미를 이해하지 못했던 천재는 제대로 먹지도 자지도 못하다가, 어느 날 길거리 서점에서 학자 아부 나스르 알파라비Abū Naṣr al-Fārābī**가 주석을 달아놓은 판본의 책을 읽고 난 후, 형이상학을 완벽하게 깨우쳤다. 알파라비와 아비센나 사이에는 아무런 교집합이 없었지만 아비센나는 언제나 알파라비를 스승으로 모셨다.

아비센나는 평생에 걸쳐 많은 저서를 남겼는데, 유럽 언어로 번역된 작품만 200여 편이 넘는다. 그중 대표적인 저서인 《의학 전범The Canon of Medicine》은 이후 수백 년 동안 유럽에서 경전으로 떠받들어졌다. 연금술과 관련된 책

---

* 페르시아인으로 아랍어 이름은 이븐 시나Ibn Sīnā이며, 아비센나는 그의 라틴어 이름이다.
** 아부 나스르 알파라비는 아랍의 유명한 의학자, 철학자, 음악가로 9~10세기에 활동한 것으로 추정된다.

도 많이 남겼지만 일부는 아비센나의 이름을 도용한 책이다. 아비센나는 연금술로 금을 만들 수 없고, 만들지언정 눈속임에 불과한 가짜 금이라고 말하며 꾸준히 연금술에 대해 의문을 제기했다. 하지만 연금술에 관한 각종 자료가 지금까지 잘 보존되어 이어져 내려온 것은 다 아비센나 덕분이다.

눈 깜짝할 새에 수백 년의 세월이 지나, 이제 에스파냐에는 카스티야 왕국과 아라곤 왕국이라는 두 왕국이 자리 잡았다. 두 왕국은 여전히 가톨릭 교리의 기치를 높이 들고 피레네 산맥에 펼쳐진 평지에서 이슬람교를 따르는 아랍인과 격렬한 피의 전쟁을 치르는 중이었다. 이 과정에서 이슬람 문명의 전례 없는 압박을 받은 암흑기의 중세 가톨릭 문명은 점차 생각의 문을 활짝 열고 '적의 장점을 배워 적을 제압하기'라는 전술을 시도하기에 이르렀다. 이렇게 가톨릭 세력과 이슬람 세력의 격전장이었던 에스파냐는 과학과 문화 교류의 선두 주자 역할을 맡았다.

유럽의 어둠을 밝힌
연금술

1085년 가톨릭교도들은 이슬람 제국의 중요 도시였던 톨레도를 함락한 후 카스티야 왕국의 수도를 세웠다. 그러자 다양한 분야의 학자들이 톨레도에 모여들어 전쟁 중에 노획한 이슬람 서적들을 번역해 살펴봤는데, 그 가운데 연금술에 관한 책도 포함되어 있었다. 12세기에 이르자 이슬람 지역에서 무르익을 대로 익은 연금술은 톨레도를 거쳐 프랑스 파리, 독일의 쾰른은 물론, 저 멀리 북해를 넘어 영국의 옥스퍼드까지 전해졌다. 한편 전쟁의 최전선이었던 에스파냐는 연이어 전쟁을 치르느라 연금술 발전에 실질적으로 이바지한 부분은 별로 없었지만 다른 유럽 국가보다 훨씬 더 금을 갈망하고 있었다. 아직 국토를 통일하지 못했으면서도 금을 찾으려고 차례차례 대서양을 향한 대규모 해상 원정에 나설 정도였다.

여기서부터 이야기는 두 갈래로 나눠지는데, 에스파냐인에 관한 이야기는 잠시 미뤄두고 우선 연금술이 유럽 땅 깊숙이까지 전해진 후 어떻게 발전했는지를 알아보자. 유럽 학자들은 연금술을 접한 뒤 큰 충격을 받았다. 적에게 배운 이 기술이 본래 유럽에서 탄생했다는 사실을 발견했기 때문이다. 마치 17세기 이후 중국인이 유럽으로부터 화약과 총포 제작 기술을 배웠을 때의 상황과 비슷했다. 유럽인은 아랍인의 '묘약'이라는 표현을 버리고 비금속을 귀금속으로 변신시킬 수 있다는 고대 그리스 전설이 얽힌 '현자의 돌'이라는 표현을 썼다. 고대 그리스 선현에게 경의를 표하고자 했던 것이다. 이 현자의 돌을 찾아 수백 년에 걸쳐 헤맨 궤적이 연금술의 역사를 만들었다. 물론 이론적으로 불가능한 일이니 이름을 바꿔 봐야 아무 소용이 없었다. 결국 묘약을 찾지 못한 아랍인처럼 현자의 돌을 찾으려는 유럽인의 노력은 허사가 되고 말았다.

연금술은 유럽에 전해질 때부터 논란의 중심에 있었다. 12세기 말경, 지금의 독일 바이에른주 지역의 라우잉겐에서 알베르투스 마그누스Albertus Magnus가 태어났다. 신학자이자 도미니코수도회의 주교였던 그는 성인으로 추대되어 후세에 '성 대 알베르트Albert the Great'라고도 불렸다. 평생 신학과 철학을 깊이 연구한 마그누스는 연금술에도 해박한 지식을 자랑했다. 비소$^{arsenic, As}$ 원소를 발견하고 정제했으며, 연금술과 관련된 많은 저작을 남기기도 했다. 그러나 아비센나와 마찬가지로 그도 연금술은 가짜 과학이며, 가톨릭교도는 연금술에 손대서는 안 된다고 생각했다. 연금술을 미신이 아니라 화학적 관점으로 바라본 것이다.

연금술을 꿋꿋이 지지한 사람들도 있었다. 영국의 신학자이자 자연과학자인 로저 베이컨$^{Roger Bacon}$이 그중 한 명이었다. 그는 진정한 과학은 실험을 통해 완성된다는 이유로 연금술을 지지했고, 다양한 광학 기기 설계와 제작에 힘을 기울였다. 13세기에 거리낌 없이 권위를 비판했던 그의 삶은 험난했다. 다행히 교황 클레멘스 4세$^{Pope Clement IV}$ 덕에 세상에 연구 결과를 공개하고 저서 《대작품$^{Opus Majus}$》을 교황에게 바칠 수 있었지만, 1268년에 이 진보적인 교황이 세상을 떠나자 그의 평온한 생활도 끝나고 말았다. 이후 그는 9년간 세상을 등진 채 은둔했고 1277년에는 환갑이 넘은 나이에 옥고를 치렀으며 임종을 앞두고서야 겨우 감옥에서 풀려났다. 비록 그의 삶은 순탄하지 못했지만 실패한 삶은 아니었다. 곧 유럽 대륙에서 폭발적으로 일어난 르네상스 운동에 그의 사상이 지대한 영향을 끼쳤으며 실용적 측면에도 크게 공헌했다. 로저 베이컨이 아랍인의 실험을 그대로 따라 하면서 중국에서 발명된 화약이 유럽에 유입되었고 유럽 문명의 군사력 증강에 도움을 주었기 때문이다.

연금술 반대 세력과 지지 세력이 끊임없이 충돌했지만 연금술이 발전한 초기 100~200년 동안에 가톨릭교회는 연금술의 지위를 인정하지도, 근절하려고 하지도 않은 채 명확한 태도를 보이지 않았다. 이 덕분에 같은 시기에 마녀라고 몰렸던 사람들의 처지에 비하면 연금술사들의 처지는 주류에 편승하지는 못했지만 훨씬 나은 편이었다.

　연금술 업계에는 연금술을 이용해 돈을 버는 것이 유일한 목적인 인생이 많이 몰려들었다. 이슬람 제국처럼 정부의 공식 지원을 받은 것도 아니던 민간 과학자들이 정련해낸 금은 당연히 간단한 눈속임 마술에 불과했다. 예를 들어 쇠막대기를 물약에 넣고 끓여 금을 만드는 방법은 사실 끄트머리에 금가루를 묻힌 쇠막대기를 촛농으로 덮은 것에 불과했다. 열을 기히면 촛농이 녹아 금이 만들어진 것처럼 보이는 속임수였다. 어떤 속임수는 조금 더 고차원적이었다. 그중 하나가 은은 산화시킬 수 있지만 금은 산화시킬 수 없는 질산의 원리를 이용해 은으로 도금한 금덩어리를 질산에 넣어 은을 금으로 만든 것처럼 보여주는 방법이었다.

　14세기 이후 유럽에서는 또 다른 진풍경이 벌어졌다. 이 시기에 영국 국왕은 황동을 금과 흡사하게 만들어 프랑스에 유통하기 위해 대대적인 연금술 지원책을 펼쳤는데, 바로 영국해협 건너편에서 프랑스 국왕도 똑같은 일을 하고 있었다. 당시 두 나라가 오랜 세월 백년 전쟁을 치르는 중이었다는 점을 생각하면, 연금술은 14세기 '화폐 전쟁'의 무기 역할을 했던 것일까? 이 시기에 연금술은 영국과 프랑스뿐 아니라 여러 봉건국가의 국왕이나 영주의 사랑을 한 몸에 받았다. 거의 모든 유럽 마을 주민이 연기를 모락모락 피우며 연금술 개발에 몰두했고, 어떤 궁전에서는 연금술 연마를 위한 방을 따로 만들 정도였다.

　전 세계를 휩쓴 소설 《해리 포터Harry Potter》 시리즈의 마법학교 호그와트에도 연금술은 빠지지 않고 등장한다. 작중에서 불로장생약을 만드는 데 사용되어 주인 '니콜라 플라멜'을 660살까지 살게 해준 '마법사의 돌'이 바로

그림 1-3. 〈연금술사 미하엘 센디보기우스Michael Sendivogius〉, 중세 유럽에서 일어난 연금술 열풍을 반영한 작품이다(얀 마테이코Jan Matejko 作).

연금술사들이 그토록 원했던 현자의 돌이다. 물론 현자의 돌로 불로장생약을 만들 수 있다는 것은 작가가 지어낸 이야기지만 니콜라 플라멜이라는 사람은 실존 인물이다. 《해리 포터》가 출판된 1997년을 기준으로 캐릭터 '니콜라 플라멜'의 출생 연도를 추측해보면 그는 대략 1330년대, 곧 14세기에 태어났을 가능성이 크다. 소설 속 캐릭터의 모델이 된 실제 인물이자 전설적인 연금술사로 손꼽히는 니콜라 플라멜Nicolas Flamel도 바로 1330년에 태어났다.

아쉽지만 이 연금술사의 일생에 특별히 인상적인 사건은 없다. 그가 했다고 알려진 기적은 돌멩이를 금으로 바꾸는 능력은 물론, 자신과 아내 페르넬 플라넬의 이름을 역사에 새기는 능력까지 있는 현자의 돌을 만들어냈다고 스스로 떠벌려서 만든 이야기일 뿐이다. 말로만 떠들어 봐야 세상 사람들은 속지 않는다는 점을 알았기에 플라멜은 생전에 연금술에 관한 저서

《상형 문자에 관한 설명Explication of the Hieroglyphic Figures》도 썼다. 그래 봐야 다른 사람들이 보기에 여전히 그는 조금 배운 티가 나는 기상천외한 괴짜에 불과했다. 플라멜은 세상을 떠난 뒤 200여 년 동안 아무런 반향도 일으키지 못한 존재감 없는 인물이었다.

그런데 17세기 초에 영어로 번역된 플라멜의 책이 영국으로 흘러 들어 산 뒤, 이 책을 읽고 충격을 받은 영국 연금술사들이 니도나도 현자의 돌을 찾으려고 나서면서 영국에 현자의 돌 찾기 광풍이 불었다. 이 우연한 계기 덕분에 플라멜은 단번에 연금술사의 대가로 추앙받았고, 앞서 거론한《해리 포터》에 나오기 전부터 빅토르 위고의《파리의 노트르담Notre Dame de Paris》에 언급될 정도로 문학 작품에 종종 모습을 드러내는 유명인사가 되었다. 한편 플라멜의 저서를 영어로 번역한 사람이 다름 아닌 고명한 아이작 뉴턴Issac Newton이라는 소문이 있지만 어디까지나 억지 주장일 뿐이다. 실제로 뉴턴은 연금술에 푹 빠진 나머지 미분 논문 발표를 까먹은 과학자이기는 했지만 런던에서 플라멜의 책이 유행했던 시기에 뉴턴은 태어나지도 않았다 (뉴턴이 이 책을 읽었을 가능성은 크다).

연금술이
근대를 견인하다

시끄러운 잡음과 번지르르한 겉치레를 걷어내고 보면 17세기 연금술은 사기꾼이 횡행하기는 했어도 큰 발전을 이뤘다.

첫 번째 발전은 이론의 체계화다. 가장 처음 아랍인이 연금술을 발전시키기 위해 선택한 도구는 만물이 물, 불, 공기, 흙의 네 가지 원소로 이뤄져 있다는 아리스토텔레스의 '4원소설'이었고, 바로 이 점 때문에 가톨릭교도들도 연금술을 사악한 마술이라고 몰아세우지 못했다. 그러나 4원소설은 어디까지나 추상적인 가설에 불과했다. 350년이라는 세월 동안 유럽인이 연금술을 받아들이고 소화한 끝에야 연금술에 관한 몇몇 개념이 점차 명확해졌다. 이와 동시에 '원소란 무엇인가?'라는 근본적인 질문이 제기됐다. 가장 기본적인 원소는 4원소일까 아니면 5원소일까? 그도 아니면 3원소일까? 여러 자연과학자가 경험을 배제하고 논리적 사고만으로 이 질문의 답을 찾으려 했는데, 이러한 사변은 무지에서 벗어나 과학으로 넘어가는 디딤돌을 마련했다.

두 번째, '진리는 실험으로부터 나온다'라는 과학적 사고가 점차 사람들의 머릿속에 자리 잡기 시작했다. 이에 따라 실험 기기도 점차 놀랄 만큼 정교해졌다. 연금술 실험에 주로 사용되던 금속이나 도자기 용기가 서서히 유리 용기로 대체되어 반응을 관찰하기가 훨씬 쉬워졌고, 각종 측정기의 정밀도 역시 빠르게 향상되었다.

세 번째, 의약화학이 탄생했다. 의약화학은 중국의 연단술처럼 불로장생이라는 사명을 띠고 세상에 태어났지만 이론과 실험의 토대가 세워지고 나자 유럽인은 연단술과는 비교도 안 될 정도로 많은 성과를 거뒀다. 또 의약화학을 다루는 연금술사도 대거 등장했는데 그중에서 얀 밥티스타 판 헬몬트Jan Baptista van Helmont는 한번 짚고 넘어갈 만하다. 바로 유명한 버드나무 실험을 통해 식물은 소량의 흙과 함께 물과 공기에서도 영양분을 얻어 자란다는 점을 증명했기 때문이다. 비록 헬몬트는 물과 공기를 자연계의 2대 기본 원소라고 오해했지만 적어도 이 실험은 당시 사람들이 흙이 아니라 공기에 주목하도록 시선을 옮겨주는 역할을 했다.

얼마 지나지 않아 공기에 관한 헬몬트의 연구를 이어나간 한 학자가 세상에 모습을 드러냈다. 바로 뉴턴과 함께 왕립학회에 소속된 영국 과학자 로버트 보일Robert Boyle이다. 보일과 뉴턴은 동료이자 친구일 뿐 아니라 연금술 애호가였다. 그들은 자주 연금술과 관련된 이야기를 나눴는데, 특히 어떻게 뉴턴의 역학을 적용해 물질의 반응을 해석할 것인가에 대해 많이 토론했다.

이들의 토론은 고체 물체에 기계적 변화를 가하면 어떤 물리화학적 효과가 일어나는지를 연구하는 학문인 기계화학의 시발점이 되었다. 아직 양자역학의 기초도 만들어지기 전이라서 뉴턴의 역학을 화학반응에 꿰맞추려는 보일의 노력은 모두 실패로 돌아갔지만 이러한 시도를 거쳐 '물질은 입자로 구성되어 있다'라는 개념이 탄생했다. 이 밖에도 보일은 실험을 통해 기체의 온도가 일정하면 기체의 압력과 부피가 반비례한다는 사실을 발견하면서 '보일의 법칙Boyle's law'을 유도해냈고, 용액의 산성도를 확인할 때 사용하는 화학 약품인 산 염기 지시약을 만들었으며, 원소 인phosphorus, P의 성질을 연구하기도 했다.

현대인의 시각에서 보일은 연금술을 격파한 선봉장이다. 보일은 저서 《의심 많은 화학자The Sceptical Chymist》에서 직접 '의심 많은 화학자' 캐릭터를 맡아 아리스토텔레스의 사상을 신봉하는 세력인 신비주의 철학자와 의약화학자를 비판했다.

의심은 마치 질그릇에 생긴 금과 같아서 일단 갈라지기 시작하면 다시 붙일 수가 없다. 귀족이든 평민이든 연금술을 옹호한 종교인이든 앞장서서 연금술을 연구하던 과학자든 모두 지난 수백 년 동안 단 한 번도 금을 만들어낸 적 없는 연금술을 불신하기 시작하면서, 연금술은 큰 위기에 봉착했다. 이 불신은 연금술이 탄생 초기에 받은 것과 달리 이성적 사고와 정량적 연구를 통해 도출되었다. 곧이어 사람들은 연금술을 지탱하던 기둥들을 순식간에 빼내서 근대 과학의 틀을 세우는 기둥으로 사용했고, 얼마 지나지 않아 그나마 남아 있던 썩은 기둥들마저도 눈 깜짝할 새에 역사 속 쓰레기로 전락했다.

그러나 무지함은 사라지지 않았다. 고전화학이 무르익을 대로 익어 양자화학으로의 진입을 눈앞에 뒀던 19세기까지 꽤 많은 연금술사가 유럽 대륙에서 활개를 치며 속임수로 돈을 벌었다. 지금도 푼돈을 순식간에 거금으로 불어나게 해주는 마법의 기술이 있다고 믿으며 일확천금을 꿈꾸는 사람이 많다. 그리고 많은 사람이 이런 탐욕 때문에 사기의 피해자가 된다.

1984년, 중국 하얼빈에 사는 왕훙청王洪成이라는 발명가가 약간의 휘발유를 첨가한 물에 자기가 개발한 특수 약제를 몇 방울 떨어뜨리면 휘발유보다 발열량이 많아서 효율이 좋은 연료를 만들 수 있다고 홍보했다. 현대 화학법칙에 완전히 어긋나는 주장이었지만 많은 언론과 전문가의 칭찬 세례를 받았고 같이 사업을 하자고 제안하는 사람이 있을 정도로 수많은 사람이 그의 기술을 철석같이 믿었다. 순식간에 왕훙청은 수억 위안 이상의 큰돈을 벌어 부자가 되었지만 그를 따랐던 신도들의 꿈은 이뤄지지 않았다. 정말 이해하기 힘든 점은 현대판 연금술 사기극의 자초지종이 10년이 지난 뒤에야 겨우 밝혀졌다는 사실이다.

연금술이란 가장 원시적 본성인 탐욕이 만들어낸 허상일 뿐이다.

4.
욕망이 계속되면
저주는 이어진다

돌을 금으로 변신시키는 것은 헛된 꿈에 불과하다. 그렇다면 반짝이는 빛으로 우리를 사로잡는 금은 어떻게 만들어질까? 순도 높은 금을 얻게 해주는 요즘의 연금 기술은 대부분 맹독성 사이안화물을 사용한다. 광석, 폐기물을 물, 수용액 등과 반응시켜 금속 또는 금속화합물을 얻는 이 기술은 '습식제련'이라고 불린다. 속임수에 불과한 연금술과 달리 습식제련은 금이 포함된 원재료로 금을 만든다. 비철금속을 금으로 변신시키는 기술이 아니라는 뜻이다.

자연계에서 금은 유리 상태로 존재하지만 그 양이 극히 적어서 금광에서 1톤 넘게 흙을 파봤자 몇 그램밖에 없고, 그 흙에서 금만 골라내기도 몹시 어렵다. 기술자들은 금 원소만 쏙쏙 골라내주는 용액을 찾아 나섰다. 그러나 쉽지 않았다. 금은 질산처럼 강한 산화제에도 꿈쩍 않는 원소이기 때문이다. 사이안화물을 사용한 습식제련법은 바로 이런 특성을 이용해 금을 정련한다.

수십 밀리그램의 적은 양으로도 사람의 목숨을 앗아가는 무시무시한 사이안화물은 영화나 드라마에 자주 등장한다. 사이안화물에 함유된 사이안화 이온은 금속을 끌어들여 결합하는 친화력이 높기 때문이다. 사이안화 이온이 우리 몸에 들어오면 혈액과 세포 속 미토콘드리아에 든 철 원소와 결합한 후 세포로 산소 운반을 담당하는 헤모글로빈 등을 억제한다. 결국 호흡을 할 수 없게 된 세포는 산소가 부족해 죽고 우리는 마치 목이 졸린 것처럼 숨을 쉬지 못하고 사망에 이른다.

고귀한 금도 엄청난 매력을 가진 사이안화 이온을 밀어내지 않는다. 따라서 공기와 물만 있으면 사이안화 이온이 함유된 사이안화칼륨은 유리 상태의 금 입자를 녹여서 돌이나 흙으로부터 분리해낸다. 이렇게 얻은 금 용액은 다시 산화 이전의 상태로 되돌리는 환원 처리를 거쳐 반짝반짝하고 영롱한 금으로 재탄생한다. "연꽃은 진흙에서 태어나지만 진흙의 더러움에 물들지 않는다"라는 북송의 문학가 주돈이周敦頤의 시 〈애련설愛蓮說〉의 시구처럼 말이다.

설명만 들으면 간단해 보이지만 습식제련법은 20세기에 들어서야 겨우 실용화되었기 때문에 예전에는 금을 얻고 싶으면 사금에서 캐내는 방법밖에 없었다. 과거에는 금광이 많이 모여 있는 중국 장강 상류 지역이 사금을 캐는 곳으로 유명했는데, 장강은 '금사강金沙江' 곧 '금모래강'이라는 별칭으로 불리기도 했다. 물론 사금 캐기는 별로 효율성이 높은 방법이 아니기 때문에 19세기 미국 서부에서 대규모 금 광산이 발견되기 전까지 매년 전 세계에서 생산되는 금의 양은 큰 변동 없이 일정한 수준을 유지했다.

상징의 원소,
금

오늘날처럼 산업이 발달한 사회에서조차 왜 금 정련산업이 번창할까? 금융과 투자 분야의 수요 덕분에 귀금속은 특별한 상품 대접을 받기 때문이다. 이른바 귀금속은 주기율표에 등장하는 루테늄ruthenium, Ru, 로듐rhodium, Rh, 팔라듐palladium, Pd, 은, 오스뮴, 이리듐iridium, Ir, 백금, 금, 총 여덟 개의 원소를 가리킨다. 이 금속들은 지구에서 보기 드물고 채굴하기도 어려워 자연스럽게 귀한 대접을 받는다. 이 여덟 개의 귀금속 중에서 은은 가격이 제일 저렴한 귀금속이다. 오랫동안 화폐로 유통된 역사가 없었다면 은은 귀금속에 들지 못했을지도 모른다. 다른 일곱 개의 귀금속이 세상에서 가장 값비싼 금속은 아니다. 금과 만나 금화세슘을 만들어낼 수 있는 세슘의 가격은 금보다 몇 배나 비싸고, 천문학적인 돈을 투자해야 만들 수 있는 인공원소는 더 말할 것도 없다. 따라서 어떤 금속이 귀금속으로 분류되려면 값비싼 가격뿐 아니라 다른 요인도 고려되어야 한다. 바로 장식적 기능이다.

　모든 귀금속은 대부분의 문화권에서 장신구 재료로 쓰였다. 장신구는 오래 착용하다 보면 여러 물질 때문에 오염될 수 있어서 장신구에 사용되는 귀금속은 화학적으로 안정되어야 하는데, 순수한 귀금속은 재질이 물러서 가공 후 형태가 변하기 쉽다. 그래서 귀금속 장신구는 대개 합금으로 만들어진다. 장신구를 잘 살펴보면 '18K' '925 실버' 'Pt 950' 등의 마크가 새겨진 것을 볼 수 있는데, 이는 각각 '75퍼센트의 금' '92.5퍼센트의 은' 그리고 '95퍼센트의 백금'이라는 뜻이다. 여러 귀금속 중에서도 금의 인기가 식지 않는 이유는 아마 역사적인 이유와 색깔로 보인다. 금 장식에 대한 인간의 탐닉은 자기 기만적인 경우가 많다. 진짜 금을 사용했는지는 중요하게 생각하지 않고 금처럼 보이기만 하면 충분하다고 생각해, 휘황찬란하게 금색으로 인테리어를 하거나 건물 외벽에 금색 페인트를 바른다.

인류 문화에 끼친 금의 영향은 우리가 매일 사용하는 언어에서도 찾아볼 수 있다. 실세로 '금'과 '은'이 들어가는 단어는 다른 원소보다 훨씬 많은 대략 300~400여 개로, '철'이 들어가는 단어만큼 많다. 무슨 일을 하든지 우리는 '자금'이 필요하다. 인터넷 '금융'이 날로 발전하는 오늘날에는 '현금'을 대수롭지 않게 여기지만 그래도 계좌에 찍힌 '금액'은 많을수록 좋다. 또 국가의 '금고'도 고갈되면 안 된다. 여러 프로젝트를 수행하려면 '거금'의 투자가 필요하다. 심지어 금의 의미는 그 유명한 '황금비'라는 이름으로 수학에까지 적용된다. 알렉산드리아의 유클리드Euclid of Alexandreiae가 저서 《기하학 원론Euclid's Elements》에 상세하게 설명한 이 비율은 수학과 미학의 완벽한 결합체다. 완벽한 비율을 '황금'이라는 단어 외에 어떤 말로 형용할 수 있을까? 이처럼 금은 상징에 가까운 원소다.

금에 담긴 권력의 상징성은 점차 퇴색해가지만 여전히 금이란 세상에서 가장 뛰어난 것에만 어울린다고 생각된다. 올림픽대회에서 가장 높은 시상대에 오른 스포츠 영웅만이 금메달을 목에 걸지 않는가? 비록 올림픽 금메달은 순금이 아니지만 절대 금의 상징적 가치마저 사라진 것은 아니다.

존귀함의 상징인 금은 식음료 업계에서도 등장한다. 이제 금박으로 포장한 고급 식품은 흔해졌고, 약과 약을 감싼 금박을 함께 섭취하도록 한 의약품도 있다. 금박이 식품첨가물로 허가되면서 금박을 함유한 식품도 많아졌다. 그중에는 작은 금가루 알갱이가 들어가 금빛을 반사하는 아름다운 술도 있다. 이런 술이라면 술의 향기만 즐기는 데 그치지 않고 나를 위한 특별한 의식을 치른다는 느낌을 줄 것 같다. 이런 욕구 때문에라도 금은 절대로 우리 삶에서 사라지지 않을 것이다.

금의
현대적 쓸모

금에는 실용적 가치가 전혀 없을까? 그렇지 않다. 지금 금은 역사상 최고의 전성기를 구가하는 중이다. 드디어 사람들이 금의 아름다움뿐 아니라 금이 가진 능력에도 눈을 떴기 때문이다. 금은 화학적 특성 덕분에 여러 능력을 얻었는데, 그중 하나가 부식되지 않는 능력이다. 이처럼 뛰어난 안정성을 유지하는 금속이지만 값이 워낙 비싼 탓에 공산품에는 조금밖에 사용할수 없다. 이 말을 바꿔서 생각해보면 어떤 제품에 금이 사용되었다면 그 금은 절대로 다른 원소로 대체할 수 없다는 뜻이다. 예를 들어 스마트폰 인쇄회로기판printed circuit board, PCB에 꼭 도금이 필요한 것처럼 말이다.

　인쇄회로기판은 고도의 기술 집약 기기다. 하드웨어 측면에서 보면, 좁은 공간에 최대한 많은 회로를 배치해야 하니 인쇄회로기판이 작으면 작을수록 전류를 통하게 하는 도선의 지름은 작아지게 된다. 이 도선은 주로 구리를 사용해 만드는데, 구리는 쉽게 부식되는 특성이 있다. 그런데 이 가느다란 구리 도선에 녹이 슬면 신호 전송에 문제가 생기기 때문에 도선 곁에 금을 한 층 입혀주는 도금 작업을 거쳐 도선이 산소나 물에 닿아도 부식되지 않게 만든다. 금의 전도성이야 구리와 거의 비슷한 수준이니 아예 금으로만 도선을 만들면 좋겠지만, 생산 비용이 문제다. 참고로 모든 금속 중에서 은, 구리, 금 순으로 전도성이 좋다.

스마트폰 역시 금으로 만들어진 물건이다. 스마트폰 속에 들어 있는 금의 양은 아주 미미해서, 수십만 내에 이르는 스마트폰을 모아야 금반지 한 개를 만들 수 있는 금이 나온다. 스마트폰에 금이 있다는 사실을 알고 그 속에서 금을 정련해내려고 해봐야 득보다 실이 더 크다. 이런 밑지는 장사를 하려고 나선 사람들도 있는데, 2020년 도쿄 올림픽 조직위원회가 그중 하나다. 광물, 석유, 천연가스 등 자원이 부족해 오래전부터 다양한 방식으로 순환경제 사업을 펼쳐 온 일본은 올림픽이라는 무대를 통해 기술력과 가치관을 홍보하려고 폐스마트폰을 비롯한 폐전자제품에서 금을 뽑아내 금메달을 만들려고 했다. 올림픽에 필요한 금메달 수가 약 500개이고, 각 금메달의 금 함량은 규정상 6그램 이상이어야 하므로 모두 합쳐 3킬로그램에 이르는 금이 필요했다. 자원 회수를 통해 이만큼의 금을 모으려면 대략 수억 개의 폐스마트폰이 필요한 셈이다.

금은 쉽게 썩거나 부식되지 않아 여러 산업 부문에서 다양하게 활용되지만 가장 독특한 능력은 따로 있다. 모든 원소 중에서 외부의 충격에 깨지지 않고 늘어나는 성질인 가단성可鍛性이 제일 뛰어나다. 가단성은 연성延性과 전성展性이 조합된 단어로서 연성은 실처럼 쭉 가늘고 길게 늘어나는 성질을, 전성은 두드리거나 누르면 얇게 퍼지는 성질을 뜻한다. 금의 연성은 백금 다음으로 높고, 전성은 모든 원소 중에서 일등이다. 금을 계속 두드려서 펴면 반투명하게 보일 정도로 매우 얇은 금박을 만들 수 있는데, 그 금박을 구성하는 원자는 겨우 500개에 불과하다.

과학자들은 이런 특성을 이용해서 자주 금박으로 실험하는데, 그중 가장 유명한 실험은 아마 러더퍼드의 '알파 입자 산란실험'일 것이다. 앞서 거론한 원자의 행성 모형도 이 실험의 결과를 통해 러더퍼드가 제시했다. 알파 입자란 헬륨의 원자핵이다. 양성자 두 개와 중성자 두 개로 이루어져 전자가 없는 알파 입자는 양전하를 띠며, 방사성 원소에서 많이 방출되는 물질이기도 하다. 1909년에 러더퍼드는 조수를 시켜 알파 입자를 얇은 금박 조각에 쏘는 실험을 했다. 그들의 예상대로 대부분의 알파 입자는 마치 금박이 '원자가 없는 공간'인 것처럼 그대로 금박을 뚫고 나와 버렸지만 소수의 알파 입자는 경로가 휘어지거나 튕겨 나왔다. 이를 본 러더퍼드는 오랜 고민 끝에 원자는 행성이 태양을 도는 태양계와 같은 형태일 것이라는 결론을 내렸다. 전자가 원자 질량 대부분을 차지하는 원자 속 원자핵의 주위를 도는 형태가 아니라면, 알파 입자가 튕겨 나오는 문제를 설명할 수 없기 때문이다. 이 혁명적인 실험은 20세기 과학의 진로를 완전히 바꿔놓았고, 이후 보어와 아인슈타인 간에 벌어진 논쟁의 무대가 된다.

금의 저주는
계속된다

야만적인 약탈의 시대는 지나갔지만 금의 상징성과 실용성 때문에 여전히 사람들은 금을 손에 넣지 못해 안달한다. 그 결과 습식제련법에 사용되는 사이안화물로 또 다른 위험이 생겨나고 있다. 2000년 1월, 루마니아의 한 금광 오수처리장에서 오수가 넘치는 사건이 발생해 다뉴브강으로 사이안화물 폐수가 대량 유입되었다. 빠른 대처 덕분에 인명 피해는 없었지만 다뉴브강에 치명적인 악영향을 끼쳤으며, 피해를 본 강 하류의 국가들이 루마니아에 국제소송을 제기했다. 같은 해 10월에는 중국 푸젠성 상항현 쯔진산 금광에서 운행 중이던 탱크로리가 산골짜기에서 전복되며 탱크에 실려 있던 7톤에 이르는 사이안화물이 유출되었고, 강 하류에 있는 마을 주민 98명이 중독되는 대형 사고가 발생했다. 금을 찾으려는 인류의 발걸음이 멈추지 않는 한 이러한 비극은 앞으로도 계속 발생할 가능성이 크다.

오늘날처럼 어지럽고 번잡한 세상에서도 세속에 물들지 않고 순수한 아름다움을 뽐내는 금에 우리는 매료될 수밖에 없다. 인류에게 금은 문명을 창조하도록 영감을 주고 함께 역사를 써 내려온 원소이자, 가장 자연에 가까운 화폐이고 부귀와 권력의 상징인 원소이기도 하다. 또 인간의 목과 팔목을 아름답게 장식하면서도 생태계와 환경을 위협하는 원소이자, 첨단산업의 총아이고 과학 연구의 단골손님이다. 지난 수천 년 동안, 수메르인의 유적 속에 파묻히든 중국의 고궁박물원에 전시되든 잉카의 궁전을 장식하든 에스파냐 전함에 보관되든 상관없이 금은 꿋꿋이 고고한 자태를 잃지 않았다. 야만성과 탐욕은 금 앞에서 제 모습을 감추지 못하고 본성을 드러냈지만 그 횡포 속에서 문명과 번영이 싹텄다. 인류가 담대하게 '청동기시대'에 발을 내디딜 수 있었던 것은 어쩌면 금으로부터 교훈을 얻었기 때문일지도 모른다.

2부

구리
원소의 거울에 비친 진짜 청동기시대

구리로 거울을 만들면 옷매무새를 단정히 할 수 있고
역사를 거울삼으면 나라의 흥망성쇠 원인을 알 수 있으며
사람을 거울삼으면 득과 실을 분명히 밝힐 수 있다.

— 당 태종 이세민 李世民

5.

녹이 슨 구리조차
잘못이 없다

인류 문명에 관해 이야기할 때 구리는 빠트릴 수 없는 원소다. 구리는 금, 은과 꽤 가까운 친척 관계다. 주기율표의 왼쪽에서 열한 번째 줄에 구리, 금, 은이 순서대로 줄지어 있는데, 이들이 같은 족族에 속해 있다는 뜻이다. 구리와 금은 화학적 성질뿐 아니라 문화적 관련성도 매우 깊다. 고대 중국 문헌에서 많이 찾아볼 수 있는 '金[금]'이라는 한자는 금이 아니라 구리를 뜻한다. 전한의 학자 가의賈誼가 진나라의 멸망 원인을 분석한 글 〈과진론過秦論〉에는 진시황始皇帝이 중국을 통일한 후 무기를 모아 녹여 만들었다는 열두 개의 인간 형태 조형물 '12금인十二金人'이 나오는데, 이는 금으로 만든 조각상이 아니라 구리로 만든 거대한 동상이다.

구리는 물질이 다른 물질과 반응하는 정도인 활성도가 금, 은보다 훨씬 높다. 자연계에서 유리 금속의 형태로만 존재하는 금광석, 일부 은광석과 달리 구리를 함유한 광석인 구리광은 유리 금속인 경우가 거의 없고 여러 물질과 화합해 터키석, 공작석, 담반 등 푸른빛을 띤 광석에 포함되거나 때로는 선명한 붉은빛을 내는 광석에 들어 있다. 구리는 선명한 색깔을 뿜어내기 때문에 어느 암석에 들어 있든지 상관없이 금방 눈에 띈다.

인류의 조상 역시 구리가 포함된 돌멩이를 눈여겨본 것은 물론 일부러 모으기도 했다. 구리광은 불에 오랫동안 달구면 금세 제 본모습인 구리로 변한다. 주로 알칼리성 탄산 구리 성분으로 이뤄진 공작석이 그렇다. 물질을 태울 때 발생하는 일산화탄소carbon monoxide, CO는 환원력이 매우 크기 때문에 공작석의 알칼리성 탄산 구리 성분이 일산화탄소와 만나면 불의 온도가 그다지 높지 않아도 순수한 구리를 얻어낼 수 있다. 모든 발달한 고대 문명의 제련 기술이 구리 제련에서 시작했다는 것은 우연이 아니다.

광석인 구리광을 구리로 환원하기도 쉽지만 금속인 구리를 산화시키기도 쉽다. 바로 이런 변화무쌍한 특성 때문에 구리는 우리를 애먹인다.

자유의 여신상은
원래 노란색이었다

1986년 7월 4일, 미국은 여느 해와 다른 특별한 독립기념일을 맞이했다. 그해는 미국의 랜드마크인 '자유의 여신상'의 탄생 100주년이 되는 해였다. 미합중국 건국 100주년을 축하하며 프랑스에서 선물을 보낸 지 100년이나 흐른 것이다. 당연히 미국인들은 수백 명이 참여하는 큰 행사를 열었고, 이 상황은 전 세계에 방송되었다. 로널드 레이건Ronald Reagan 대통령은 군함을

타고 허드슨강으로 와서 100년 전 그로버 클리블랜드Grover Cleveland 대통령
이 거행한 자유의 여신상 제막식을 재현했다. 이 행사에는 미국의 정치, 경
제, 언론계 명사들과 스타들이 총출동했으며 행사의 대미를 장식하는 데 사
용된 폭죽 양만 해도 20톤에 달했다.

100주년 행사를 마친 후, 자유의 여신은 다시 관광객을 맞이했다. 2년
전까지만 해도 여신상을 보러 온 사람들은 거대한 현대판 미라만 볼 수 있
었다. 100주년 행사를 위한 복원 작업이라는 전례 없는 대수술을 받느라 수
많은 비계가 조각상을 둘러싸고 있었기 때문이다. 당시 진행된 이 복원 작
업에 관한 자료는 요즘도 흔하게 접할 수 있지만 그 작업 도중에 생긴 아찔
한 내막을 아는 사람은 얼마 없다.

대부분의 사람은 자유의 여신상 색깔을 푸른색이라고 알고 있지만 사
실 프랑스 조각가 프레데리크 바르톨디Frédéric Bartholdi가 제작을 끝냈을 때
이 여신은 아름다운 붉은빛이 감도는 노란 피부를 갖고 있었다. 100년 동안
바람과 햇빛에 시달린 탓에 지금 모습으로 변한 것뿐이다. 자유의 여신상이
노란색에서 푸른색으로 변한 이유는 구리가 산화되었기 때문인데, 이는 아
주 흔한 금속 부식 현상이다. 한편 구리의 녹은 대부분 청록색을 띠고 있어
'동록銅綠'이라고 부른다.

자유의 여신상의 운명은 기구했다. 세상에 태어난 뒤 100년 동안 할리
우드 블록버스터 영화에서 외계인, 홍수, 쓰나미, 전쟁, 괴수 등 각종 재난과
재해에 시달려 형체도 알아볼 수 없을 정도로 파괴당했고, 현실에서는 영화
보다 더 참담한 일을 당해야 했다. 걸핏하면 자유의 여신상을 부수려는 사
람들이 나타나 큰 소동을 일으켰고, 어떤 범법자는 자유의 여신상 발치에서

폭탄을 터뜨리기도 했다. 갈수록 사고가 늘어가는 통에 보안 수준도 격상되었지만 동상을 폭파해버리겠다고 위협하는 사람들은 줄지 않았으며 테러리스트도 등장했다. 이런 과정을 거쳐 자유의 여신상은 서로 대치하는 세력이 가장 중요하게 생각하는 비군사적 전략 목표물이 되고 말았다. 결국 미국 정부는 자유의 여신상의 출입을 폐쇄했다.

곰곰이 따져보면 지금까지 자유의 여신상이 입은 피해 중에 인간의 파괴 활동으로 입은 피해는 치명적이지 않았다. 진짜로 여신을 수척하게 만든 범인은 다름 아닌 자연환경이다. 관련 통계에 따르면 자유의 여신상이 들고 있는 '자유의 횃불'이 전 세계를 비추었던 100여 년 동안 여신이 벼락을 맞은 횟수만 600여 차례에 이른다. 하지만 벼락보다 여신에게 더 심각한 타격을 준 것은 그 어떤 치료도 듣지 않는 고질병 같은 존재, 바로 녹이다.

여신의 탄생 100주년 행사를 치르기 전부터 관리 당국은 문제를 인지했지만 푸른색 자유의 여신상이 노란색일 때보다 아름답고 자유로워 보인다는 시민들의 목소리 때문에 복원에 본격적으로 착수하지 못했다. 하지만 1984년에 시위자 두 명이 여신의 드레스를 잡고 기어 올라가는 사건이 발생하면서 복원 작업의 서막이 올랐다. 시위자들이 연행된 후 관리 엔지니어가 여신상을 살펴보고는 표면에 구멍이 여러 개 뚫려 있는 모습을 발견하고 의아해했다. 시위자들은 암벽 등반 너트가 아니라 흡착판을 사용해 올라갔기 때문이다. 엔지니어는 다양한 각도에서 분석하고 들여다본 뒤에 자유의 여신상의 부식이 가벼운 피부 질환 수준을 넘어서 완치 가능성이 없는 중병이라는 예비 진단을 내렸다. 또 세상을 비추는 여신상의 횃불은 언제 떨어질지도 모르는 상태이며, 계속 수리를 미뤘다가는 미합중국의 자유를 상징하는 동상이 넘어질 가능성이 있다는 진단도 덧붙였다.

본래 자유의 여신상을 설계한 바르톨디는 동상의 횃불이 실제로 빛을 환히 비추기를 바랐다. 그래서 동상을 만들 때 횃불의 화염 부분에 250개의 유리 창문을 내고 어두운 밤을 비추는 등대처럼 빛이 바깥으로 퍼지노록 했다. 이 점 때문에 실용주의를 신봉하는 미국 정부는 동상 관리를 등대관리위원회United States Lighthouse Board에 맡기고, 뉴욕 주변을 오가는 배에 방향을 알려주는 등대로 16년 동안 사용했다. 이후 국가적 상징인 여신상을 등대로 취급하는 것은 적절치 못하다는 의견이 나와 자유의 여신상과 동상이 딛고 서 있는 리버티섬은 순수한 관광지로 바뀌었지만 횃불의 불은 줄곧 꺼지지 않았다. 100년 가까이 세월이 흐르자 횃불은 본래 모습과 전혀 다른 이상한 형태로 변했고, 홈통에는 각종 새똥이 가득했다. 금속에 새똥은 병원체와 마찬가지다. 또한 여신의 아름다운 용모를 훼손하는 주요 범인인 산성비는 앞으로도 계속 내릴 터였다.

몇 차례 갑론을박이 벌어진 뒤, 미국 정부는 100주년 행사 전에 대대적인 복원 작업을 해야 한다는 결론을 내렸다. 이에 따라 신속하게 복원팀을 구성했지만 워낙 급하게 모인 엔지니어들이라 녹 처리 방법에 대해 각자 의견이 분분했다. 우선 산성비가 만든 동록이 전염병처럼 퍼지기 전에 모래를 분사해 표면의 오염물을 샌드블라스트법으로 제거하고, 약알칼리성의 베이킹소다로 윤을 내기로 했다. 그러자 갑자기 상황이 악화되었다. 원래 푸른색으로 변하지 않던 부분까지 산화되기 시작한 것이다. 이런 우여곡절을 몇 차례나 더 겪은 후 결국 엔지니어들은 프랑스에서 전문가를 초빙해 원본 설계도를 다시 읽어보았고 그제야 이유를 알게 되었다.

구리 | 원소의 거울에 비친 진짜 청동기시대

구리보다
철이 문제

물, 산소, 이산화탄소의 농도가 적절한 환경이라면 구리는 자연스러운 화학 반응에 의해 스스로 금속에서 동록으로 변한다. 따라서 오랫동안 물, 산소, 이산화탄소에 노출된 구리의 표면이 점차 녹색으로 변하는 것은 전혀 이상하지 않다. 하지만 동록의 역할에 관해 첫 번째 자유의 여신상 복원팀은 심각한 오판을 내렸다. 그들은 구리가 산화되어 나타나는 동록이 여신상을 아프게 만든 주범이라고 생각했지만, 실험 결과 오히려 구리가 산화되어 만들어낸 복잡한 구조가 여신상 내부의 금속을 보호해 산화 속도를 늦추고 있음이 밝혀졌다. 계산에 따르면 여신의 구리 피부가 완전히 녹슬려면 1,000년이라는 시간이 필요했다. 병의 원인은 동록이 아니었던 것이다.

조직 개편을 거쳐 새롭게 구성된 복원 엔지니어들은 자유의 여신상 뼈대, 곧 외부의 구리 표면을 지탱하는 내부 철제 뼈대를 살펴보고 이렇게 말했다. "구조가 꼭 전지 같네." 이 분야 전공자가 아니라면 아마 이 비유를 이해하기가 어렵겠지만 부식을 연구하는 전문가들에게 '전지'라는 단어는 문제의 진상을 규명하는 데 한 걸음 더 다가서는 계기가 되었다. 이 단어 뒤에 200여 년 전 벌어진 한 사건이 숨어 있었기 때문이다.

18세기 말, 이탈리아의 생물학자 루이지 갈바니Luigi Galvani는 껍질을 벗긴 개구리 다리에 구리 집게와 철 집게를 동시에 연결했더니 개구리 다리에서 경련이 일어나는 현상을 발견했다. 갈바니는 이 경련이 전기 때문임을 확신했지만 당시의 지식 수준으로는 도대체 이 전기가 어디서 나타났느

5. 녹이 슨 구리조차 잘못이 없다

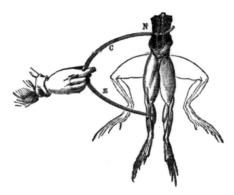

그림 2-1. 갈바니의 개구리 실험

냐는 질문에 답하기 어려웠다. 갈바니는 이 전기가 생물체 스스로 만들어낸 '동물전기bioelectricity'라고 결론을 내리고, 동물의 몸은 본래부터 전기를 갖고 있으므로 전기가 통하는 금속과 접촉하면 전기가 방출되고 경련이 일어난다고 주장했다.

이탈리아의 과학자 알레산드로 볼타Alessandro Volta는 갈바니의 연구 결과에 의구심이 들었다. 특히 같은 종류의 금속을 실험체에 접촉하면 경련 현상이 일어나지 않는다는 점에서 갈바니의 설명에는 심각한 허점이 있었다. 전기가 외부로 흘러나오는 방전 현상은 생물체와는 큰 관련성이 없고, 아무래도 각각 다른 금속을 사용했기 때문인 듯했다. 실제로 소금물에 도선을 연결한 각각 다른 금속판 두 개를 넣었더니, 도선에서 전류가 흐르는 모습이 관찰되었다. 볼타의 실험은 물리학과 화학 역사에 이정표를 세운 실험이 되었을 뿐 아니라 많은 사람의 첫 과학 체험활동으로 자주 사용되는 '오렌지 전지' 실험의 모태가 되었다. 오렌지 전지 실험이란 금속 막대 두 개(일반적으로 구리 막대와 아연zinc, Zn 막대)를 오렌지에 끼워 전기가 흐르는 모습을 관찰하며 볼타의 위대한 발견을 재현해보는 활동이다.

볼타는 이 발견을 바탕으로 쉼 없이 지속해서 전류를 흘려보내는 일명 볼타 전지를 발명해냈다. 이 장치는 인류가 발명한 최초의 직류 전원이다. 명예욕이 없던 볼타는 가장 먼저 이 현상을 발견해낸 갈바니를 기리고자 이 장치에 '갈바니 전지galvanic cell'라는 이름을 붙였다. 이후 탄생한 전기 현상을 연구하는 학문인 전기학에는 갈바니의 이름이 수없이 등장한다. 그중에서도 철재 표면에 아연을 입혀 부식을 방지하는 아연 도금 공정은 지금도 '갈바니화galvanization 공정'이라 불린다.

실수가 과학이 되기도 한다. 갈바니가 주장한 '동물전기'가 허무맹랑한 소리가 아니었던 것이다. 생물체 속에 전기가 있다는 그의 주장은 그가 세상을 떠난 지 200년이 흐른 오늘날에 전기생리학이라는 학문을 통해 증명되었다. 특히 전기를 이용한 물리 치료법은 개구리 다리에 전기를 흘려보낸 갈바니의 실험과 닮았다.

그런데 볼타는 어떻게 방전 메커니즘을 해석할 수 있었을까? 그는 단순하게 생각했다. 각각 다른 금속 간에는 차이가 존재하니까 활성도가 높은 금속에 또 다른 활성도가 높은 금속을 접촉하면 양전압이 만들어진다고 말이다. 다만 아직 원자의 개념도 확립되지 않은 시대였던 탓에 당시 가장 뛰어난 물리학자였던 볼타도 원자의 구조까지는 생각하지 못했다. 우리는 현대 원자 이론의 힘을 빌려 상세하게 볼타 전지의 본질을 해석할 수 있다.

아연 막대와 구리 막대를 이용한 오렌지 전지를 예로 들어 설명해보자. 아연이라는 금속이 오렌지즙과 맞닿는 순간에 아연 바깥 부분의 전자들은 아연 이온으로 변해 오렌지즙으로 뛰어들어 헤엄을 친다. 산성인 오렌지즙

5. 녹이 슨 구리조차 잘못이 없다

에서 신나게 헤엄을 치던 수소 이온은 왁자지껄하게 떠들며 다가오는 아연 이온 무리를 발견하고 그 자리를 떠나려고 한다. 하지만 수소 이온이 오렌지 즙 바다를 떠나려면 아연의 금속 표면까지 도달한 후 전자를 뚫고 나가야 하는데, 아연의 표면에는 아직 오렌지즙으로 뛰어들지 않은 아연 이온이 너무 많은 데다가 아연과 수소 이온 사이에는 서로를 밀어내는 힘인 척력까지 존재하기 때문에 수소 이온은 오도 가도 못하는 처지에 놓이고 만다. 이때 구리 막대가 끼어들어 전자가 이동하도록 수소 이온과 아연 막대 사이에 도선을 만들어주고, 아연 원소에서 떨어져 나온 전자는 재빨리 구리의 표면으로 달려간다. 구리는 정지 또는 등속도 운동의 상태를 지속하려는 성질인 타성이 강한 편이라서 구리 막대 표면에는 구리 이온이 많이 퍼지지 않는다. 이런 구리의 성질 덕분에 수소 이온은 오렌지즙이라는 전해질 파도를 타고 구리 표면에 도달해 막대에 모인 전자를 만나 수소 기체로 변신한 뒤, 성공적으로 도망친다. 이것이 바로 산화와 환원 반응이 일어나는 과정이다.

오렌지 전지 실험에서는 이 과정에서 발생하는 에너지가 전기 에너지라는 방식으로 나타난다. 그래서 오렌지 전지 실험을 할 때 도선에 전력 소비가 적은 자그마한 전구를 연결해두면, 아연 막대와 구리 막대 사이에서 이동하는 전자가 만들어내는 전기에 의해 전구에 빛이 들어온다. 전자는 음전하를 띠기 때문에 전자의 이동 방향과 전류의 방향은 서로 반대된다. 볼타는 활성도가 낮은 금속이 또 다른 활성도가 낮은 금속을 '압박'한다고 보았다. 여러 차례 실험을 거듭하면서 볼타는 금속이 반응하는 순서를 정리하고, 또 각 금속 간의 '압력 차이'를 측정했는데, 이러한 볼타의 성과는 중학교 화학 교과서에서도 찾아볼 수 있다. 전위차라는 물리량의 단위인 볼트volt도 과학

연구에 대한 볼타의 공헌을 기리기 위해 그의 이름에서 따왔다.

　이제 자유의 여신상 복원 엔지니어들이 내린 진단이 얼마나 상황에 딱 맞아떨어졌는지 이해할 수 있을 것이다. 구리는 천천히 부식되지만 구리보다 활동성이 높은 철은 더 빠르게 부식되고 만다. 여신상의 철제 뼈대는 외부환경과 직접 맞닿지는 않았지만 금속 재료를 영구적으로 결합하는 데 사용되는 막대 모양의 부속 리벳 등을 통해서 구리 재질의 외부 표면과 연결된 구조였다. 게다가 철골과 표면의 구리 사이에 있던 석면이 심하게 노화하면서 철과 구리가 맞닿은 면적이 늘어나 있었다.

　자유의 여신상은 이식 수술을 받아야 했다. 여신상의 '갈비뼈'에 해당하는 철골을 전부 제거한 후 일일이 스테인리스로 만든 새 뼈로 교체했고, 관절에 해당하는 리벳과 고리 등도 대부분 구리 소재로 만든 부속으로 전부 바꿨다. 수술 마지막 단계인 '봉합' 작업은 특히 세심하게 진행되었다. 작업자들은 새로운 복합재료로 관절 부분을 보호하기 위해 꽁꽁 감싼 뒤, 우주선 제작용으로 만들어진 방부 도료를 발랐다. 2년간의 복원 작업을 거쳐 자유의 여신상의 미모는 전혀 변하지 않았지만 그 속은 완전히 환골탈태했다. 한때 뱃길을 밝히던 여신상의 횃불은 기존의 투명한 유리창을 없앤 뒤 금박을 씌워 외부의 빛을 받을 때마다 금빛으로 번쩍번쩍 빛나도록 바꿨다. 또 허드슨강의 새들이 생리적 문제를 해결하지 못하도록 방조망을 설치했다. 기존의 횃불은 조용히 박물관에서 여생을 보내며 관광객들의 사랑을 받고 있다. 이런 대수술을 거친 덕분에 여신의 병은 진행 속도가 느려졌고, 그녀의 푸른색 드레스는 지금도 현대 문명과 이 시대를 사는 모든 세계인이 추구하는 가치인 평등과 자유를 상징한다.

청동기의
신호탄

구리는 평등과 자유를 상징하면서도 계급과 속박을 대변하고 수천 년 전에는 앞선 문화의 상징이기도 했다. 상나라와 주나라 시기의 고대 중국과 19세기 말 프랑스, 이렇게 완전히 다른 시대에 존재했던 '예의의 나라'들은 각자의 목적은 달랐지만 서로 약속이나 한 듯 구리라는 원소로 의식을 치렀다.

중국 국가박물관에는 역사학적으로나 예술적으로나 문화적 영향력으로나 자유의 여신상에 버금간다고 할 만한 청동솥이 있다. 그 이름도 유명한 중국의 국보 후모무정后母戊鼎이다. 이 국보는 1939년에 중국 청동기가 발달하기 시작한 상나라의 마지막 수도인 은허가 있던 지역 허난성 안양에서 출토되었다. 무게가 380여 킬로그램에 달해 현재까지 발견된 고대 청동기 유물 중 가장 무거워 당시의 뛰어난 주조 기술을 상징하는 유물로서, 요리할 때도 쓰고 음식도 담아 먹던 그릇 종류다.

배불리 먹기가 어려웠던 고대에는 청동솥의 크기가 곧 부와 지위를 상징했다. 실제로 왕족들은 자신의 위엄을 자랑하고자 천하에서 제일 큰 청동솥을 사용했고, 특별한 행사가 있으면 청동솥을 선물로 줬다. 이러한 사실은 사마천司馬遷의 《사기史記》에서 부자를 지칭할 때 사용한 '정식지가鼎食之家'(정으로 밥을 먹는 집안)라는 표현에서도 찾아볼 수 있다. 지금으로 따지면 친구들끼리 큰 밥공기를 선물로 주고받는 셈이니 이상해 보이지만 고대에 청동솥은 일반 사람들이 상상도 할 수 없을 만큼 대단한 선물이었다. 주나라 시대에 이르러서는 청동솥이 왕권을 상징하게 되면서 평민은 물론이거

구리 | 원소의 거울에 비친 진짜 청동기시대

니와 귀족도 청동솥을 마음대로 사용할 수 없게 된다.

구리의 뛰어난 능력 덕분에 오랫동안 묻혀 있던 대형 청동솥들은 표면이 산화되어 특유의 푸른빛으로 변한 것을 제외하면, 모양이 변형되거나 깨지지 않고 잘 보존될 수 있었다. 당시 청동 표면에 새겨둔 글자인 명문銘文도 매우 선명하게 남아 있어서 고고학자들은 그 내용을 해석하며 고대인과 시공을 초월한 대화를 나눌 수 있었다. 그 결과 청동솥은 권위를 상징할 뿐 아니라 중국이 고대에도 아름다운 청동기를 만들 정도로 뛰어난 기술을 가졌다는 사실 그리고 청동솥이 상징하는 계급과 질서를 바탕으로 한 문명을 2,000여 년 동안 대대손손 계승해왔음을 알려준다.

솥은 청동기시대를 대표하는 물건인 만큼 청동 외에 다른 재료로 주조된 예를 찾아보기 어렵다. 그러나 솥은 청동의 전성기를 알리는 신호탄일 뿐이다. 엄청난 무게를 자랑하는 후모무정을 실마리로 삼아 상나라 이후의 청동기와 그 비범한 주조 기술을 살펴보면 구리라는 원소가 인류 문명에 얼마나 큰 영향을 끼쳤는지를 알게 된다.★

★ 조너선 월드먼Jonathan Waldman의 《녹Rust: The Longest War》에서 일부 소재를 얻었다.

6.

주석과 구리가 만나
전쟁의 판도를 바꾸다

'선례후병先禮后兵'이라는 말이 있다. 우선 예의를 갖춰 대화로 문제를 풀려고 시도하되, 안 되면 무력을 사용하라는 뜻으로 갈등을 해결하는 지혜를 담은 말이다. 예의를 차릴 만큼 차렸는데도 문제가 해결되지 않으면 무력 수단을 쓸 수밖에 없지 않겠는가? 의식에 사용된 구리에 관한 이야기를 마쳤으니, 이제 '병기'로 사용된 구리가 전쟁에서 어떤 위력을 발휘했는지 알아보자.

주나라 왕실은 춘추전국시대에 이르러 완전히 쇠락했다. 왕권을 상징하는 청동솥은 그 자리에 그대로 있었지만 천자에 대한 제후들의 마음은 변해버렸고, 야심가와 권력자들은 끊임없이 주나라에 도전했다. 주 평왕平王이 이민족 견융의 침략을 피하고자 수도를 호경에서 낙양으로 이전할 때, 왕을 호위했던 진나라 제후 양공襄公은 그 공을 인정받아 왕실로부터 오늘날 중국 산시성 일부에 해당하는 관중 지역의 비옥한 땅을 하사받았다. "관중을 얻는 자, 천하를 얻는다"라는 말이 있을 정도로 관중 지역은 역사적으로 중요한 지역이다. 주나라 왕실의 변두리와 야만족 사이에서 부대끼며 살아야 했던 진나라는 그 후 서쪽 지방의 강대국으로 부상했고, 대변혁을 겪으며 진나라 사람들의 부를 과시하고 싶은 욕망은 갑자기 봇물 터지듯 분출했다.

양공의 뒤를 이은 아들 문공文公은 이름에 글월 '문文'자가 들어가지만 무공에도 뛰어났다. 문공은 즉위 후 몇 년 지나지 않아 금방 아버지 양공이 염원했던 견융 토벌에 성공해 견융을 고비사막 이북 지역인 막북으로 쫓아내고 빼앗겼던 관중 지역을 다시 손에 넣었다. 얼마 지나지 않아 문공은 의논할 일이 있다며 참모들을 불러들여 지난밤에 꾼 꿈 이야기를 풀어놓았다. 꿈속에 '머리는 수레바퀴만 하고 몸은 온 땅을 뒤덮을 만큼 크며 꼬리는 하늘 끝까지 닿을 정도로 거대한 노란 뱀'이 나와 어린아이의 모습으로 변하더니 자신은 상제의 명령을 전하러 온 상제의 아들이며, 상제가 문공을 다섯 방위를 지키는 다섯 신 중 하나인 '백제白帝'로 임명했으니 서쪽 땅을 지키라는 명령을 내렸다고 했다. 실제로 금·목·수·화·토 등 다섯 개의 원소가 만물을 낳았다는 오행설에 따르면 서쪽은 금이자, 쇠를 의미하는 백색에 해당하는 방위다. 실제로도 진나라는 주나라 왕실이 있는 낙양을 기준으로 서쪽에서 문지기 역할을 하고 있었으니 주나라 왕의 귀에 이 이야기가 들어가더라도 심기를 거스를 일은 없었다.

문공은 고위 관료 돈敦에게 해몽하라고 했다. 문공이 이토록 적나라하게 꿈을 이야기하는 데는 분명 다른 이유가 있으리라 생각한 돈은 곧 그의 의도를 정확히 간파했다. 돈은 백제를 기리는 사당을 짓고 상제에게 제사를 올려야 한다고 군왕에게 아뢰었다. 문공은 부하가 자신의 속마음을 잘 알아차린 것에 흡족해하며 제사 경비를 곧 마련해줬다. 제후가 하늘에 제사를

6. 주석과 구리가 만나 전쟁의 판도를 바꾸다

올리는 것은 당시 예법에 어긋나는 행동이었지만 주나라 왕은 견융을 물리친 진씨 가문의 공로를 생각했는지 별다른 말을 하지 않았다.

춘추전국시대의
개막

공자公子가 지적한 예법과 규정이 무너졌다는 '예붕악괴禮崩樂壞'의 시대는 바로 이 무렵부터 시작되었다. '예'를 무참히 짓밟은 진나라의 행태에 가장 먼저 분개한 나라는 다름 아닌 공자의 조국인 노나라였다. 노나라의 군주 혜공惠公은 주 평왕에게 진나라도 제사를 지내는데 왜 노나라는 하면 안 되냐고 항의했다. 이 말을 들은 주 평왕은 크게 화를 내며 혜공에게 절대 진나라를 따라 하지 말라고 했지만 혜공은 하늘에 올리는 제사를 강행했고 주나라 천자의 권위는 나락으로 떨어졌다. 심지어 주나라와 국경을 맞댄 정나라의 장공莊公이 주나라를 하찮게 여겨 군사를 동원해 공격하려고 하자, 주 평왕은 장공과 타협하기 위해 아들을 볼모로 보내야 했다. 또 남쪽 지역의 초나라 군주는 아예 스스로 왕이라 칭하며 주나라 천자와 어깨를 나란히 하려 했다.

초나라 군주가 왕을 자처하기 2년 전에도 재미난 사건이 벌어졌다. 초나라 군주의 작위는 본래 자작으로 중원의 정나라, 제나라, 노나라 등보다 정치적 지위가 낮았다. 웅통熊通이라는 인물이 초나라 군주에 올랐을 때 마침 중원 지역이 혼란에 빠졌고, 웅통은 이를 틈타 대군을 끌고 수나라 국경

구리 | 원소의 거울에 비친 진짜 청동기시대

을 공격했다. 수나라 군주는 매우 놀라며 "내가 경에게 잘못한 일이 없는데, 어찌하여 우리를 공격하는 것이오?"라고 물었다. 초나라 측에서는 "우리는 오랑캐의 나라니까"라는 역사에 길이길이 남은 외교적 수사로 회답했다. 그러고는 "본디 우리 초나라 사람들은 주나라 임금의 교화가 닿지 않는 변방에 사는 도적 떼에 불과하니, 수나라를 공격하는 데 무슨 이유가 필요하겠는가? 중원의 대혼란은 오로지 초나라만이 수습할 수 있으니, 내가 여러 가지 일을 도모할 수 있도록 주나라 왕에게 나를 왕으로 봉하라고 수나라가 전해주기를 바란다"라고 피력했다. 주나라 왕실은 당연히 초나라의 억지 주장을 받아들이지 않았다. 주나라에게 거절당한 웅통은 그로부터 2년 뒤 주변 제후국 세력을 등에 업고 스스로 왕 자리에 올랐으며, 자신을 초 무왕武王이라 칭했다.

　서로 속고 속이는 춘추전국시대를 거치며 진짜 힘은 주먹에서 나온다는 인식이 퍼졌다. 진나라와 초나라처럼 문명의 중심에서 동떨어진 '오랑캐' 취급받던 나라가 강대국으로 부상한 정세는 이러한 세태를 더욱 부채질했다.

　주 평왕이 수도를 이전한 지 200여 년이 흐른 춘추전국시대 말기에 중원 동남쪽에 있는 두 약소국이 갑자기 강대국으로 부상하기 시작했다. 그들의 풍속은 중원의 국가와 매우 달랐지만 이후 중국 땅 전체에 크나큰 영향을 끼쳤고, 더 나아가 고대 중국의 청동기 기술 발전에 결정적 역할을 했다. 바로 오나라와 월나라다. 오나라의 군주는 주나라 왕실 귀족인 태백太伯의 후손이었지만 오나라는 월나라와 마찬가지로 중원의 예법을 따르지 않았다. 오히려 오랑캐라고 불리던 초나라가 오나라와 월나라에 비하면 양반일 정도였다.

6. 주석과 구리가 만나 전쟁의 판도를 바꾸다

예법에 구속되지 않은 두 나라는 행동에 거침이 없었다. 초나라를 따라서 스스로 왕이라 칭하는가 하면, 기술 면에서는 대규모 살상 무기를 중점적으로 개발했다. 고증에 따르면 중원의 국가들은 전쟁이 끊이지 않던 춘추전국시대에도 법도를 지키려고 노력했다. 때로는 전쟁을 치르기 선에 상대편에서 군대를 얼마나 보냈는지, 전차가 얼마나 있는지 서로 세어보면서 군사력을 가늠한 뒤, 요구사항을 걸고 평화 회담을 진행했다. 막무가내로 공격만 퍼붓지는 않았던 것이다. 이렇게 상대국의 체면도 생각해가며 전쟁을 치르는 제후국들과 달리 무예를 극히 숭상하는 두 나라의 풍습은 다른 나라들의 반감을 샀다.

무기 하나로 급부상한
변방의 나라들

이 두 나라가 차지했던 땅이 지금은 중국의 경제·문화 중심지인 상하이, 장쑤성 남부, 저장성 북부 지역에 걸친 장강 삼각주이지만, 2,000여 년 전에 이 지역은 여러 백월족 마을이 띄엄띄엄 흩어져 있다는 뜻에서 '백월百越'이라 불렸던 낙후된 곳이다. 생산력이 발달하지 않은 이 지역 부락민들 사이에서 일어난 전쟁은 중원에서 벌어지던 전쟁과 차원이 달랐다. 먼저 서로 가슴에 손을 얹어 예를 표한 뒤 양측 사령관이 함께 열병하는 정도에서 교전을 마무리하는 중원 사람들과 달리, 백월 지역의 부락민들은 결사 항쟁의 정신으로 실리를 얻기 전까지 절대 진격을 멈추지 않았다. 그래서 당시 오나라와 월나라 사람들은 사납기로 악명이 높았다. 특히 장강 하류 지역에 위치해 강·호수·지류가 그물처럼 뒤얽혀 있는 지형적 특성상, 오나라와 월나라는 활 등의 장거리 무기보다 직접 맞붙는 육박전과 물 위에서 벌어지는 수전에 적합한 검이나 창같이 길이가 짧은 단거리 무기를 즐겨 사용했다. 바로 이런 환경에서 한 신형 무기가 널리 사용되며 수많은 무기 중에 으뜸이라는 뜻에서 '백병지군^{百兵之君}'이라는 별칭도 얻게 된다. 바로 검이다.

중국의 유명 사학자 구제강^{顧頡剛}은 오나라와 월나라가 청동검의 발상지라고 주장했지만 그보다 이른 상나라 때부터 만들어졌다며 그의 주장에 의문을 제기한 사람도 많다. 하지만 어떤 관점을 따르든 사학자 대부분은 입을 모아 검을 역사적으로 병기의 반열에 올려놓은 것은 오나라와 월나라의 뛰어난 기술이라고 말한다.

1965년 말, 후베이성 장링현에서 살을 에는 추위와 맞서 싸우며 저수지를 파던 인부들이 50여 개의 고분을 발견했다. 고고학자들은 이 고분에서 칼날과 칼등을 합친 검신 부분이 55.7센티미터, 칼자루와 칼 사이에 끼워 손을 보호하는 부분인 날밑이 5센티미터인 청동검 한 자루를 발견했다. 보검을 발견한 연구원은 검이 얼마나 날카로운지 시험해보고 싶은 마음에 일단 손에 잡히는 대로 신문지를 갖고 와서 살짝 종이에 대고 그어보았다. 그러자 20여 장 두께의 신문지가 단번에 두 동강 났고, 현장에서 이를 지켜보던 사람들은 경탄을 금치 못했다.

이 검은 성능만 뛰어난 것이 아니라 혀를 내두를 정도로 정교하고 아름다웠다. 검신 전체는 마름모꼴 무늬로 덮여 있었고, 칼자루 맨 끝 부위인 검수^{劍首}에는 기하학적으로 완벽한 열한 개의 동심원이 새겨져 있었는데 마치

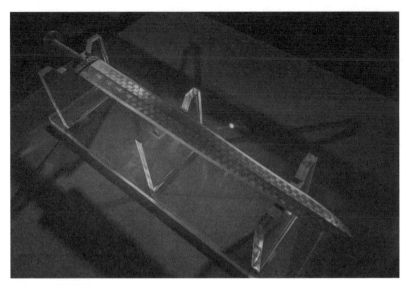

그림 2-2. 월왕구천검

기계로 판 것처럼 정교했다. 또 칼자루와 검신의 연결 부위에는 반짝이는 보석이 박혀 있었다. 뒤늦게야 이 검이 다름 아닌 월나라의 왕 구천이 사용한 월왕구천검越王句踐劍으로 밝혀지면서 중국 전역에 큰 반향을 일으켰다. 지금 이 검은 후베이성박물관에 전시 중이며, 박물관의 여러 소장품 중에서도 보물 대접을 받고 있다.

월왕구천검은 아주 특별하다. 바로 오나라 왕 부차夫差에 대한 복수를 잊지 않으려고 쓸개를 핥으며 괴로움을 참고 견뎠다는 와신상담臥薪嘗膽 이야기의 주인공인 구천과 함께했던 검이기 때문이다. 이 사실은 칼날에 새겨진 '월왕구천 자작용검越王句踐 自作用劍'이라는 여덟 글자가 증명한다(앞서 설명한 한자는 오늘날 통용되는 한자로 바꿔 풀이한 것이며, 실제 월왕구천검에는 '월왕구천 자작용검越王鳩淺 自乍用鐱'이라고 새겨져 있다). 2,000여 년이나 지나 세상에 모습을 드러냈지만 갓 벼린 검처럼 섬뜩한 빛이 번쩍번쩍하고 녹이 슨 흔적이 전혀 없다는 점도 특별하다.

세월이 흘러도 월왕구천검이 녹슬지 않은 이유는 지하 깊숙한 무덤에 파묻혀 산소가 차단된 상태였기 때문이다. 산소와 접촉하지 않았으니 녹이 슬지 않은 것이다. 월왕구천검이 출토된 고분에서 함께 발견된 여러 자루의 청동검에도 거의 녹이 없었다. 오히려 월왕구천검은 지난 반세기 동안 박물관에 전시되면서 반들반들한 검의 광택이 많이 흐려졌다. 금속 보호에 산소 차단이 얼마나 중요한지는 이 사례만 봐도 두말할 필요가 없다.

산소가 차단된 곳에서 많은 유물이 출토되지만 월왕구천검처럼 빛나는 광택을 그대로 지닌 유물은 손에 꼽을 정도다. 후베이성박물관은 수천 년이 지나도 녹이 슬지 않는 검의 비밀을 밝히려고 여러 차례 비파괴 검사를 진행했지만 지금까지도 검의 성분과 각 성분의 기능에 관한 비밀을 풀지 못했다. 현재까지 밝혀진 바에 의하면 월왕구천검은 절묘한 비율로 배합된 구리와 주석^{tin, Sn}, 약간의 유황이 함께 들어간 청동으로 만들어졌는데, 이 유황이 부식을 방지한 비밀일 가능성이 있다.

이 청동검은 재료뿐 아니라 주조 방식도 연구해볼 만하다. 대부분 검을 만들 때, 우선 구리 합금을 액체로 녹여 액화 상태가 된 금속을 거푸집(검 모양의 틀)에 부은 후 금속이 거푸집 모양으로 굳을 때까지 기다린다. 하지만 이런 제작 방식으로는 월왕구천검처럼 칼 표면을 세밀한 무늬로 장식하고 보석을 끼워 넣어 아름다우면서도 무기의 기능도 잃지 않게 만들기가 쉽지 않다. 실제로 여러 야금^{冶金} 전문가가 현대의 기술로 월왕구천검을 똑같이 복제하려고 시도해봤지만 아직도 완벽하게 만들지 못했다. 고대의 물질적

환경을 생각하면 이런 보검이 어떻게 만들어졌는지 정말 알 수가 없다.

　오나라와 월나라는 월왕구천검뿐 아니라 수많은 최첨단 무기를 보유했다. 구천 본인이 사용한 검도 한두 개가 아니었다. 구천 외에도 오나라 왕 합려闔閭, 그의 뒤를 이은 아들 부차, 월나라 왕 윤상允常 등 오나라와 월나라의 군주라면 누구나 이름난 보검을 소장하거나 차고 다녔다. 오나라 왕 합려가 아직 왕위에 오르기 전 광光이던 시절, 그는 왕위 승계에 불만을 품고 당시 왕이었던 요僚를 죽이기 위해 자객 전제專諸를 불러들였다. 광의 명령을 받은 전제는 생선 배에 들어갈 만큼 짧으면서도 두꺼운 보호복을 뚫을 수 있을 만큼 예리한 '어장검魚腸劍'이라는 명검으로 요의 목숨을 빼앗는 데 성공했고, 전제와 어장검 덕택에 광은 왕권을 손에 넣었다. 또 남을 이롭게 하려다 오히려 자신이 해를 입는다는 뜻의 고사성어 '도지태아倒持太阿'의 '태아'와 아무리 좋은 도구가 있어도 사람이 사용하지 않으면 무용지물이라는 뜻의 관용어 '간장막야干將莫邪'의 '간장'과 '막야' 등도 모두 오나라와 월나라 장인들 손에서 탄생한 명검의 이름이다.

　이처럼 수많은 명검이 탄생한 점을 보면 당시 동남쪽 변두리로 취급되던 오나라와 월나라 지역 장인들의 솜씨가 얼마나 대단했는지를 알 수 있다. 또 병사는 물론 평민도 검을 소유했다는 역사적 사실을 토대로 볼 때, 당시 이 지역에 검 주조 기술이 잘 보급되어 있었음을 알 수 있다. 중국 전한의 역사서인《한서漢書》에는 "오나라와 월나라의 왕은 모두 호전적이고 무력을 숭상한다. 왕과 마찬가지로 이 지역의 백성들도 검술에 능하며 죽음을 두려워하지 않고 성미가 급하다"라는 기록이 있다. 군주부터 평민에 이르기까지 모두 용맹하고 경쟁심이 강해서 목숨을 거는 것도 마다하지 않는다는 평가를 받은 것을 보면 이들은 둘째가라면 서러울 '전투 민족'이었다.

2,000여 년 전 청동기시대는 아직 기병이 등장하기 전이었고, 산, 강, 숲에서 벌어지는 전투에서는 청동검을 휘두르는 보병이야말로 무적의 전투원이었다. 오나라는 최첨단 무기인 청동검을 대량 보유한 뒤부터 북쪽으로는 제나라를 위협하고 서쪽으로는 초나라를 공략하며 진나라를 압박해 제후국의 맹주로 변신했다. 춘추전국시대에 당시 수공예 제도와 공법에 대한 자료를 모아 만든 《주례周禮》의 〈고공기考工記〉편에는 오나라와 월나라의 검을 두고 다음과 같은 말이 쓰여 있다. "오나라와 월나라의 금과 주석은 그 재료 자체가 빼어나다." 앞서 거론한 진시황의 '12금인'처럼 이 옛 문장에 등장하는 '금'도 구리를 뜻한다. 오나라와 월나라 지역에서 생산되는 구리와 주석의 품질이 매우 빼어났다는 말이다. 이후 제후국들 사이에는 청동검이야말로 가장 중요한 근접전 무기라는 인식이 퍼져나가 청동검의 발전을 촉진했다. 하지만 무기가 발전할수록 전쟁의 강도는 더 높아지게 마련이다. 칼을 갖고 적과 직접 몸으로 맞붙어서 싸우는 백병전이 가장 흔한 전투 양식으로 자리 잡으면서 적군의 목을 얼마나 많이 베느냐에 따라 승진이 결정되는 수급首級 제도도 만들어졌다.

합쳐서 가능했던
전성기

청동은 구리와 주석의 합금이다. 청동기를 만들려면 양질의 구리와 주석이 필요하다. 청동기를 만드는 장인들은 때로 주석보다 낮은 비율로 납을 조금 섞었는데, 이렇게 만들어진 것은 포금砲金이라고 불렸고 반대로 납의 비율이 주석보다 높아지면 연청동鉛靑銅이라고 불렸다.

구리와 마찬가지로 주석과 납은 이들을 함유한 광석에서 금속 상태로 쉽게 환원할 수 있다. 이러한 특성 덕분에 인류는 야금술을 연마하는 과정에서 가장 먼저 이 금속 원소들을 만났다. 그런데 순수한 금속에는 재질이 너무 물러서 쉽게 모양이 변한다는 약점이 있는데, 순수한 구리 금속 역시 예외가 아니었다. 한번 상상해보자. 온갖 고생을 거쳐 광석 속 구리를 정련해내 물건을 만들려고 했더니, 그 쓰임새가 석기나 도기보다 못하다는 점을 알게 된다면 얼마나 억울할까? 물론 경도가 높지 않은 만큼 가공하기 쉬웠고, 잘 깨지지 않는다는 장점이 있어 구리도 이곳저곳에 활용되기는 했다. 또 실용성은 떨어지지만 최소한 장신구를 만들 수 있다는 점에서 적갈색으로 빛나는 순수한 구리는 사람들의 눈길을 끌었다.

고고학계에 따르면 일찍이 인류는 청동기시대 이전에 '홍동紅銅기시대'를 거쳤다. 붉은 구리라는 뜻의 홍동이 바로 순수한 구리를 가리킨다. 앞서 설명한 내용을 토대로 짐작할 수 있듯이 이 시대부터 갓 사용되기 시작한 구리는 활용도가 좋은 편이 아니라서 그전까지 주로 사용되던 석기를 대체하지 못했다. 그래서 이 시기는 구리와 석기를 함께 사용했다 하여 '금석병용金石倂用 시대'라고 불리기도 한다.

중국도 홍동기시대를 거쳤는지에 대해서는 역사학자들도 정확한 결론을 내리지 못했다. 중국에서 거의 홍동 유물이 발견되지 않았기 때문이다. 최근 들어서야 신석기시대 유물이 발견된 황허 중류에 있는 양사오문화仰

구리 | 원소의 거울에 비친 진짜 청동기시대

韶文化유적지, 신석기시대 후기 유물이 출토된 황허 중·하류 지역의 룽산문화龍山文化유적지 등지에서 홍동 유물이 발굴되며 고대 중국 문명의 기원에 관해 상상의 나래를 펼칠 가능성이 열렸다.

홍동기시대가 청동기시대를 알리는 전주곡이었다면 본격적으로 청동기시대를 연 금속은 주석이다. 순수한 주석 역시 매우 무른 것은 물론 불의 열기를 견디지 못할 정도로 녹는점이 낮아 취사 용품으로 쓸 수 없을 정도로 구리보다 활용도가 떨어진다. 청동기의 기원에 관해서는 의견이 분분한데, 서로 다른 곳에서 다발적으로 출현했다는 주장(다원설)과 함께 메소포타미아 지역의 사람들이 우연히 구리와 주석이라는 재질이 무른 두 금속을 한데 섞어 단단한 금속, 곧 청동을 얻었다는 유일기원설이 있다. 후자에 따르면 청동 제련 기술은 빠르게 유라시아 대륙에 퍼졌고, 이러한 과정에서 당시 동아시아 지역에 산재해 있던 초기 고대 역사문화권이 청동 제련 기술을 습득했을 가능성이 크다. 아마도 이 때문에 고대 중국은 홍동기시대를 제대로 거치지 않고 유독 청동 기술만 발전했던 것은 아닐까?

청동은 합금合金이라는 글자 그대로 두 가지 이상의 서로 다른 원소로 만들어진 물질로서 그 속에는 적어도 한 개 이상의 금속 원소가 들어 있지만 원소들 사이에서는 화학반응이 일어나지 않는다. 한편 합금의 성질은 어떤 금속이 얼마나 들어갔느냐에 비례해 결정되지 않으므로 청동의 경도는 구리나 주석보다 훨씬 더 높다. 단단해지는 동시에 외부 힘이 가해져도 갈라지거나 쪼개지지 않는 성질인 인성靭性은 낮아져서 구리보다 더 부스러지기 쉽다. 따라서 청동은 불에 달궈 두드리는 단조鍛造보다 불에 녹여 거푸집에 부어 굳히는 주조鑄造에 더 적합하다. 단조보다 주조가 더 까다롭고 어렵지만 다행히 청동의 녹는점은 구리에 비해 아주 낮아서 활활 타오르는 장작 불 수준의 불에서도 금방 녹는다.

청동기가 나타나면서 생산력은 눈에 띄게 향상되었고, 이와 동시에 청동기를 만드는 장인에 대한 수요도 늘어나면서 사회적 분업이 일어났다. 〈고공기〉를 보면 청동기시대 중국 사회가 얼마나 구체적으로 장인을 분류했는지를 알 수 있다. 수레바퀴를 만드는 장인은 '윤인輪人', 수레 칸을 만드는 장인은 '여인輿人', 수레의 양쪽에 대는 긴 채인 끌채를 만드는 장인은 '주인輈人'이라고 불렸다는 기록이 있다. 야금업의 직종은 더 세세하게 분류되었다. 상나라와 주나라 이후부터 청동기 제작업에 종사하는 장인은 최소 여섯 가지(공금지공육攻金之工六)로 분류되었다. 이 중에서도 '축씨築氏'와 '야씨冶氏'는 모두 합금 배합을 담당한 장인이었는데, 축씨는 주석이나 납의 함량이 높은 합금인 '하제下齊'만 배합했고, 야씨는 구리 함량이 높은 합금인 '상제上齊'만 배합했다. 나머지 네 종류의 장인은 배합이 끝난 합금 재료를 가져와서 청동기를 만들었는데, 악기를 제작하는 장인은 '부씨鳧氏', 도량형기를 만드는 장인은 '율씨㮚氏', 농기구를 만드는 장인은 '단씨段氏', 병기와 칼을 만드는 장인은 '도씨桃氏'라고 불렸다.

현대 야금 공업처럼 청동기시대에도 합금 배합은 중요한 작업이었다. 금속을 어떤 비율로 배합하느냐에 따라 합금의 품질이 크게 달라지기 때문이다. 고대 중국인은 〈고공기〉에 오랜 시간 관찰과 실험을 거쳐 얻은 여섯 가지 청동 배합 비법을 특별히 기록해두었다. 세계 최초의 합금 배합 기록이기도 하다. 첫 번째 배합 비법은 주로 제례에 사용하는 청동 종이나 솥 제작에 사용되던 것으로 청동 속 주석 함량을 7분의 1로 맞춘다. 두 번째는 도

구리 | 원소의 거울에 비친 진짜 청동기시대

끼와 같은 무거운 무기 제작에 사용되던 것으로 주석 함량을 6분의 1로 맞추며, 세 번째는 창과 같은 무기 제작에 사용된 것으로 주석 함량을 5분의 1로 맞추는데, 이 비율을 따라 만든 합금으로 청동검의 검신을 만들었다. 네 번째 배합 비법은 칼날 부분을 만들 때 사용하는 배합으로 주석 함량을 4분의 1로 맞췄다. 다섯 번째 배합 비법은 작은 칼과 같은 도구를 만들 때 사용했는데, 주석 함량을 7분의 2로 맞췄다. 마지막으로 여섯 번째 배합 비법은 청동거울 제작에 사용된 것으로 주석 함량을 2분의 1로 맞췄다.*

놀랍게도 고대 기록의 청동 배합 비율은 현대적인 관점에서 살펴도 굉장히 과학적이다. 가령 다섯 번째 배합 비법은 '짧은 무기용 합금' 제작에 사용되는 청동 속 주석의 함량을 7분의 2로 규정했는데, 실제 연구 결과에 따르면 이 비율에 근접하게 제작된 청동기가 가장 날카로웠다. 한편 주석의 함량이 높아질수록 청동은 더 단단해지지만 반대로 부스러지기도 더 쉬워지기 때문에 칼날과 검신의 금속 배합을 달리해서 검신은 주석 함량을 낮춰 적을 찔렀을 때 쉽게 부러지지 않게 하고, 칼날은 주석 함량을 높여 더 예리하게 만들어 완벽한 청동검을 제작했다. 월왕구천검도 당시의 청동 주조 표준에 맞춰 만들어졌지만 신기하게도 검신과 칼날을 따로 만들지 않고 동시에 주조한 검이라는 사실이 밝혀졌다.

이처럼 고대 중국의 합금 기술이 상세하고 정확하게 서술된 〈고공기〉

---

* 〈고공기〉 속 원문은 다음과 같다. "여섯 종류의 합금을 구리로 만들 수 있다. 구리 여섯에 주석 하나를 더하면 종과 청동솥을 만드는 합금이 된다. 구리 다섯에 주석 하나를 더하면 도끼를 만드는 합금이 된다. 구리 넷에 주석 하나를 더하면 긴 창을 만드는 합금이 된다. 구리 셋에 주석 하나를 더하면 큰 칼을 만드는 합금이 된다. 구리 다섯에 주석 둘을 더하면 짧은 무기를 만드는 합금이 된다. 구리와 주석을 반반씩 더하면 감수라 이르는 청동거울을 만드는 합금이 된다."

이지만 당시 상당히 발달했던 납과 구리를 섞은 합금, 곧 연청동 제작에 관한 내용을 전혀 찾아볼 수 없는 점을 보면, 안타깝게도 고대의 합금 기술이 속속들이 다 기록되어 있지는 않다.

아연도 구리 광석에 자주 섞여 있는 원소다. 자연계에서 아연은 대부분 납과 한 광맥에서 공생하기 때문에 때로 납을 가공하다 보면 아연 금속도 얻는다. 아연의 밀도는 납보다 훨씬 낮아서 명나라 때는 아연을 작은 납이라는 뜻에서 '왜연倭鉛'이라 불렀다. 고대 중국인은 청동기시대로 접어드는 과정에서 구리와 아연 합금을 발견하기도 했는데, 바로 오늘날의 황동이다. 양사오문화유적지에서 지금으로부터 약 6,700년 전에 만들어진 구리 유물이 몇 개 출토되었는데 세계 최초의 황동 유물이었다. 아마도 이 유물들은 한 광맥에서 공생하는 공생 광물을 정련하다가 의도치 않게 탄생했을 가능성이 크다. 한나라 시대부터는 사람이 직접 배합 비율을 조절해가며 아연 함량이 높은 황동을 만들어냈고, 북송 시대에는 순수한 아연을 정제해서 수출도 했다.

황동과 거의 동시에 유행하기 시작한 합금이 있었으니, 바로 니켈과 구리를 섞은 백동이다. 한나라 때부터 동방의 특산물이었던 백동은 실크로드를 따라 서쪽으로 수출되면서 아랍인으로부터 '중국의 돌'이라는 이름을 얻었고, 18세기부터는 유럽인들까지 아랍인을 따라서 백동을 '중국의 은'이라고 불렀다. 백동이 제 이름을 찾게 된 것은 현대 화학 체계가 자리를 잡고 신비한 베일이 걷힌 뒤였다.

기나긴 인류 문명의 역사에서 구리는 그 어떤 원소보다 많은 일을 해냈다. 특히 인류 사회에 획기적인 변화를 가져온 청동기 가운데서도 청동 무기는 인류의 문명사에 그야말로 지대한 영향을 끼쳤다. 오죽했으면 〈고공기〉에 거론된 '여섯 가지 종류의 합금' 중 네 종류의 합금이 무기를 만드는 데 사용되었겠는가.

광석을 정련하고 날카로운 칼을 만들기 위해 땀을 비 오듯이 흘려가며 금속을 내리치던 춘추전국시대 말기 오나라와 월나라의 장인들은 자신들이 보검뿐 아니라 인류의 역사를 만들어가고 있다는 사실을 꿈에도 몰랐을 것이다. 시간이 흘러 청동검을 주조하는 과정에서 탄생한 철기 제조법이 발달하기 시작하면서, 청동검은 성능이 월등히 뛰어난 철제검에 점차 밀려나게 되었다. 그리고 오나라와 월나라의 위상 역시 점점 떨어져 끝내 역사의 뒤안길로 사라졌다. 하지만 청동기는 사라지지 않고 왕실의 제기부터 전사의 병기, 더 나아가 일용품을 만드는 재료로 사용되며 백성의 가정에서도 그 명맥을 이어나갔다.

7.
구리로 읽는
고대 기술 백과사전

소설 《삼국지연의三國志演義》를 읽어본 사람이라면 '중산정왕中山靖王'이라는 이름이 낯설지 않을 것이다. 촉한蜀漢의 초대 황제 소열제昭烈帝가 되는 유비는 대업의 기반이 마련되지 않았을 때 항상 자신을 "중산정왕의 후손이고 효경제의 현손"이라고 소개했다. 전한의 중산정왕의 본명은 유승劉勝으로 한경제漢景帝의 아들이다. 그는 왕의 작위를 받은 후 주색을 가까이하고 인간 세상의 모든 향락을 즐기며 호방하게 살았다고 알려져 있다.

그런 그가 생전에 누렸던 부귀와 사치는 1968년에 허베이성 만청현에서 완벽하게 보존된 상태로 세상에 모습을 드러냈다. '죽어서도 살아 있을 때와 똑같이'라는 상장례 철학을 가졌던 전한 왕조 사람들은 무덤 주인이 살아 있을 때 사용하던 물건을 몽땅 무덤에 부장품으로 함께 넣었다. 이 덕분에 중산정왕의 무덤에는 살아생전 삶을 살펴볼 수 있는 더없이 좋은 사료가 남아 있었다. 특히 유물 중에 구리로 만든 물건의 비중이 상당히 높았다.

구리로 만든
제일 아름다운 등롱

당시 발견된 구리 유물 중 가장 진귀한 것을 꼽으라면 당연히 '중국에서 제일가는 등롱'이라 불리는 '장신궁등長信宮燈'일 것이다. 장신궁등은 온몸이 금빛으로 반짝이는 높이 48센티미터의 등롱이다. 등롱의 본체는 버드나무 잎처럼 가늘고 긴 눈썹과 초승달 같은 눈을 가진 궁녀의 형상이다. 곱게 쪽을 지고 비녀를 꽂아 장식한 머리에 긴 치마를 입은 궁녀가 왼손으로 살포시 등잔 받침대를 받치고 오른손으로 등갓을 잡은 이 등롱은 아름답기 그지 없다.

궁중에서 사용하던 이 구리 등롱은 현재 허베이박물원에 소장되어 있다. 표면에 '장신長信'이라는 글자가 새겨진 점으로 보아 본래 유승의 할머니인 두태후竇太后가 거주하던 장신궁에서 사용한 것 같지만 유승의 왕비이자 두태후의 친족인 두씨의 무덤에서 발견된 점을 보면 아마 두태후가 두씨에게 선물로 준 등롱으로 추정된다.

장신궁등의 구조가 워낙 복잡하다 보니 매일 등롱을 켜고 끄기가 불편했을 것 같지만 장인들은 그 문제도 미리 염두에 뒀던 것 같다. 여러 개의 부품을 모아 조립한 이 등롱은 궁녀의 머리, 팔, 등롱의 등갓, 등잔대와 받침대까지 모두 분리된다. 심지어 받침대는 한가운데에 초꽂이가 있는 것은 물론, 받침대를 뺐다가 다시 끼워 넣은 뒤 좌우로 회전할 수도 있다.

이 등롱은 기계적으로 매우 정교할 뿐 아니라 친환경적이다. 전한 시대에는 초를 만들 수 있는 재료가 매우 한정적이라서 대부분 동물 기름으로

그림 2-3. 장신궁등

초를 만들고 식물 줄기를 심지로 사용했다. 이렇게 만들어진 초는 제대로 연소되지 않아 연기가 많이 생겼고 실내에서 장시간 등을 켜놓으면 호흡기가 손상되었다. 장신궁등은 이러한 연기의 위험성을 낮춘다.

등갓 위쪽에 구리 파이프가 만들어져 있는데, 궁녀의 팔 부분과 일체형으로 이어져 그대로 본체 내부의 텅 빈 곳으로 연결된다. 그래서 등을 켜기 전에 본체 내부에 물을 조금 담아두면 연소하면서 발생하는 연기가 관을 타고 물속으로 들어가고, 실내 공기를 탁하게 만드는 총휘발성유기화합물total volatile organic compounds, TVOC의 배출량이 기준치를 넘지 않게 된다. 현대의 물 담배 역시 등롱과 똑같은 원리로 물을 통해 유해물질을 걸러낸다. 아름다운 외관과 실용성은 물론, 작고 정교해서 휴대성까지 갖춘 장신궁등과 청동검을 비교해보면 당시의 청동 가공 기술이 또 한 번 장족의 발전을 거뒀음을 알 수 있다. 실제로 중산정왕 유승의 부장품으로만 20여 개의 구리 등롱이 발견되었다.

중국에서는 춘추전국시대의 후반기인 전국시대부터 조명기구를 사용했는데, 청동기의 뒤를 이어 철기가 역사의 무대에 모습을 드러낸 시기와 정확히 맞아떨어진다. 따라서 청동으로 일용품을 만들어보려고 시도하던 중에 조명기구가 탄생했을 가능성도 있다. 그전까지는 대부분 횃불로 실내를 밝혔다.

중국에서 사용된 최초의 식물성 기름은 참기름이다. 전한의 외교관이자 실크로드를 개척한 장건張騫이 참기름을 만드는 참깨를 서역에서 중국으로 들여오기 전까지 기름이 필요할 때 사용할 수 있는 재료라고는 동물 기름밖에 없었고, 불을 밝히는 데 사용하는 연료도 마찬가지였다. 그런데 동물 기름은 상온에 놔두면 고체로 변해버리는 탓에 초처럼 심지를 꽂아야만 사용할 수 있었고, 식물 기름처럼 기름등을 밝힐 수가 없었다. 또한 초가 쓰러지지 않고 꼿꼿이 서 있게 하려면 초를 고정하는 초꽂이가 필요하다. 초꽂이는 바늘이나 못처럼 가늘고 날카로우며 튼튼하고 오랫동안 불에 타지 않아야 하니 조명기구의 핵심 부품이라고 불러도 과언이 아니다. 이러한 요구사항을 전부 만족할 수 있는 소재는 사실상 금속밖에 없다.

후한 때부터는 식물 기름을 사용하는 기름등이 점차 보급되었고, 접시에 심지를 넣어 기름등으로 쓰면서 도자기 소재의 조명기구도 등장했다. 더 깔끔하게 연소하는 밀랍과 쥐똥밀깍지벌레의 분비물인 충백랍蟲白蠟으로 고체 연료를 만들면서 초의 질도 좋아졌다. 이러한 변화에 발맞추어 복잡한 구조의 조명기구가 점차 간결해졌는데, 촛대는 예나 지금이나 변함없이 구리로 만든다.

철보다 방범 능력이 뛰어난
자물쇠

어떤 물건은 발전을 거듭할수록 단순해지지만 반대로 더 복삽해시는 물건도 있다.

중국의 전통 장난감 중에 두뇌 발달에 좋은 '노반의 자물쇠魯班鎖'라는 것이 있는데, 요즘도 상당히 인기 있다. 이 장난감은 춘추전국시대의 뛰어난 발명가이자 목수인 노반魯班이 만들었다고 한다. 나무를 끼웠다가 뺐다가 하는 퍼즐과 유사한 이 장난감은 목재에 홈을 내서 서로 맞물리게 잇거나 끼우는 전통 목조 건축 기술과 똑같은 원리를 사용한다. 노반이 이 자물쇠를 만들었는지를 확인할 수 있는 자료가 없는 탓에 많은 사람이 제갈량이 이 장난감을 만들었다고 믿고 '공명의 자물쇠'라 부르기도 하지만 자물쇠 제작 기술 혁신에 노반이 일조한 것만은 틀림없다.

노반이 살던 춘추전국시대 말기에는 자물쇠와 열쇠가 대개 나무로 만들어졌고, 빗장을 걸어 잠그는 문과 비슷한 원리로 작동했다. 나무 자물쇠 속에 가로대가 하나 있고, 잠그면 그 가로대의 오목하게 패인 부분이 위아래로 움직이는 나무 핀과 맞물려 빠지지 않는 식으로 자물쇠의 잠금 기능을 구현했다. 반대로 자물쇠를 열 때는 갈고리같이 생긴 열쇠를 자물쇠 구멍에 넣고 돌리면 열쇠가 움직이는 나무 핀을 밖으로 밀어내서 가로대를 뽑으면 된다.

현재까지 가장 오래된 나무 자물쇠는 양사오문화유적지에서 출토된 것이다. 중국 서주 시대에는 자물쇠와 열쇠 제작 기술이 점차 발전했지만 소재는 바뀌지 않고 한동안 나무로만 자물쇠를 만든 것으로 보인다. 그런데 나무 자물쇠는 가공 정밀도가 떨어지면 작은 오차에도 열리지 않는 상황이 벌어진다는 치명적인 단점이 있었다. 따라서 당시에는 소재는 그대로 하되 자물쇠를 크고 둔탁하게 만드는 방식으로 가공 정밀도의 결함을 보완했다. 청동은 나무보다 일고여덟 배나 밀도가 높아 자물쇠로 만들면 무게만 몇 킬로그램에 달했고, 청동에 들어 있는 구리 가격만 해도 절대 저렴하지 않아서 자물쇠만 훔칠 수 있어도 도둑이 헛걸음하지 않았다며 흡족해할 만했기 때문이다.

그러나 춘추전국시대에서 전국시대로 넘어가는 시기부터 청동 가공 기술이 날로 발전했고, 특히 밀랍으로 청동기를 주조하는 실랍법失蠟法이 발명되면서 정밀도가 질적으로 향상되었다. 밀랍은 녹는점이 낮고 재질도 부드러워 매우 섬세한 조각이 가능하다. 우선 밀랍 거푸집을 만든 후 점토가 함유된 흙탕물 속에 넣는다. 그다음 물에 열을 가하면 밀랍 틀은 녹아 없어지지만 점토는 밀랍 거푸집의 모양을 완벽하게 본뜬 형태로 딱딱하게 굳어 속이 텅 빈 점토 거푸집이 만들어진다.

한나라 시대에 이르자 청동 자물쇠는 꽤 흔한 물건이 되었고, 형태도 과거의 둔중한 모습과 달리 일반 가정에서도 부담 없이 쓸 수 있는 100여 그램의 가벼운 모습으로 변신했다. 나무 자물쇠에 비해 청동 자물쇠는 외부의 힘과 미생물에도 쉽게 부서지지 않는다. 그래서 철기가 세상에 등장한 이후에도 자물쇠라는 분야만큼은 청동을 위협하지 못했는데, 철은 훨씬 녹이 잘 슬고, 자물쇠는 일단 녹이 슬기 시작하면 버려야 하기 때문이다.

청동 자물쇠의 등장은 새로운 방범 기술을 탄생시켰다. 바로 자물쇠 내

그림 2-4. 청동 자물쇠 내부의 살대와 구조

부에 있는 금속 살대의 탄성을 이용한 '황편쇄簧片鎖'가 발명된 것이다. 다른 소재와 달리 금속은 형태나 부피가 조금 바뀌어도 부러지지 않는다. 오히려 이 과정에서 위치 에너지를 모으고 있다가, 다시 제 모습으로 돌아갈 때 운동 에너지로 변환된다. 자동으로 화살을 발사시키는 시위 걸개가 있는 청동 쇠뇌(노弩)라는 무기도, 누르면 다시 튀어나오는 키보드도 마찬가지다. 나무 핀이 내려와 오목하게 패인 부분과 맞물리는 방식의 나무 자물쇠는 중력의 힘을 이용하기 때문에 아래로만 움직여서 보안에 영향을 끼치지만 금속 살대의 위치 에너지는 중력과 무관하게 금속 내부 원자의 이동을 통해 만들어진다. 이러한 특성 덕분에 살대를 사용한 자물쇠가 더 널리 퍼졌다. 중국 골동품에서 자주 볼 수 있는 직사각형 형태의 '광쇄'나 자물통 부분이 꽃 모양인 '화기쇄'도 모두 살대를 이용한 황편쇄의 일종이다. 오늘날 일반 가정에서 사용하는 자물쇠 역시 살대 대신 용수철을 사용했을 뿐, 그 원리는 본질적으로 같다.

고대 중국에는 '문자 조합' 자물쇠도 있었다. 자물통에 세 개에서 일곱 개 정도의 금속 고리가 끼워져 있고, 각각 다른 글자가 새겨진 금속 고리를 돌려서 특수한 조합에 맞는 글자로 배열했을 때만 열쇠 구멍에 열쇠를 넣을 수 있는 자물쇠로, 숫자가 아니라 글자를 맞춘다는 점만 다를 뿐 요즘 우리가 자주 사용하는 비밀번호 자물쇠와 유사하다. 이 자물쇠에는 대부분 수준 높은 서체로 글씨를 새겼고, 고리를 맞추면 복을 비는 말이나 옛 시, 노래 가사 등이 나타났다. 안전성뿐 아니라 예술 감상이라는 두 마리 토끼를 모두 잡은 자물쇠였다. 게다가 누구나 글자를 읽을 수 없었던 고대에 글자 조합 자물쇠를 풀고 물건을 훔친 도둑이라면 교양 있는 도둑이라고 불릴 자격이 있는 셈이다.

청동 자물쇠의 예술성에 관한 이야기가 나온 이상 빼놓을 수 없는 기술이 하나 더 있다. 나무보다 구리의 강도가 훨씬 높으므로 외부의 힘으로 청동 자물쇠를 변형하기란 어려운 일이다. 따라서 구리 재질의 물건 겉면에 꽃무늬 등을 조각하기가 여간 어렵지 않아서 아름다운 청동 자물쇠를 만들고 싶다면 주조 작업에 들어가기 전에 미리 아름다운 거푸집을 만들어놓는 수밖에 없다. 그렇게 동판 인쇄업에서 지금도 사용하는 '식각蝕刻' 공법이 자물쇠 제작에 도입되었다.

식각 공법은 동판의 음각을 이용해 판화처럼 인쇄물을 출력하는 방식인데, 월왕구천검의 표면에 새겨진 복잡한 무늬도 아마 식각 공법으로 만든 듯하다. 우선 기름 등으로 구리 표면을 잘 덮어준 후 무늬를 내고 싶은 부분만 긁어내어 구리가 밖으로 드러나게 만든다. 그 후 식각 수용액에 일정 시간 담가 두면 노출된 부분의 구리만 부식되어 선명한 무늬가 드러나게 된다. 이러한 식각 공법은 지금도 널리 사용되며, 대부분 염화 제2철 수용액을 사용한다. 이 수용액에 들어 있는 철 이온이 산성 환경에서 구리를 쉽게 녹여 식각 효과를 잘 구현하기 때문이다. 고대인이 어떤 식각 공법을 썼는지는 지금까지도 정확하게 알려진 바가 없다.

소리를 빚는
원소

구리의 예술성은 물건의 표면에서만 찾아볼 수 있는 것이 아니다. 때로는 예술을 창작하기 위해서 구리로 악기를 만들기도 했다. 대표적인 예시가 후베이성박물관에서 월왕구천검과 어깨를 나란히 하는 청동 악기 '증후을편종曾侯乙編鐘'이다.

증후을편종은 전국시대 유물이 다량 매장되어 있던 쑤이저우 증후을묘에서 발견되었는데, 증후을묘는 그 규모뿐 아니라 고대의 법도에 따라 천자만이 쓸 수 있는 아홉 개의 청동솥과 여덟 개의 접시인 '구정팔궤九鼎八簋'가 부장품으로 묻혀 천자의 묘에 버금가는 수준의 고분이다. 재미있게도 이묘의 주인인 증나라 제후 '을'은 역사책 어느 곳에서도 기록을 찾아볼 수 없음은 물론, 그가 다스린 제후국 '증나라'에 관해서도 알려진 바가 전혀 없다.

근래 고고학계의 연구에 따르면 '증나라'가 수나라라는 의견이 있다(실제로 고대에는 한 나라를 이름 두 개로 부르는 일이 드물지 않았다). 그렇다면 수나라에 관한 기록을 찾아보자. 제1대 증후 남궁 괄南宮适은 본래 주 문왕周文王 휘하의 중신으로 셀 수 없이 많은 공적을 세웠으며, 상나라를 멸망시키는 데 결정적 역할을 한 대장군이자 증나라의 제후로 봉해진 매우 높은 지위에 있는 인물이었다. 증후 을은 남궁 괄의 후손으로서 전국시대 초기 사람으로 추정된다. 그런데 고분 안 부장품 중에 악기가 차지하는 비중이 높은 것으로 보아 생전에 그는 대단한 음악 애호가였던 듯하다. 특히 여러 부장품 중에서도 총무게 2,567킬로그램의 크고 작은 65점의 편종으로 이뤄진 증후을편종은 주목할 만하다.

여러 개의 종으로 구성된 증후을편종 가운데 증후 을이 초나라 혜왕惠王에게 선물한 박종鎛鐘이라는 큰 종을 제외한 나머지 64점의 종은 무덤에 온전하게 남아 있어서 이들을 모아 한 세트의 악기를 만들 수 있었다. 각각의 편종은 크기만 다른 것이 아니라 '하나의 종에서 두 소리가 난다'는 평을 듣는 신기한 악기다. 편종을 치면 정면과 측면에서 각각 다른 소리가 나기 때문이다. 또 크기가 큰 종은 음조가 낮고, 작은 종은 음조가 높다. 이처럼 광대한 음역을 넘나드는 64점의 편종으로 연주하는 음악은 심금을 울릴 정도로 아름답다.

편종은 연주할 때 불편하지 않도록 위치를 위아래로 나눠서 단다. 위층에는 크기가 작은 뉴종鈕鐘 19점을 세 개 조로 나눠서 달고, 중간과 아래쪽에는 크기가 큰 용종甬鐘 45점을 다섯 개 조로 나눠 배치한다. 또 모든 종마다 각자의 음이름이 새겨져 있는데, 현대의 음악 전문가들이 검증한 바에 따르면 실제로 편종을 쳤을 때 나는 소리와 음이름이 거의 일치한다. 큰 용종에는 음이름뿐 아니라 음률을 설명하는 문자도 새겨져 있어 당시의 음악 이론을 공부해볼 수도 있다.

1978년 8월 1일, 쑤이저우의 한 강당에 복원을 마친 증후을편종이 모습을 드러냈다. 증후을편종과 함께 출토된 다른 악기의 반주에 맞춰 작은 나무망치를 든 연주자들이 지금으로부터 2,000여 년 전에 발명된 악기를 두드려가며 유명한 중국 혁명가 〈둥팡훙東方紅〉을 연주했다. 인류 고고학 역사상 최초로 현대에 고대 악기를 연주하는 순간이었다.

현대의 음악학에 따르면 증후을편종은 음치에 가깝지만 당시의 제조 수준을 생각하면 그 이상을 요구하는 건 욕심이다. 현대의 악기와 달리 편종은 주조를 마친 후 음조의 높낮이를 조율할 수 없다. 따라서 한 장인이 증후을편종처럼 여러 개의 편종을 모아 한 세트의 악기를 구성하려면 수십 차례의 실패를 거쳐야 했다. 훗날 유물 보호를 목적으로 중국과학원의 주도하에 진행된 편종 네 세트를 복제하는 프로젝트를 통해 당시 장인들이 얼마나 정교한 공법을 썼는지가 확인되기도 했다.

음악가는 어떤 자연의 소리로도 음악을 만들 수 있지만 사람이 연주할 수 있는 악기를 만들려면 재료라는 문제부터 해결해야 한다. 금속을 두드릴 때 나는 소리는 우렁차고 꽉 찬 느낌을 주며 강도가 높은 금속일수록 그 음을 안정적으로 유지한다. 일찍이 서주 때부터 청동 악기 연주는 왕족과 귀족의 중요한 오락거리였다. 고귀하고 부유한 가문을 뜻하는 '종명정식鍾鳴鼎食'이라는 고사성어도 지체 높은 귀족들의 식사 자리에 편종 음악 연주와 청동솥에 담긴 음식이 빠지지 않았다는 데서 유래한다.

금속마다 음색이 다른 이유는 저마다 고유 진동수, 기본 주파수의 강도 및 진동 에너지가 감소하는 비율인 감쇠율 등의 수치가 달라서다. 지식 체계가 충분히 갖춰지지 않은 고대에 관련 수치들을 분석하는 일은 불가능했지만 청동의 경우 그 속의 구리와 주석의 비율을 최적화하는 것만으로도 문제를 해결할 수 있었다. 증후을편종을 대략 연구해보니, 편종의 주석 함량은 약 13.0퍼센트에서 14.5퍼센트 사이로 〈고공기〉의 "구리 여섯에 주석 하나를 더하면 청동 종과 솥을 만드는 합금이 된다"라는 기록에 매우 근접했다. 실제로 현대 재료공학의 연구 결과를 보면 주석 함량이 13퍼센트를 약간 초과했을 때 기본 주파수의 강도가 커져서 음색이 가장 우렁차고 풍성하다. 만약 약간의 납을 추가로 넣으면 음색에는 뚜렷한 변화가 나타나지 않지만 감쇠율이 눈에 띄게 커지며 소리가 점차 잦아드는 페이드아웃 효과를 쉽게 얻을 수 있다. 이러한 방식으로 편종을 만들면 여러 소리가 한데 뒤섞여 뭉그러지는 문제를 완화할 수 있었다.

이후 관현악기와 같은 새로운 악기가 발전하면서 자리를 많이 차지하는 편종의 단점이 눈에 띄고 말았다. 그러나 구리라는 원소와 음악 사이의 떼려야 뗄 수 없는 인연은 여기서 멈추지 않았다. 편종의 기원은 상나라 때에 만들어진 손으로 들고 치는 작은 징 형태의 구리 타악기인 '동요銅鐃'까지 거슬러 올라간다. 이후 남북조 시기에는 서아시아에서 전래한 큰 냄비뚜껑 같은 형태의 구리 타악기인 동발銅鈸과 동요가 하나의 악기로 합쳐져 요발鐃鈸이라 불렸고, 불교 의식에 사용되는 법구로 지금도 사용되고 있다. 중국의 전통극인 경극에서 빠지지 않는 악기인 큰 징 대라大羅와 작은 꽹과리 소라小羅 역시 구리로 만든다.

구리로 만든 대형 타악기는 소리가 우렁차고 멀리까지 잘 퍼져나가 어느 정도 규모를 갖춘 고대의 도시에서는 종을 매달아 놓은 누각인 종루鍾樓와 큰 북을 설치한 누각인 고루鼓樓를 함께 세워서 시계이자 경보기로 사용했다. 당나라 시인 장계張繼가 지은 시 〈풍교야박楓橋夜泊〉의 "한밤중의 종소리는 나그네가 탄 배에도 들려오네"라는 아름다운 시구에서 당시의 풍경을 그려볼 수 있나. 요즘도 종루와 고루의 흔적을 중국의 도시 곳곳에서 쉽게 찾아볼 수 있다. 특히 지역마다 '종루구鍾樓區'라는 지명이 빠지지 않는 점을 보면 당시 종루의 위상이 대단했음을 알 수 있다. 직접 구리로 만든 종을 쳐볼 수도 있다. 중국의 여러 사원과 절에는 종루와 고루가 있어서 새벽에는 종을 치고 저녁에는 북을 쳐서 작업 시간과 휴식 시간을 알린다. 매년 음력설이 다가오면 종을 치고 향을 올려 복을 비는 참배객이 끊이지 않는다.

　　중원 지역에서는 대부분 동물의 가죽을 사용해 북이라는 타악기를 만들었지만 중국 서남쪽에 거주하는 일부 소수민족은 구리로 만든 북을 더 좋아했다. 광시성 난닝시에 소재한 광시민족박물관은 300여 개의 구리 북을 소장하고 있을 뿐 아니라 건물 외관 자체가 구리 북 모양이다. 중원 사람들에게 구리로 만든 청동솥이 그러하듯, 이 지역 소수민족에게 구리로 만든 북은 단순한 악기가 아니라 일종의 토템이었다.

　　구리로 만든 악기는 서양에서 더 흔하다. 다만 청동은 음색이 무겁고 단조가 아니라 주조만 할 수 있으며 복잡한 형태로 제작할 수 없다는 점 때문에 대부분의 금관악기를 황동으로 만든다. 구리는 지금도 서양 악기의 주요 소재로 사용되고 있다.

뜻밖의 청동거울
사용법

고대부터 지금까지 조명기구, 자물쇠, 악기보다 훨씬 더 많이 사용된 실내용 청동기를 꼽으라면 거울이 빠질 수 없다. 그중에서도 〈고공기〉에 등장하는 '감수鑑燧', 곧 감鑑과 수燧라는 두 종류의 청동거울을 빼놓을 수 없다.

'감'은 평면거울을 가리킨다. 빛이 반사되는 원리를 이용한 거울로 실제와 동일한 크기의 이미지를 보여주는 물건인 감은 그 재료가 유리에서 구리로 바뀌었다는 점만 다를 뿐, 우리의 일상생활 필수품인 거울과 똑같다.

'수'는 간략하게 설명하기 어려운 거울이다. 수는 본래 불을 일으키는 도구를 뜻하는 단어로 중국 전설에 따르면 인류에게 처음으로 불 사용법을 전수한 인물인 수인씨燧人氏가 발명한 도구다. 이러한 수는 돌로 만든 수석燧石과 나무로 된 수목燧木으로 나뉜다.

수석은 불을 붙이는 부싯돌이다. 매우 단단해서 금속과 맞부딪치면 금방 불꽃이 튀고 불쏘시개에 불이 옮아 붙는다. 아마 고대인이 가장 먼저 배운 불을 일으키는 방법은 부싯돌을 이용한 방법이었을 것이다. 이 기술을 바탕으로 수석과 금속조각인 수금燧金을 동시에 사용해 불을 일으키는 기술이 발명되었고, 이후 고대의 가장 보편적인 불 일으키기 방법으로 자리 잡았다. 수석은 훗날 화승총이 등장한 시대에도 수석으로 탄환을 발사시키는 수석총에 사용되며 제 자리를 굳건히 지켰다. 수목은 불을 일으키는 나무를 뜻한다. 춘추전국시대 법가사상가 한비韓非의 저서 《한비자韓非子》에도 "수목으로 불을 얻는다"라는 구절이 나오듯이 마찰로 열을 일으키는 원리를 이용해 수목을 빠르게 돌려 끝부분의 온도가 올라가면 불쏘시개를 갖고 와서 접촉해 불을 피우는 방식이다.

수석과 수목에 비해 청동으로 만든 수금을 사용하면 훨씬 쉽게 불을 붙일 수 있다. 오목거울 모양의 수금은 평행 광선을 오목한 거울 부분에 비춰 반사된 빛을 한군데에 모아 초점을 만들고, 시간이 지남에 따라 이 초점의 온도가 올라가면 수금 아래쪽에 설치해놓은 받침대에 불쏘시개를 올려놓아 불을 피우는 방식으로 사용한다. 자연에서 가장 흔한 평행 광선은 태양광인데, 태양의 표면 온도는 섭씨 5,500도에 이르므로 이론적으로는 수금으로 불이 붙을 수 있는 수준까지 온도를 올릴 수 있다. 이처럼 수금은 인간의 힘을 써야 하는 수석과 수목보다 훨씬 높은 온도에 도달할 수 있었지만 햇빛이 있을 때만 사용할 수 있다는 단점이 있었다.

고대인들은 물을 담는 그릇으로도 수금을 사용했다. 합금인 청동은 열전도율이 나무보다 훨씬 좋아서 청동기를 손으로 잡아보면 뜨끈뜨끈하기는커녕 손에서 발생하는 열에너지가 금세 청동기의 다른 부분으로 이동하기 때문에 차가운 느낌이 든다. 고대인들은 이런 청동의 성질을 이용해서 가을과 겨울에 수금을 그릇 대신 밖에 두어 이슬을 모았다. 또 용도를 구분해서 불을 피울 때 사용하는 수금은 '양수陽燧', 물을 얻을 때 사용하는 수금은 '음수陰燧'라고 불렀다.

고대인의 생활용품으로서 수의 가치는 감에 밀리지 않았다. 비록 거울인 감과 용도는 전혀 달랐지만 빛의 반사를 이용한다는 점만큼은 같다. 그런데 어떤 물건으로 사람의 모습을 비추려면 표면을 반들반들하게 만들어서 반사율을 높여야 한다. 하지만 아무리 후모무정의 아름다운 모습을 들여다보고 증후을편종의 매력적인 음악에 귀를 기울여봐도 반질반질한 거울의 표면은 연상되지 않는다. 그렇다면 고대인은 어떻게 청동기로 거울을 만들 생각을 했을까?

그 해답은 '鑑[감]'이라는 한자의 본뜻에 숨어 있다. 중국 후한의 학자 허신許愼이 편찬한 자전《설문해자說文解字》에는 "무릇 감이란 달로부터 깨끗한 물을 얻을 수 있는 것이다"라고 해석되어 있다. 당시 감은 물을 뜨는 그릇인 음수와 비슷한 형태였다. 1955년, 안후이성 서우현에서 발견된 춘추전국시대 채나라 고분에서 대량의 청동기가 출토되었는데, 그중 보존 상태가 뛰어난 한 대형 청동감에 학자들의 관심이 집중되었다. 높이 35.7센티미터, 지름 60센티미터에 무게가 28.6킬로그램인 이 청동감은 단순히 외관만 보면 꼭 크게 확대한 세숫대야 같았다.

청동감에 새겨진 짤막한 52개 한자 속에 담긴 옛날이야기는 이 물건이 얼마나 특별한 것인지 알려준다. 춘추전국시대 말기, 남쪽에 있는 국가들은 너 나 할 것 없이 모두 초나라의 위협에 시달렸고 채나라 역시 예외가 아니었다. 난국을 타개하고자 채나라는 동쪽에 있는 오나라에 동맹 관계를 맺자고 요청했다. 이때 오나라에서는 공자 광이 왕위 찬탈에 성공해 즉위 후 왕 합려가 되었고, 또 왕의 곁에는 초나라 평왕에게 미움을 사 가족을 모두 잃고 복수를 꿈꾸며 오나라로 도망친 뛰어난 정치가 오자서伍子胥와 제나라에서 유학을 마치고 돌아온 춘추전국시대 최고의 책략가 손무孫武가 보좌진으로 있으면서 정국을 안정시키고 있었다. 합려는 흔쾌히 자기 딸을 채나라 제후에게 시집보내면서 동맹 관계를 단단히 했고, 이때 혼수품으로 보낸 물건 중에 바로 이 청동감이 있었다. 이런 연유로 이 귀중한 혼수품은 오늘날

'오왕광감吳王光鑑'이라 불린다.

휴대하기 편한 가벼운 무게의 물건은 아니지만 혼수품이었던 만큼 청동감은 규방에서 여성이 사용하던 물건이었을 것이다. 허신의 해석처럼 감은 물을 담는 물건이지만 감에 물이 가득 차면 평평하고 매끄러운 수면을 거울로 삼아 모습을 비춰 볼 수 있다. 곧 고대인이 자기 모습을 비추고 몸가짐을 단정히 했던 최초의 거울은 평범한 평면거울 형태가 아니었다. 본래 물을 얻으려고 사용했지만 물이 있든 없든 청동감의 표면을 매끈하게 연마하기만 하면 거울로 쓸 수 있음을 알고 사용하다 보니, 점차 세월이 흐르면서 감이 세숫대야 형태에서 쟁반 형태로 변했다.

이러한 주장에는 한 가지 허점이 있다. 춘추전국시대보다 훨씬 이른 연대인 상나라 고분에서도 청동 평면거울이 출토된 바 있기 때문이다. 물을 거울 대용으로 사용하려면 움직이지 말아야 하며 거울처럼 손에 들고 사용할 수는 없다. 반면 납작한 형태의 청동거울은 중력의 제약을 받지 않으니, 일단 연마 기술만 뒷받침되면 '청동 감에 물을 담아 거울 대용으로 사용하는 방법'은 설 자리를 잃게 된다. 그렇다면 왜 춘추전국시대에는 청동감을 거울로 사용했을까? 청동 제작 기술이 세월이 흐르면서 퇴보했기 때문일까?

이 수수께끼의 해답은 지금까지도 찾지 못했다. 한 가지 가능성이 큰 가설은 상나라와 주나라 때 사용한 고대 청동거울은 겉모습만 후대에 발명된 거울과 흡사했을 뿐, 사실상 둥그런 형태의 장식용 청동기이며 거울처럼 사물을 비출 수는 없었다는 것이다. 이 가설은 한자의 기원을 통해서도 증명할 수 있다. 거울을 뜻하는 한자 '鏡[경]'은 전국시대 사상가 장자와 묵자의 저서에서 처음 모습을 드러낼 정도로 '鑑[감]'이라는 한자에 비해 늦게 나타났다.

한나라 때까지 중국 사람들은 몸단장할 때 주로 청동거울을 사용했고, 청동거울 주조 기술도 이 시기에 한 차원 더 높아진 것이 분명하다. 그러나 세월이 흐르고 세상이 변하면서 수천 년간 번영을 누린 청동거울은 이제 천수를 다하고 박물관에서 편안히 자고 있다. 사실 모든 구리 합금은 거울 제작에 적합하지 않은 재료다. 아무리 〈고공기〉의 기록에 따라 주석의 함량을 높여 단단하게 만들고 최선을 다해 매끈매끈하게 표면을 다듬는다고 해도 구리라는 원소 그 자체가 지닌 낮은 빛 반사율, 장기간 사용 시 생기는 녹과 같은 본성은 제련 기술로 바꿀 수 없다. 따라서 유리 가공 기술이 발전하면서 청동거울이 역사의 뒤안길로 사라진 것은 자연스러운 일이다.

구리 원소가 들려주는 이야기는 여기서 끝나지 않는다. 청동기시대가 남긴 여운이 아직 완전히 가시지 않았기 때문이다.

8.
물건보다 돈이 비싼 시대,
구리를 잡아라

송나라 철종哲宗이 즉위한 지 5년째 되던 해에 신주(지금의 장시성 상라오시)에 살던 평범한 백성 장갑張甲이라는 사람이 먼 길을 거쳐 도성에 도착한 뒤, 조정에 《침동요략浸銅要略》이라는 책을 바쳤다. 철종은 이 책을 읽은 후 장갑을 성충부군成忠府君이라는 지방관 관직에 봉하고, 장갑의 아버지인 장잠張潛과 장갑의 둘째 형인 장경張磬에게 각각 태자를 보필하는 관직인 태자소보太子少保와 태자소사太子少師라는 관직을 내렸다.

장갑이 얻은 '성충'은 자주 접하기 어려워 조금 낯선 관직이지만 '태자소보'와 '태자소사'는 이름뿐인 직함이더라도 직위가 상당히 높았다. 도대체 《침동요략》이 얼마나 대단한 책이었기에 송 철종은 장갑의 가족에게 이토록 후한 상을 내렸을까?

구리 도금의
발견

책의 제목을 통해 알 수 있듯이 《침동요략》은 침동, 곧 구리 제련 기술에 관한 책이었다. 다만 고온의 불을 사용하는 전통적인 건식 제련법과 달리 수용액에서 금을 침출하듯 구리를 침출해내는 습식제련법에 관한 내용이 적혀 있었다.

자연계에는 꽤 많은 구리 광석이 황화물 형태로 존재한다. 주로 황화구리^{CuS} 성분으로 이뤄진 광물 휘동석^{chalcocite} 등이 그렇다. 광물을 채굴하는 과정에서 세상 밖으로 나오게 된 황화물은 공기와 접촉해 산화되면 구리의 황산염, 곧 황산구리^{CuSO_4}로 변한다. 황화물과 달리 황산구리는 빗물에도 잘 녹고 물에 들어가면 아름답고 진한 푸른색을 발하는데, 황산구리가 들어간 물은 그 맛이 마치 쓸개즙처럼 써서 쓸개 담膽 자를 붙여 '담수膽水'라고도 부른다. 한편 구리보다 활성도가 높은 철이 황산구리 용액과 만나면 화합물 속 원자나 이온이 다른 원자 또는 이온으로 바뀌는 치환반응이 일어나 철은 용해되어 철 이온을 생성하고, 구리 이온은 용액 속에서 고체인 구리로 변해 철이 구리로 도금된다. 이 고전적인 치환반응은 현재 기초 화학 교과서에서 다루는 내용이지만 고대인에게는 아리송하기 그지없는 일이었다.

예를 들어 한나라 때 편찬된 약학서 《신농본초경神農本草經》에는 "석담石膽이란 신선이 철을 구리로 둔갑시킨 것이며, 이 방법으로 금과 은도 생성할 수 있다"라는 내용이 나오는데, 여기서 가리키는 '석담'이 바로 담수에서 추출한 황산구리의 결정체로 때로는 담반膽礬, 남반藍礬 이라 불리기도 했다.

일찍이 치환반응을 발견했지만 그 원리를 전혀 몰랐던《신농본초경》의 편찬자는 이 화학반응을 '신선'이 행했다고 생각했을 뿐 아니라 황산구리 용액에서 황산구리를 추출하는 방법을 써서 금과 은도 만들 수 있다고 생각했다. 물론 용액에 금이나 은이 들어 있다면 치환반응의 원리에 따라 금과 은을 추출할 수 있지만 담수에서 금과 은을 얻기란 불가능하다. 수많은 연단사가 이처럼 흐리멍덩하고 부정확한 지식의 안내를 받으며 부뚜막을 쌓고 불을 피워 석담에서 구리를 얻으려 시도했고, 심지어 철을 금으로 바꿀 수 있다는 환상을 실현하려고 노력했지만 당연히 전부 실패했다.

북송에 이르러서야 신주에 살던 장잠이 옛사람들의 실수를 발견했다. 철이 구리로 치환되는 과정은 오로지 물 안에서만 가능하며, 가장 중요한 핵심 단계는 다름 아닌 '오랫동안 물속에 담가두는 것'이라는 사실을 알아낸 것이다. 장잠이 고안한 방법에 따르면 우선 얇은 무쇠 판을 황산구리 용액에 차곡차곡 담근다. 며칠이 지나 무쇠 판이 처음 황산구리 용액에 담갔을 때보다 훨씬 얇아졌을 때 반복해서 정련하면 구리 금속을 얻게 된다. 장잠은 이렇게 만든 구리를 구리 담수에서 만들었다는 의미로 '담동膽銅'이라고 불렀다.

진실 규명에 성공했을 때 장잠은 이미 환갑을 넘긴 노인이었다. 자기 힘으로는 이 멋진 연구 결과를 세상에 널리 알릴 수 없다는 점을 잘 알았던 그는 모든 비법을 둘째 아들 장경과 넷째 아들 장갑에게 전수하고 상세히 받아 적도록 했다. 당시 장씨 부자는 관직에 없었지만 장씨 가문은 대대로 선비 집안이었고 특히 둘째 아들 장경은 과거를 준비할 정도로 박식했기 때문에 침동법을 글로 기록하는 일은 식은 죽 먹기였다. 그들은 몇 년간 바쁘게 작업하여 《침동요략》을 세상에 내놓았다. 그러나 당시 지식인에게 정도定道란 과거시험을 치르고 벼슬길에 오르는 것이었기 때문에 아버지 장잠은 집필 책임자였던 장경을 학업에 집중하도록 했고 동생인 장갑에게 책을 조정에 진상하는 임무를 맡겼다. 앞서 설명한 사건에는 바로 이런 이야기가 숨어 있었던 것이다.

중국 황제들의
오랜 고민

고대 중국에서는 언제나 공업 기술을 등한시하고 수공업 장인을 사회 하층민으로 취급했다. 그런데도 침동법이 무엇이기에 황제가 장갑 부자에게 관직과 작위를 하사하고 함박웃음을 지었을까? 바로 여러 왕조에 걸쳐 수백 년 동안 고통을 안겨준 금융 사태인 통화량 부족 문제 때문이었다. 이 문제는 당나라 중기부터 제왕과 집권자를 짓누르는 무거운 마음의 짐이었고, 심지어 역사서에 "돈은 귀하고 물건은 하찮다"라고 표현될 정도였다.

최초의 통화량 부족 사태는 당나라 현종玄宗 재위 기간 중 가장 나라가 번성했던 시기에 발생했다. 후한 말기는 400여 년 동안 남쪽과 북쪽의 국가 간 대립으로 전란이 끊이지 않아 인구가 급감하고 상업이 쇠퇴하는 대분열의 시기였다. 경제가 무너지면서 일부 지역에서는 원시시대로 돌아간 듯 물물거래가 성행하기도 했다. 그 후 중국을 통일한 당나라는 100년 동안 발전을 거듭하며 전례 없이 많은 상품을 생산해냈지만 시중에 유통되는 돈은 그

만큼 늘어나지 않아서 통화량 부족 문제가 불거지고 말았다.

당시 유질劉秩*이라는 관리가 '물건보다 돈이 더 비싼 문제'를 발견한 뒤 "물건의 가격이 저렴해지면 농민이 피해를 보고, 돈의 가치가 떨어지면 상인이 피해를 보나이다. 따라서 국가를 잘 다스리기 위해서 상품과 돈의 가치를 잘 살피셔야 합니다"라는 내용을 적어 상소문을 올렸듯이, 통화 가치 문제는 당시 국가의 근간을 뒤흔드는 문제였다.

여기에 안사安史의 난**까지 터지고 당나라의 중앙집권제가 날로 쇠약해지면서 통화 발행 능력은 돌이킬 수 없는 타격을 입고 만다. 더군다나 변경과 요충지에서 군정을 담당하던 절도사 가운데 관할지인 '번진藩鎭'을 개인 소유화하려고 중앙정부에 반기를 든 번진할거藩鎭割據 세력이 군벌화하면서 그들도 군비 지출을 위해 엄청난 양의 구리 화폐를 필요로 했다. 그런데 장삿길이 막혀 구리 거래가 어려워지니, '물건보다 돈을 더 비싸게 만드는' 통화량 부족 문제는 약해지기는커녕 심해지기만 했다. 갈수록 심각해지는 통화량 부족 문제에 직면한 번진할거 세력은 철로 만든 돈, 곧 쇠돈鐵錢을 찍어낼 수작을 꾸미기 시작했다. 쇠돈은 한나라 때도 나타난 적이 있지만 당시의 쇠돈은 모두 개인이 주조한 '위폐'였고, 정부의 금융 수단으로서 시장에 등장한 것은 이때가 처음이다. 명나라 학자 송응성宋應星이 지은 기술 백과사전《천공개물天工開物》가운데 금속 제련과 주조 기술을 다룬 〈야주冶鑄〉

---

*　생몰년 미상. 당나라의 이름난 사학자 유지기劉知幾의 아들로 정치 제도사를 다룬 저서《정전政典》이 지금도 전해진다.

**　당나라 중기 755년에 절도사 안녹산安祿山 등이 일으킨 난으로 당나라를 쇠퇴의 길로 접어들게 한 계기로 꼽힌다.

편에는 "철은 금속 가치가 낮아 고대로부터 돈을 주조하는 데 사용되지 않았으나, 당나라 번진 중 하나인 위박魏博* 등지에서 쇠돈을 만들기 시작했다. 당시 구리 거래와 운송이 힘들어 부득이하게 철로 돈을 주조했지만 이는 임시방편에 불과했다"라고 기록되어 있다.

임시방편으로 주조한 쇠돈이었지만 당나라는 멸망할 때까지 이 임시방편을 대체할 방법을 찾지 못했다. 그 후 수많은 황제가 나타났다가 사라지고 여기저기서 영웅들이 들고일어나는 오대십국시대를 거친 끝에 송나라 태조 조광윤趙匡胤이 황제의 자리에 올라 번진할거 세력을 통제하는 데 성공했다. 하지만 여전히 각양각색의 쇠돈이 전국에 유통되면서 통화량 부족은 해결하지 못하고 있었다.

정국이 안정되자 초대 군주 송 태조와 제2대 군주 태종은 쇠돈 사용을 금지하고 구리로 만든 엽전을 사용하게 했다. 더 나아가 정부 기관만 엽전을 주조할 수 있게 허가하되, 엽전 주조량을 매년 늘려갔다. 이 덕분에 오대십국 때 매년 7만 관에 불과하던 엽전 주조량은 불과 20년 만에 송 태종이 다섯 번째로 사용한 연호인 지도至道 때가 되자 열 배 넘게 늘어 매년 80만 관에 달해 순식간에 당나라 때의 최고치를 훌쩍 넘어버렸다. 그런데도 '통화량 부족' 문제가 해결되지 않아 쇠돈은 여전히 시장에서 퇴출당하지 않고 있었다.

평화의 시대가 오자 철의 가치는 빠른 속도로 떨어져버렸다. 쇠돈과 엽전을 동시에 사용하다 보니 쇠돈의 단점이 드러났기 때문이다. 비단 한 필

★ 현재의 산둥성山東省, 허베이성, 허난성 등 세 지역에 걸쳐 있었다.

을 사려면 100근이나 되는 쇠돈을 보따리에 싸서 지고 가야 했으니 얼마나 불편했을까? 쇠돈에 시달릴 대로 시달린 성도부 지역의 열여섯 거상 가문들은 힘을 모아 인종이 즉위한 천성天聖 원년에 '교자交子'라는 이름의 종이돈, 곧 세계 최초의 지폐를 발행하게 된다.

화폐의 신뢰성이라는 측면에서 보면 지폐는 너무나 시대를 앞선 발명품이어서 악용될 소지가 다분했기 때문에 역대 북송 황제들은 동화 수요를 어떻게든 맞추기 위해 구리 생산량을 늘리고자 했다. 그래서 소주(현재 광동성의 사오관시)에서 대규모 구리 광산이 발견되자 황제는 구리 생산을 위해 즉시 많은 채굴꾼과 정련 장인을 그 지역에 투입했고, 최고로 많았을 때는 10만여 명이 그 지역에서 구리를 채굴했다. 이러한 노력 덕분에 구리 생산량은 한때 중앙정부가 되사들일 수 없을 정도로 많아졌는데도 북송 시기 내내 구리 가격은 고공행진을 이어갔다.

이런 상황에서 《침동요략》이 등장했으니, 철종이 이 책을 보물처럼 여기고 저술자에게 후한 상을 내린 것도 놀랄 일은 아니었다. 조정은 장잠이 구리 습식제련법을 고안한 신주 연산에 '동감銅監'이라는 기관을 설치해서 구리 채굴과 품질 관리·감독을 맡겼는데, 실제 생산을 시작하자마자 담동의 연간 생산량이 빠르게 늘어 수백 근에 달하게 되었다. 일반적인 구리 습식제련법의 치환 비율은 대략 2.4:1인데, 곧 1근의 담동을 만드는 데 2.4근의 철이 소모된다는 뜻이다. 따라서 담동 채굴을 산업화하려면 많은 양의 철을 소모해야 했으나 구리 생산에 소모되는 철의 양은 송나라 정부가 감당할 수 있는 수준이었다. 또한 담수는 별다른 정제 과정을 거치지 않으면 구리라는 금속의 부산물이자 폐수에 불과했으니, 새로운 구리를 채굴할 필요도 없는 습식제련법은 말 그대로 쓰레기 속에서 보물을 만들어내는 기술이었다. 연산 지역에서 큰 성공을 거둔 구리 습식제련법은 전국 방방곡곡으로 확대되었고, 북송 말기 휘종徽宗 때는 전체 구리 생산량 가운데 담동의 비중이 약 20퍼센트에 달할 정도로 상당한 성과를 거뒀다.

통화량 부족의
근본적 원인

구리 채굴 기술이 크게 향상되었지만 북송의 통화량 부족 문제는 해결되지 않았다. 남송 때 또다시 전란이 일어나 시중에 유통되는 엽전이 도리어 갈수록 부족해지며 다시 쇠돈이 가장 많이 사용되었다. 사실 통화량 부족 사태를 일으킨 직접적 원인은 상품의 생산력 향상이다. 상품 생산량이 늘어나는 속도를 통화 발행량이 따라잡지 못했기 때문이다. 금속을 화폐로 사용하는 한 문제를 해결할 방법은 없었다. 만약 금이나 은을 유통 화폐로 사용했다면 물건보다 돈이 더 비싸지는 통화량 부족 문제가 더욱 심각했을 것이다.

결국 당나라와 송나라의 화폐 전문가들이 구리 대체품을 찾지 못했기 때문에 통화량 부족 사태는 계속 이어졌다. 사실 해결책은 간단했다. 통화 발행 속도가 더뎌서 구리 가격이 상품 가격보다 비싸졌을 때, 구리보다 채굴량이 많지만 가격은 좀 더 저렴한 금속으로 구리를 대체하면 위기를 넘길 수 있다. 당시 구리보다 가격이 저렴하고 화폐로 주조할 수 있는 금속은 철밖에 없었다. 하지만 철의 지구 지각 내 원소 존재비는 구리의 1,000배나 된다. 따라서 철로 돈을 주조하는 것은 그야말로 《천공개물》이 지적한 대로 임시방편에 불과했다.

구리와 철의 차이를 메꾸기 위해 조폐 장인들은 여러 방법을 시도한 끝에 효과가 탁월한 한 가지 방법을 찾았는데, 다름 아닌 가짜를 섞는 것이었다. 중국의 엽전은 청동기시대에 탄생한 이래로 줄곧 청동이나 홍동으로 만들어졌다. 청동의 부재료인 주석은 가격이 구리보다 비싸고, 납은 가격이 저렴하지만 종이에 대고 긁으면 흔적이 남을 정도로 철보다 물렀다. 바로 이러한 납의 특성을 이용해서 만든 필기도구가 납 연鉛에서 이름을 따온 '연필鉛筆'이다. 최초의 연필은 납으로만 만들어져 종이에 대고 긁어 회색 흔적을 남길 수 있었다. 이후 납은 16세기에 발견된 흑연으로 점차 대체되었고, 현대에 사용하는 연필심은 주로 흑연과 점토를 섞어 만든다.

무릇 납으로만 화폐를 주조했다간 며칠 지나지 않아 금액이 얼마인지 알아보기 힘들 정도로 엽전이 닳아버린다. 순수한 납은 말할 나위도 없고 구리와 납을 섞어 청동을 만들 때 납의 비율을 조금만 높여도 청동의 품질이 나빠져 활용도가 떨어졌다. 결국 이런 눈속임은 쇠돈처럼 미봉책에 불과할 뿐 아니라, 품질 낮은 엽전이 양산됨에 따라 '악화惡貨가 양화良貨를 쫓아내는 현상'이 일어나게 된다. 정작 품질 좋은 엽전이 위조화폐를 만드는 데 사용되어 통화량 부족 문제를 더 악화시키기만 하는 것이다.

구리를 대체할 적당한 재료를 찾지 못하자 일부 경제학자는 '단백短陌'이라는 제도를 고안해내기에 이른다. 통화량 부족으로 구매력이 상승한 김에 사회적으로 약속을 하면 어떨까? 실제로 80문을 내야 하지만 100문인 셈 치고 계산해주면 안 될까? '백陌'이란 화폐 단위 100문을 뜻한다. 다시 말해 단백 제도는 100문만큼 값을 치르지 않게 해서 확실히 '공급 과잉'을 효과적으로 대응할 수 있는 조치로, 당나라 후기에 화폐법으로 자리 잡은 뒤 송나라 때까지 통용되었다. 하지만 통화량 부족이라는 고질병을 고치지 못한 것은 마찬가지였다.

앞서 이야기했듯이, 군사 분야에서 물러나 일용품 제조에 사용된 청동은 다양한 활용도 덕분에 기나긴 철기시대를 거치면서도 다른 금속에 대체되지 않았다. 그래서 고대인은 화폐 재료로서의 성질과 상품 활용성을 동시에 갖춘 구리 앞에서 선택의 갈림길에 섰다. 화폐를 주조할 것인가 아니면 물건을 만들 것인가?

나라를 다스리는 군주는 자연스럽게 화폐를 선택했지만 지주地主나 거상은 물건을 선택했다. 이 때문에 사회 전반적으로 구리 유통이 꽉 막혀버리고 말았다. 중앙정부가 구리로 주조한 돈은 상품을 사고파는 과정을 거쳐 거상의 수중으로 들어갔지만 거상에게 돈은 구리로 만든 물건보다 가치가 떨어졌기 때문에 장인을 통해 돈을 녹여 물건을 만들어버렸다. 당나라 이후에도 마찬가지다. 왕조 대부분에서 구리로 만든 돈을 주로 사용했지만 구리는 항상 과거와 똑같이 막다른 길로 향했다. 아무리 중앙정부에서 금지령을 내려도 효과는 미미했다. 돈을 녹여 물건을 만들지 못하더라도 거상들은 돈을 꺼내서 시장에 풀지 않았다. 부자들이 구리를 숨겨 돈이 부족해지자, 저소득층은 하는 수 없이 저축률을 높이고 지출을 최대한 줄였다. 이처럼 시장의 통화 수요와 유통 속도가 반비례하는 상황에서 정부가 할 수 있는 일이라고는 구리 채굴량을 계속 늘리는 것뿐이었다.

이렇게 화폐 매점매석으로 생긴 부정적 영향을 상쇄하지 못하자 상품

거래가 줄어들며 경기가 침체되었다. 그리고 그 뒤를 이어 가혹한 세금 부과 정책이 시행됐다. 이때 경제 발전에 도움이 되었던 단백 제도는 돌연 부정한 사람들의 축재 수단으로 전락해버리고 만다. 가령 정부에서 어떤 상품을 대량으로 조달할 때 백성들은 여전히 단백 제도를 적용해 정부와 거래했지만, 반대로 정부가 세금을 걷을 때는 각종 핑계를 대며 '족백足陌' 제도를 적용해 세금을 거둬갔다. 족백이란 액면가와 실제 금액을 동일하게 계산하는 제도다.

어린 황제의 꿈은
그렇게 끝났다

이런 상황에서 《침동요략》을 접했으니, 철종의 마음속에는 복합적인 감정이 파도쳤을 것이다. 당시 스물한 살이던 그는 재위 13년 차의 황제였지만 직접 정사를 돌본 기간은 5년에 불과했다. 그의 아버지는 나라를 통째로 개혁하려고 했던 왕안석王安石의 변법을 지지한 송 신종神宗이다. 신종은 강대국을 만들고자 나섰지만 개혁이 용두사미로 끝나면서 슬픔에 잠긴 채 세상을 떠나고 말았다. 아들 철종을 대신해 왕위를 이은 태황태후는 실권을 손에 넣은 후 개혁안을 폐기해버렸다. 이런 결정이 달갑지 않았지만 어린 철종에게는 힘이 없었다. 그는 친정에 나서면서 개혁파 인물들을 대거 기용했고, 몸을 사리기 위해 주변국에 비굴하게 아첨했던 과거의 정책을 폐기하며 서쪽 지방 정벌 사업을 대대적으로 벌인 끝에 대승을 거두기도 했다.

그러나 송나라가 멸망할 때까지 엽전은 나라 밖으로 유출되며 경제에 치명상을 입혔다. 요나라가 차지한 연운십육주 땅을 놓고 요나라와 싸웠지만 승리를 거두지 못한 송나라가 매년 요나라에 공물을 바치겠다는 조건으로 맺은 단연지맹壇淵之盟 조약이 화근이었다. 이 굴욕적인 조약은 후일 송나라 서북쪽에 있던 서하西夏와 맺은 평화 조약에도 똑같이 적용되었다. 이 때문에 실제로 북송은 경제적으로 번영했지만 외교 정책의 실패로 인해 이웃 강대국과 평등한 거래를 할 수 없었다. 매년 바치는 공물로 엄청난 양의 돈이 나라 밖으로 유출되면서 당연히 시간이 갈수록 통화량 부족 현상이 심각해졌다.

쓰디쓴 실패를 맛본 신종과 철종, 두 황제는 과거를 반성하며 개혁을 통해 부강한 나라를 만들고자 했다. 그러나 평화를 위해 지출하는 공물값보다 전쟁에 드는 군자금이 훨씬 비싼 탓에 돈 문제를 가장 먼저 해결하지 않고서는 다시 전쟁을 벌여 영원한 평화를 얻는 일도 불가능했다. 안타깝게도 이 어린 황제는《침동요략》을 받고 겨우 2년 후 젊은 나이로 세상을 떠났다. 그에게 주어진 시간이 조금만 더 많았다면, 그의 묘호가 철종이 아니라 그의 무공을 기려 '무종武宗'이 되었을지 누가 알겠는가?

화폐에 끼친 구리의 영향력은 세월을 흐르며 등락을 거듭했고, 이제 구리는 자신의 소명을 다하고 자리에서 물러났다. 지난 2,000여 년 동안 구리는 고대 중국의 상업을 좌지우지했음은 물론이며, 구리가 빚어낸 통화량 부족 사태는 상업에 뛰어나면서도 상업을 경시하는 인식이 형성되는 데 영향을 끼쳤다.

현대를 사는 우리에게 청동 화폐의 역사는 원소가 들려주는 고풍스럽고 우아한 멜로디의 노래 같지만, 청동으로 만든 돈을 손에 쥐려고 노력했던 고대인에게는 무한한 이익과 갈등을 의미했다. 숨 가쁘게 돈을 좇는 사람들의 귓가에서는 지금도 이 멜로디가 울려 퍼지고 있지만 언젠가 그것도 멈추는 날이 올 것이다.

한편 이 모든 일을 성실하게 기록하는 또 다른 원소가 있었다. 이 원소의 얼굴을 너 자세히 보고 싶다면 다음 페이지로 발길음을 옮겨보자.

3부

:

규소
1만 년 동안의 결정적 순간을 함께하다

도시에 성벽이 필요하다고 알려준 사람은
우리의 친구가 아니라 적이었다.

— 고대 그리스 희극 시인, 아리스토파네스Aristophanes

9.
인류의 미술은
왜 바위에서 시작되었을까?

2016년 10월 초, '금추金秋'라는 가을의 또 다른 이름에 걸맞게 중국 북방 지역의 날씨는 춥지도 덥지도 않고, 미세먼지도 한 점 없는 아름다운 계절에 접어들고 있었다. 나는 아내이자 이 책의 자문관인 천링샤오 박사와 함께 중국 건국 기념일을 맞아 서북 지방을 차로 여행 중이었다. 여행한 지 사흘째 되던 날에 "황허의 범람은 만백성을 괴롭히지만 허타오 지역만은 비옥하게 만든다"라는 중국 속담에 등장하는 허타오평원에 도착했다. 역사적으로 한족뿐 아니라 흉노, 돌궐, 정령, 탕구트, 몽골 등 다양한 유목민족이 번갈아가며 영향력을 행사했던 곳이라 지금도 이 지역은 주로 농업과 목축업을 위주로 살아간다.

"황허 상류에는 바위그림이 많아. 여기 허타오평원이랑 가까운 인산이라는 산에도 바위그림이 있어." 자문관님의 설명을 들으며 나는 지나가는 풍경을 바라보았다. 풍부한 수자원 덕분에 공업도 꽤 발달한 지역이라 기반

시설이나 교통망이 괜찮아 보였다. 그런데 도시를 빠져나오자마자 도로 정체가 심각해졌다. 하필이면 어지나기라는 지역의 유명한 관광지인 백양나무 숲으로 가는 자동차 행렬에 끼어 옴짝달싹 못 하는 와중에 도로 공사 구간까지 겹쳐서 흙을 가득 실은 공사 차량이 일으키는 온갖 먼지로 가득한 검은 연기를 그대로 들이마시는 수밖에 없었다. 결국 우리는 일정을 바꾸기로 마음먹고 지도를 펼쳐 작게 표시된 어느 좁은 길로 빠져나갔다.

그런데 생각지도 않게 들어선 좁은 길 오른쪽에는 굽이굽이 산골짜기가 이어지는 인산이 펼쳐졌고 왼쪽에는 광활한 모래밭이 우리를 기다렸다. 사막화 방지를 위해 심은 풀이 아직 다 자라나지 못해 모래밭은 세찬 바람이 불 때면 노란 흙먼지로 뒤덮였으며, 우리 차 앞 유리에 모래알을 부딪히며 타닥타닥하는 소리까지 냈다. 주변을 아무리 둘러봐도 인가 하나 없고, 차도 겨우 몇 분에 한 대씩 지나갈까 말까 한 이 지역에서 한때 인류가 다녀갔음을 증명할 것이라곤 도로, 사막화 방지용 풀, 산 중턱에 설치된 전선 그리고 비탈진 언덕에 있는 무덤밖에 없었다.

바위그림을
찾아 나서다

계속 이동하니 오후 세 시쯤에 어떤 마을에 도착했다. 오래된 몽골족 마을 바인우라로, 주변에 역사 유적지가 아주 많았다. 유적지 중에는 목축민들이 제사를 지내는 거얼아오바오 개천 골짜기도 있었는데, 그곳에 바로 우리가

141

찾던 인산 바위그림군이 있었다. 거얼아오바오 골짜기는 이름만 개천일 뿐, 가을이라 물은 한 방울도 없이 큰 바위만 덩그러니 있었다. 잠시 걷다가 도착한 갈림길에 '개천을 따라 올라가시오'라는 표지판이 있어 그대로 직진했더니 몽골어, 중국어, 영어까지 총 세 언어로 '인산 바위그림, 전국 중점 유물 보호 구역'이라는 글자가 쓰여 있는 비석에 도착했다.

거얼아오바오 골짜기는 잘 개발된 관광명소가 아니다. 오래전 이 지역에서 바위그림이 발견된 이후 중국, 몽골, 러시아 3국 고고학자들이 찾아와 종종 새로운 바위그림을 발견하기는 했지만 특별히 개발 사업을 추진하거나 홍보를 한 적이 없는 탓에 일부러 멀리서 바위그림을 보러 찾아오는 사람이 거의 없었다.

마을로 돌아온 우리는 다시 도시로 나가는 길을 물어보려고 작은 가게에 들렀는데, 바위그림을 보려고 이 광활한 사막 깊은 곳까지 왔다는 이야기를 들은 가게 사장님은 "그러면 아구이묘에도 한번 가보세요. 바위그림을 보실지도 몰라요"라며 친절하게 알려주었다. 아구이묘는 거얼아오바오 골짜기에서 산길 하나만 건너면 있는 라마교 사원이자, 라마교 종파 중 하나인 닝마파의 서북 지역 최대 성지다. 고대부터 인류가 활동한 지역이니만큼 지척에 있는 이 사원에서 바위그림을 찾을 수 있을 것도 같았다.

우리는 다시 차에 올라 아구이묘가 있다는 골짜기로 이동했다. 곧 사원으로 가는 방향을 알려주는 중국 전통 양식의 문짝 없는 큰 대문 패방牌坊을 만났다. 패방 아래에 관광객 차도 몇 대 주차해 있고 도로가 콘크리트로 잘 포장된 걸 보니 뭔가 찾을 것 같았다. 콘크리트 도로를 따라 산골짜기 안쪽으로 약 2킬로미터쯤 들어가자 이번에는 도로 공사 중인 인부들과 마주쳤다. 혹시나 하는 마음에 차에서 내려 인부들에게 바위그림을 본 적이 있냐고 물었는데, 그중 한 명이 신이 나서 달려와 "돌에 새겨진 그림 말하는 거죠?"라고 물었다. 너무 기뻐서 나도 모르게 머리를 끄덕이며 "맞아요!"라고 연신 대답했다. 그는 신비로운 미소를 짓더니 사투리 섞인 억양으로 "이런 우연이 다 있나! 제가 어제 저쪽에서 소변을 보다가 돌을 봤는데 고양이랑 개가 그려져 있지 않겠어요? 누가 여기다가 장난으로 그려놨나 했는데, 방금 말씀하신 거랑 비슷하게 생겼던 거 같아요"라며 계곡 맞은편의 검은색 바위를 손으로 가리켰다.

반신반의했지만 아내를 끌고 물이 다 말라붙은 계곡의 돌을 밟으며 계곡 맞은편 절벽으로 건너갔다. 아니나 다를까, 암벽 곳곳에 동물 그림이 그려져 있었다. 소와 염소가 제일 많았고 토끼와 등에 혹이 두 개 난 쌍봉낙타도 있었으며 사냥꾼의 충실한 친구인 개도 있었다. 아쉽게도 고양이 그림은 없었다. 또 다른 쪽에는 사냥매를 손으로 받치고 있는 사냥꾼 그림도 있었는데, 사냥꾼의 사타구니 아래에 있는 남성의 상징을 거의 두 다리 길이만큼 과장되게 표현한 점이 퍽 재미있었다. 당시의 생식 숭배 의식을 그대로 보여주는 진귀한 그림이었다.

호모 파베르는
규소 덕분에 가능했다

인류의 예술이 바위그림에서 출발했다는 주장은 공허한 말에 그치지 않는

143

그림 3-1. 우연히 발견한 바위그림

규소 | 1만 년 동안의 결정적 순간을 함께하다

다. 실제로 전 세계 각지에 있는 수십만여 점이나 되는 바위그림이 그 역사를 증명해준다. 최초의 바위그림이 지금으로부터 4만 년 전인 석기시대에 탄생했을 정도로 이 회화 장르는 오랜 역사를 자랑한다. 신·구대륙과 뚝 떨어져 있는 오세아니아에서도 발견될 만큼, 바위그림은 인류의 발길이 닿았던 곳이라면 어디든지 그 흔적을 찾아볼 수 있을 정도로 매우 광범위하게 퍼져 있다. 지금도 바위그림 솜씨를 뽐내는 아프리카 부족이 있을 정도로 근대와 현대에도 여전히 전해 내려오는 예술이기도 하다.

상상해보자. 몇만 년 전에 돌로 만든 창을 든 채 사냥감을 쫓고 돌로 만든 도끼로 풀과 나무를 베어가며 산속 동굴에서 사는 고대인의 모습을. 아마그들은 밤이 깊어 사위가 고요해지면 밤하늘 가득한 별을 보며 공상에 빠지거나 맛있는 음식으로 한창 배를 불리는 와중에도 다음 끼니를 걱정했을 수 있다. 또 영아 사망률이 워낙 높았던 시대이니만큼 더 크게 번성할 힘을 달라고 미지의 힘에게 기도를 올렸을 수도 있다. 그들은 이러한 원시적인 철학 그리고 생존과 번영에 대한 갈망을 하나씩 암벽에 그림으로 새겨 넣었고, 바위와 암벽은 자신도 모르는 사이에 인류 초기의 역사를 담게 되었다.

지구상에 존재하는 거의 모든 바위는 규소silicon, Si라는 원소와 떼려야 뗄 수 없는 관계를 맺고 있다. 규소는 지구 지각 내 원소 존재비가 27퍼센트에 달해 산소 다음으로 흔한 원소다. 규소와 산소의 총중량은 지각 전체의 4분의 3을 차지할 정도이며 생명체를 제외한 바위, 모래사장, 인공건축물, 도로 등 우리 눈이 닿는 육지 지표면의 모든 것은 전부 이산화규소SiO_2의 파생품, 규산염silicate으로 이루어져 있다.

규소와 산소를 중심으로 만들어진 화합물인 규산염은 마그마가 응고되어 생성된 바위인 화성암, 마그마의 영향이나 화학 작용으로 본래의 구조가 바뀐 바위인 변성암, 퇴적 작용이 만든 퇴적암에 빠짐없이 들어 있다. 강도와 경도가 적당하고 부피가 크지도 작지도 않으며 녹는점이 높고 용해도가 낮아 불도 물도 두려워하지 않는 규산염은 쪼거나 갈아서 원하는 모양의 도구로 만들기에 안성맞춤이다. 인류가 규소와 산소라는 원소를 뼈대로 삼아 만들어진 지구라는 행성에서 태어난 것은 분명히 더할 나위 없는 행운이다. 그 덕분에 문명을 일으키고 발전시킬 수 있었기 때문이다.

인간은 도구를 사용할 줄 안다는 점에서 동물과 다르다. 하지만 침팬지 같은 영장류도 돌을 들어 무기로 사용하거나 견과류를 깨 먹는 등 돌을 도구로 사용할 줄 안다. 자연에 사는 까마귀를 연구해봤더니 작은 돌멩이를 물병 속에 넣어 수위를 점점 높여 물병에 담긴 물을 먹었다는 《이솝 우화Aesop's fable》의 까마귀 이야기가 사실로 증명되기도 했다. 인류사 관점에서 유아기에 불과했던 고대 인류도 아마 서로 싸움할 때나 마카다미아를 깨 먹어야 할 때 침팬지처럼 근처에 놓인 돌을 들어 올리지 않았을까? 이렇게 석기시대가 시작된 것은 아닐까?

모든 광물이 전부 석기로서의 임무를 수행할 수 있는 건 아니다. 지구에서 가장 흔한 바위인 탄산염carbonate은 주로 석회암limestone이라는 형태로 존재하는데, 경도가 낮아 창이나 도끼처럼 중요한 도구로 쓰기에는 불가능하고 사냥해온 고기를 끼워 구울 때 사용하는 꼬챙이로 쓰는 것도 위험하다. 석회암의 주요 성분인 탄산칼슘calcium carbonate은 고온에 달궈지면 소위 '생석회quick lime'라고 불리는 산화칼슘calcium oxide, CaO이 되는데, 이는 물과 만나면 섭씨 300도까지 열을 방출하는 위험한 물질이기 때문이다. 반면에 바위그림을 그리기에는 안성맞춤이다. 다만 세월이 흐를수록 풍화가 심해지는 석회암의 특성상 잘 보존된 석회암 바위그림은 석회동굴에서만 볼 수 있고, 야외에 노출된 석회암 바위그림은 아무리 비가 적게 오고 건조한 지역에 있다고 할지라도 자연침식을 이기지 못하는 경우가 많다. 거얼아오바오 골짜기 바위그림군에서 남쪽으로 조금만 가면 볼 수 있는 줘쯔산의 바위그림이 그 예다. 거얼아오바오 골짜기와 환경이 유사하고 연대도 비슷하지만 이 산의 바위그림은 석회암에 새겨진 탓에 이제는 얼룩덜룩해져서 무엇을 그렸는지 알아보기도 힘들다. 설상가상으로 기후위기가 몰고 온 산성비 때문에 더 딱한 처지가 되고 말았다.

그렇다면 규산염은 어떤 신비로운 능력을 갖추었기에 도구로 널리 쓰였을까? 이에 대한 해답은 규소라는 원소의 성질에서 찾을 수 있다. 주기율표에서 규소는 열네 번째 자리에 있는데, 규소의 원자핵에 열네 개의 양성자가 있고 원자핵 바깥에 열네 개의 전자가 있다는 뜻이다. 이 전자들은 원자핵 바깥에서 세 개 층의 궤도를 형성하며, 어떤 전자는 유유자적하게 이 궤도를 돌지만 가장 바깥층 궤도에 있는 네 개의 전자는 화학 결합에 참여하기도 한다. 곧 규소는 이 전자를 도구로 삼아 화학반응에 참여하는 것이다.

유연한 원소가
역사를 품는다

원자를 하나의 작은 공이라고 상상해보자. 이 작은 공을 차곡차곡 쌓으면 우리가 입고 먹고 살고 움직이는 지구라는 별을 만들 수 있다. 물론 원자는 공 모양이 아니라 실체가 없는 껍데기다. 또 원자핵은 전자구름으로 감싸여 있다고 표현하지만 이 구름은 우리의 육안으로는 볼 수 없다. 그런데 탁구공, 볼링공, 축구공, 짐볼은 몽땅 한 바구니에 집어넣어도 잘 쌓이는 네 비해, 모든 원자의 구름층은 제각각 다르게 생겼기 때문에 원자 공을 잘 쌓아 올리려면 원자 공끼리 서로 살 맞닿을 수 있게 공의 위치를 잘 잡아줘야 한다.

규소 원자를 예로 들어보자. 아직 다른 원자가 끼어들지 않은 순수한 규소의 결정에서 모든 규소 원자핵은 원자가전자valence electron* 네 개가 둘러싸고 있다. 이러한 형태는 또 다른 원자와 서로 맞붙어서 거대한 그물을 만들 수 있다. 그러나 규소 원자처럼 무한대로 연장할 수 있는 원소는 자연계에 흔치 않다. 한편 규소의 동생 원소인 탄소carbon, C로 만들어진 그물은 그 유명한 금강석diamond, C이 된다. 이러한 탄소 그물의 구조는 3차원으로 각 고리가 꼬리에 꼬리를 물고 서로 꿰어 있다고 할 정도로 물 샐 틈 없이 촘촘히 연결된 형태라서 강도가 상당히 높다.

산소 원자 한 개가 들어오겠다고 하면 규소 원자는 본래 구조를 유지한 채 산소 원자가 그물 중간에 들어오도록 조용히 반으로 갈라진다. 탄소 원자는 규소 원자와 정반대로 행동한다. 탄소 원자 그물에 산소가 들어오면 두 개의 산소 원자 사이에 탄소 원자 한 개가 끼이는 형태로 변하면서 기존의 그물 구조는 와르르 무너져 기체 형태인 이산화탄소가 된다. 이런 구조 특성에도 불구하고 탄소 원자가 규소 원자를 따라 하고 싶다면, 넉넉하지

---

* 원자의 가장 최외각 껍질에 있는 전자로, 원소의 화학적 특징을 결정한다.

않은 원자 주변 공간에 전자를 끌어당기는 힘까지 방출하는 산소 원자 네 개를 억지로 밀어 넣는 수밖에 없다. 문제는 산소 원자가 척력을 갖고 있어 산소 원자끼리 밀어내기 때문에 탄소 원자는 그 사이에서 시달리다가 몸살을 앓게 된다. 그래서 탄소 하나에 산소 네 개가 결합한 CO_4는 자연계에 존재하지 않는다(다만 엄청나게 높은 압력을 가하면 이산화탄소 분자도 이산화규소와 유사한 구조를 만들 수는 있다). 한편 규소 원자는 탄소 원자보다 반지름이 훨씬 크기 때문에 산소 원자가 들어와도 서로 멀리 떨어뜨려 놓을 수 있으므로 산소 원자끼리 밀어내는 힘도 줄어든다. 아무리 서로 못 잡아먹어서 안달인 산소 원자가 그물망에 들어와도 규소는 너그럽게 산소 원자들을 품어줄 수 있다. 그리고 이러한 과정을 거쳐 완벽한 사면체 구조의 이산화규소 결정체 수정crystal, SiO_2이 된다.

산소 원자만 있으면 다른 원소들도 규소처럼 사면체와 비슷한 형태의 구조를 만들 수 있다. 규소를 따라 하는 원소 중에서 가장 흉내를 잘 내는 원소는 바로 주기율표에서 규소와 이웃한 알루미늄aluminium, Al과 인이다. 규소와 산소처럼 무한하게 늘어나는 그물 형태는 아니지만 인이 산소와 만나 형성하는 사면체는 모든 생명체에게 대단히 중요한 역할을 한다. 인과 산소가 결합해 만든 사면체가 1차원적으로 연결된 사슬인 디옥시리보핵산 deoxyribonucleic acid, DNA과 리보핵산ribonucleic acid, RNA이 그 예다. 알루미늄 원소의 능력은 더 대단하다. 엄청난 연성이 있어 쭉쭉 늘어나는 것은 물론, 전에 없던 새로운 팔면체 구조를 형성한다. 이 팔면체 구조는 알루미늄 원자 한 개에 위, 아래, 앞, 뒤, 좌, 우까지 각각 산소 원자 여섯 개가 결합해 만들어져서 규소와 산소가 결합해 만들어지는 사면체 구조를 압도하는 엄청난 크기를 자랑한다. 규소의 동족 형제이자 화학적 성질이 유사한 원소인 저마늄germanium, Ge도 알루미늄과 유사한 능력을 갖추고 있다.

너그러운 마음씨를 가진 규소는 다른 원소가 자기를 따라 해도 샘을 내기는커녕 자신의 공간에 다른 원소가 들어올 수 있도록 자리를 내준다. 이 덕분에 우리는 시멘트, 유리, 도자기 등 생활용품 생산에 꼭 필요한 알루미노규산염aluminosilicate, 포스포규산염phosphosilicate, 저마노규산염germanosilicate 등의 물질을 얻을 수 있다. 규소는 마치 훌륭한 축구단 주장 같다. 경기에 출전한 열한 명의 선수를 잘 이끄는 조직력뿐 아니라 강한 선수라면 누구나 자기 팀으로 품는 능력이 있기 때문이다. 예를 들어 전이원소transition element*나 희토류원소rare earth element**는 주기율표에서 규소와 멀리 떨어져 있지만 그중에는 타이타늄titanium, Ti, 철, 네오디뮴neodymium, Nd같이 규소의 구조에 이끌려 규소 축구단으로 들어가고 싶어하는 원소도 있다. 이 원소들은 워낙 개성이 뚜렷해서 규소의 축구단에 들어가면 팀의 전술 체계를 완전히 무너뜨릴 위험성이 있지만 너그러운 규소는 개의치 않고 오히려 이 원소들로 '뒤섞기'라는 새로운 전술을 펼친다. 그 결과 LED 램프 제작에 사용되는 형광체 분말의 원재료인 희토류규산염rare earth silicate이 만들어진다.

퇴적암이 빚어낸 화석에는 생명체에 관한 기록이 담겨 있고 화성암에 남은 독특한 무늬에는 지구 진화 과정에 관한 맨틀의 기록이 담겨 있다. 또 퇴적암과 화성암이 변신해 만들어진 변성암에는 수억 년 전 산맥을 형성한

---

* 주기율표 중앙에 있는 3족부터 12족까지의 원소들을 말한다.
** 란타넘lanthanum, La, 루테튬lutetium, Lu 등의 란타넘족 열다섯 개 원소와 스칸듐scandium, Sc과 이트륨yttrium, Y을 포함하는 열일곱 개 원소를 일컫는다.

그림 3-2. 대자연의 퇴적 작용으로 생긴 암석

조산운동의 흔적이 고스란히 남아 있다. 이들이야말로 지구의 상전벽해를 가장 완벽하게 기록한 존재가 아닐까?

그러나 그보다 더 강력한 기억력을 가진 물질이 있다. 바로 규소다. 규소와 산소는 거의 모든 원소를 품어주는 능력이 있어서 지구상의 광물이라면 누구나 그들과 한 팀이 되고 싶어하지만 어떤 방식으로 조합되더라도 사면체 구조라는 기본 뼈대는 변하지 않기 때문에 대부분의 규산염으로 이뤄진 바위는 경도와 녹는점이 매우 높다. 또한 촘촘한 구조를 가진 덕분에 무척 강한 알칼리성 물에 닿지 않는 이상 침식되거나 녹지도 않으므로 오랫동안 수명을 유지할 수 있다. 바로 이러한 규산염 바위의 특징 덕분에 오늘날 우리가 여전히 고대인이 남긴 바위그림 작품을 감상할 수 있는 것이다.

10.

시공간을 잇는
한 줌의 흙

네이멍구 바위그림을 본 우리는 중국 중북부 지역에 걸쳐 넓게 분포한 황
투고원을 향해 동쪽으로 이동했다. 황투고원으로 가는 길 내내 명나라 때
건설된 만리장성을 뜻하는 '명장성明長城유적지'를 알리는 표지판이 나타난
것으로 보아 우리는 명나라 때의 국경선을 지나고 있음이 분명했다. 진나라
가 장성을 쌓아 올린 지 약 1,000년이 지난 후, 원나라 잔당(북원)과 대치 중
이던 명나라가 국경의 안전을 위해 대대적으로 건설한 것이 바로 이 명장성
이다.

어느 날 오후, 대뇌피질을 자극해 몰려오는 잠을 쫓아낼 요량으로 "장
성이 달에서 보이는 유일한 건축물이래"라며 아무 화젯거리나 아내에게 건
네 보았다.

그러나 나의 자문관은 시큰둥하게 대답했다.

"그런데 그거 헛소문이라더라."

실제로 중국 최초의 우주비행사 양리웨이楊利偉가 직접 우주에서 육안으로 장성을 확인하는 것은 불가능하다고 말함으로써 지금까지 널리 알려진 이 이야기는 사실이 아니라고 증명되었다. 하지만 장성이 고대부터 지금까지 인류의 위대한 건축물 중 하나인 것은 분명하다.

그 길을 따라 쭉 달려 산시성 위린시에 있는 명나라 만리장성의 요새인 전베이대鎭北臺에 도착하자 기다렸다는 듯이 폭우가 쏟아지기 시작했다. 어찌나 세차게 내리던지, 잠시 발걸음을 멈추고 요새의 구석구석을 구경해보기로 했다. '만리장성에서 제일가는 누대'라고 불리는 전베이대의 인기는 가장 동쪽에 있는 누대인 산하이관山海關이나 가장 서쪽에 있는 자위관嘉峪關에 못 미치지만, 그 위용만큼은 조금도 뒤지지 않는다. 과연 누대 꼭대기에 올라서니 한때 새북塞北이라는 이름으로 불렸던 만리장성의 북쪽 지방이 한눈에 들어왔다. 명나라 시대에 변경을 지키던 장병들도 아마 이 누대에 서서 북쪽의 적을 면밀히 주시했으리라.

전베이대 남쪽에는 오래된 성 위린성榆林城이 있다. 허물어지고 무너졌지만 여전히 위풍당당한 성의 성벽 안쪽으로 들어가니 얽히고설킨 좁은 골목과 붉은 처마에 검푸른 기와로 장식한 건물들을 마주하게 되었다. 오랫동안 수리하지 않은 상태라 정확히 알 수는 없었지만 과거 이 성벽의 높이는 족히 10여 미터가 되었을 것 같았다. 위린성은 황투고원의 중요한 변경 요새이자 고을이었다. 이 때문에 이 땅은 오래전부터 끝없이 전쟁을 치러야 했고, 70년 전에 국민당과 공산당 사이에 일어난 내전도 피하지 못했다. 위린성 남쪽에 있는 사탑 링샤오탑凌霄塔에는 내전 당시 교전 중 발사된 총탄이 관통해 생긴 구멍이 그대로 남아 있다.

명나라가 만리장성을
벽돌로 쌓은 이유

만리장성이나 고대의 성벽처럼 외적의 침입을 막으려고 벽돌로 쌓아 올린 높은 벽은 인류의 가장 고전적인 방어용 무기다. 이러한 관점에서 우리가 사는 집도 바람과 비를 피하고 노둑이 들어오는 것을 막기 위해 벽돌로 벽을 만들었으니, 방어용 무기와 다름없다. 역사를 담고 있는 또 다른 매개체인 벽돌은 바위나 모래흙과 달리 인간의 손을 거쳐 가공된 덕분에 그 장점이 비로소 세상에 드러났으며 성과 벽을 쌓는 최적의 재료로 선택받았다.

현존하는 고대 대형 건축물 중에 이집트의 피라미드처럼 돌 자체를 가공한 건축물을 여럿 찾아볼 수 있다. 명나라 때 지어진 자금성의 계단과 벽만 봐도 돌은 수백여 년 전까지 건축 재료로 상당히 널리 사용되었다. 그러나 똑같이 명나라 시대에 건축된 위린성의 벽은 돌이 아니라 벽돌을 쌓아 올려 만들었다. 돌을 잘라서 똑같은 크기의 석재를 만드는 것은 상상을 초월하는 힘이 필요하지만 가마를 이용하면 빠른 시간 내에 대량으로 획일화된 크기의 벽돌을 구워낼 수 있기 때문이다. 더군다나 석재는 평원과 초원 지대에서 구하기 어려운 자원이지만 벽돌의 원자재인 점토는 쉽게 조달할 수 있으니 운송비 절감 효과도 있다. 그렇게 성분은 비슷하지만 밥그릇 한 개를 만들기도 어려운 돌과 달리 음식을 저장하는 단지 정도는 금방 구워내는 흙은 인류의 삶을 완전히 바꿔놓았다.

불을 사용하는 법을 익힌 인류는 무심코 점토에 열을 가했다가 불에 구워져 딱딱해진 도기 조각을 얻게 되었다. 점토라는 규산염에 풍부하게 든 유기질은 자그마한 돌 입자를 모으는 접착제 역할을 해서 입자들이 모래알처럼 산산이 흩어지지 않게 한다. 그래서 점토에 물을 살짝 뿌리면 꼭 지우개 가루처럼 손으로 원하는 모양을 빚을 수 있다. 그 후 점토를 불에 넣고 구우면 요술처럼 그대로 모양이 굳어지며, 이후에는 아무리 물을 뿌려도 지우개 가루 같은 형태로 되돌아가지 않는다. 설명만 들으면 점토가 구워져 도기가 되는 과정이 무척 고요해 보이지만 점토 속 미시세계에서는 매우 격렬한 변화가 일어난다.

물은 점토가 불에 구워질 때 가장 먼저 열기를 느끼는 물질이다. 일반적으로 물은 열과 만나면 금방 수증기로 변하지만 규산염의 복잡한 그물망 구조 때문에 점토 속의 물 분자는 오랜 시간에 걸쳐 서서히 수증기로 변한다. 물 분자가 점토 밖으로 뛰쳐나갈 때는 점토 속 여러 유기물도 함께 끌고 나가버리는데, 이들이 공기 중에 휘발되면서 고체 성분은 더 단단하게 뭉쳐진다. 온도가 더 높아지면 기름이나 파라핀처럼 끓는점이 높은 유기물도 열기를 견디지 못하고 하나씩 밖으로 도망가기 시작한다. 빠져나갈 때를 놓쳐버린 성분들이 분해되거나 탄화하거나 활활 타는 불에 연소하면서 점토는 본래 모습을 완전히 잃어버린다. 온도가 섭씨 400도를 넘어서면 점토 속 유기질과 물은 전부 사라지고 규산염의 그물망 구조에는 이들이 빠져나가면서 만든 구멍이 송송 남는다.

규산염 역시 자신의 영역 안으로 들어오는 방문자를 내치는 법이 없다. 더군다나 방문자가 고온에서도 본인의 기량을 제대로 발휘할 줄 아는 전이원소라면 더더욱 환영한다. 규산염의 오랜 친구인 철이 바로 그 전이원소 중 하나다. 철의 산화물 중에는 붉은색의 삼가철F^{3+}이나 녹색의 이가철F^{2+}이 있는데, 점토에 철이 많이 함유된 상태에서 산화불꽃*과 만나 구워져 나온 점토는 붉은색을 띠게 되고 반대로 환원불꽃**과 만나면 녹색을 띠게 된다. 붉은색 벽돌과 푸른색 벽돌은 이런 점토가 불을 만나 도기가 되는 소성^{燒成} 과정을 거쳐 만들어진다. 수많은 선사시대 채색 도기도 전부 철과 같은 전이원소가 만들어낸 걸작이다.

규산염은 여러 이물질이 섞여 있고 그물망 구조가 반듯하지 않은 탓에 정확한 녹는점이 없으므로 넓은 온도 범위에서 부드럽게 변하는 연화 과정을 거쳐 끝에는 완전히 액화된다. 점토 덩어리를 전부 연화하려면 섭씨 1,200도 이상의 높은 온도가 필요하지만 점토 덩어리 속 그물망 조직은 섭씨 800도 부근만 되어도 서서히 풀어지고 뾰족하게 튀어나온 부분일수록 더 빨리 흐물흐물해진다. 따라서 섭씨 800도에서 그릇 모양으로 잘 빚은 점토를 구우면 겉모습은 그대로 유지되지만 점토 속 그물망 조직이 풀어졌다 뭉치기를 반복하면서 점토 겉면에 있던 자그마한 돌 입자가 부드러워지고 점토와 한데 합치면서 더 큰 그물망 구조를 가진 도기가 탄생한다. 도기는 그야말로 인간의 기술로 개량한 석기다.

물론 석기를 만드는 돌과 도기를 만드는 흙은 다르다. 흙의 그물망 구조부터 돌보다 느슨하다. 이러한 특성 때문에 벽돌은 돌보다 훨씬 물을 잘 흡수하지만 장점으로 보기는 어렵다. 물건의 강도가 약해지기 때문이다. 도기도 벽돌도 바닥에 떨어지면 쉽게 깨진다. 하지만 같은 크기면 돌보다 벽

---

* 　중성불꽃보다 산소의 양이 많은 가스불꽃을 말한다.
** 　중성불꽃보다 산소의 양이 적은 가스불꽃을 말한다.

돌이 더 가벼우니, 성벽을 쌓아 올릴 때 힘을 덜 쓸 수 있다는 점만큼은 성벽 쌓는 장인에게 장점이었다.

1,000년의
해상무역 역사를 밝히다

명나라는 벽돌산업이 발달한 나라였다. 지난 수천 년간 쌓인 벽돌 제작 기술을 계승한 덕분이기도 했지만 북방의 강력한 적을 막기 위해 벽돌을 많이 생산해야 했기 때문이다. 아이러니하게도 벽돌이나 도기처럼 인간의 손을 거쳐 개량된 규산염은 국가 간의 교류를 막으면서도 문화적 교류를 촉진했다. 특히 도기의 개량 버전인 자기는 문화 사절 역할을 톡톡히 수행했다.

중국인은 '중국'이라는 나라의 영어 이름인 '차이나China'와 자기를 뜻하는 영어 단어인 '차이나China'가 같다는 점을 자랑스럽게 생각한다. 서양인이 중국 자기를 아끼고 좋아했다는 증거라 보기 때문이다. 고대 중국에서는 관에서 운영하는 가마인 관요官窯(어요御窯)에서 생산하는 자기를 최상급으로 치며 오로지 황실에서만 사용하게 했다. 심지어 관요에서 자기를 생산하다가 깨트리더라도 그 조각조차 민간에 흘러 들어가지 않도록 반드시 땅에 묻게 했다. 중국에서 가장 오래되고 큰 자기 생산지인 징더전景德鎭에는 지난 600여 년 동안 유행했던 여러 스타일의 자기 조각이 지금도 묻혀 있다. 비록 산산이 조각난 자기 조각이지만 원나라, 명나라, 청나라 3대에 걸쳐 관요였던 징더전의 번영과 변천사를 고스란히 볼 수 있다.

하지만 엄격하게 관요를 통제해도 민간 자기 가마인 민요民窯의 발전을 막지 못했고, 때로는 민요의 자기가 관요보다 뛰어난 경우도 있었다. 그중 저장성 룽취안시에 소재한 '룽취안요龍泉窯'는 중국에서 가장 오래되고 많은 가마가 있는 자기 생산지이면서 전무후무한 스타일의 자기를 생산한 곳으로 유명하다. 실존 여부를 둘러싸고 지금까지도 의견이 분분한 송대 자기의 명인 상章씨 형제 중 형이 운영했다는 가마인 '룽취안가요龍泉哥窯'가 있었다고도 전해진다. 명나라 초기까지만 해도 룽취안요는 관요 징더전과 어깨를 나란히 할 정도로 번성했지만 여러 가지 이유로 쇠락을 피하지 못했다. 오늘날 룽취안요에서 생산한 자기는 여전히 골동품 수집가라면 꼭 손에 넣고 싶어하는 보물이지만 고고학자들에게는 단순한 보물을 넘어서 엄청난 역사를 담고 있는 기록물로서 의미가 있다.

2005년 명나라의 무장이자 탐험가인 정화鄭和의 원정 600주년을 맞이해 장쑤성 타이창시에서 성대한 기념행사가 열렸다. 이 행사에 온 손님 중에서 케냐의 남동부 도시 말린디의 시장을 포함한 케냐 손님들에게 이목이 쏠렸다. 항구 도시인 말린디는 1497년에 포르투갈의 항해가 바스코 다 가마Vasco da Gama가 희망봉을 거쳐 이 지역에 상륙한 후로 줄곧 동서양 해상무역의 중간기지 역할을 했다. 정화의 함대는 바스코 다 가마보다 약 100년이나 일찍 말린디 항구에 발을 디뎠고, 심지어 일찍이 9세기부터 중국 상선이 이 항구에 오갔다는 기록도 있다. 600년이라는 세월이 흘러 정화의 함대는 사라졌지만 그의 명성만큼은 여전히 인도양 부근 지역에 널리 퍼져 있다. 기념행사에 참여한 케냐 손님들도 중국에 말린디를 방문해 정화가 남긴 발자취를 연구해달라고 정식으로 요청했다.

그림 3-3. 아시아, 유럽, 아프리카 대륙을 이어준 자기

　수년간의 기나긴 준비 작업을 거쳐 2010년에야 다국적 역사 연구단이 공식 발족했고, 베이징대학교 고고학·박물관학교 연구단도 케냐의 해변 도시로 출발했다. 케냐에 도착한 연구단은 말린디 교외의 맘브루이라는 마을에서 약 2개월간 활동을 펼친 끝에 룽취안요에서 만들어진 명나라 시대 자기를 포함해 중국에서 전해진 유물을 다수 발굴해냈다. 이 과정에서 케냐의 도기도 출토되었는데 케냐의 많은 사료가 유실된 탓에 당초 케냐 고고학자들은 자국 도기의 연대를 추정할 수 없었지만, 같이 출토된 중국 자기들은 한눈에 연대를 알아볼 수 있어 케냐 고고학자들에게 귀중한 참고 자료로 활용되었다. 중국에서도 명품 대접을 받던 자기가 케냐에서 출토된 점을 보면, 바다를 건너 수만 리를 여행한 자기에는 분명 당시 사람들의 문화 교류와 무역에 대한 염원이 담겨 있다. 또 과거 동서양의 문화를 이어주던 자기

는 수백 년간의 깊은 잠에서 깨어나자마자 과거와 현재를 이어주는 역할도 톡톡히 해냈다. 케냐에서 출토된 수천 개의 자기 조각은 가히 지난 1,000여 년간의 해상무역 역사를 그대로 담고 있는 축소판이라고 할 수 있다.

화학반응이 빚어낸
아름다움의 변천사

도기 제작 기술이 발전하면 자연스럽게 자기 제작 기술도 같이 발전한다. 현대의 기술적 관점에서 보더라도 점토라는 원료를 사용해 만들어지는 도기와 자기 사이에는 명확한 경계선이 없다. 그런데 자기는 어떻게 도기에 비해 훨씬 뛰어난 성질과 아름다움으로 인기를 얻게 된 걸까?

지구 지각 내 원소 존재비를 살펴보면, 가장 존재비가 높은 산소와 규소의 뒤를 잇는 원소가 알루미늄과 철이기 때문에 규산염에 알루미늄이나 철이 섞여 들어가 있을 확률 또한 대단히 높다. 알루미늄 원소와 달리 철 원소는 색깔을 내는 능력을 갖추었기 때문에 점토에 철이 얼마나 들어 있는가에 따라 도기 색깔도 자연스럽게 달라진다. 고대인들은 이러한 철의 특성은 몰랐지만 오랫동안 도기를 구워 사용하다 보니 점차 예술성을 추구하게 되었고, 특정한 색깔의 도기를 선호하는 현상도 나타났다.

가장 인기가 좋은 순수한 흰색 도기 '백도'를 만들려면 철 성분이 거의 없는 점토가 필요했는데, 은나라 때 이미 백도를 만들 수 있는 원재료인 '고령토高嶺土'를 구하는 방법이 알려져 있었다. 고령토의 화학 성질을 들여다

보면 대부분 규소, 알루미늄, 산소로 단순하게 구성되어 있기 때문에 수분이 없을 때는 매끈매끈한 고운 가루 형태를 띤다. 고령토라는 이름은 징더전 부근에 있는 가오링산에서 따왔다고 한다. 고령토는 영어로 'kaolin'이라고 하는데 이는 고령토의 중국어 발음인 '가오링투'를 그대로 빌려 영어로 표기한 것이다. 고령토라는 단어의 유래를 통해 유럽인보다 중국인이 더 일찍 고령토를 개발했다는 역사적 사실을 알 수 있는데 중국의 고령토 매장량이 전 세계에서 가장 많다는 점을 생각하면 놀랄 일도 아니다. 이후 자기 탄생에 지대한 공을 세운 공로로 고령토는 '자토瓷土'라는 새로운 이름을 얻게 되었다.

고대의 가마 온도는 섭씨 약 1,000도에 불과했지만 이후 가마 짓는 기술이 발전하면서 보온 기술은 물론 숯의 품질까지 향상해 가마의 온도도 점차 올라갔다. 이윽고 가마 온도를 섭씨 1,200도까지 올릴 수 있게 되자 도기가 질적으로 변했다. 도기 속 보이지 않던 구멍과 틈새가 오그라들어 느슨했던 규산염 그물이 촘촘하게 바뀌면서 표면이 더 매끈하고 광택이 도는 새로운 도기, 곧 자기가 구워진 것이다. 이러한 외관상의 변화는 가마의 온도가 규산염의 녹는점에 가까워지면서 모난 부분이 부드러워지는 연화나 아예 녹아버리는 융해 과정을 거쳐 생긴다. 새롭게 탄생한 자기는 도기와 달리 외관뿐 아니라 소리까지 예뻤다. 도기가 바닥에 떨어질 때 둔탁한 소리를 내며 깨진다면, 자기는 마치 옥구슬이 굴러가는 듯한 맑은 소리가 났다. 가마 온도만 조금 높였더니 자기가 탄생한 것 같지만 백도를 손에 넣고자 하는 고대인의 열망이 도기를 자기로 진화시키는 데 가장 중요한 역할을 했다고 할 수 있다.

당나라에 이르러 다양한 색깔의 유약을 발라 만든 채색 도기인 당삼채唐三彩가 등장하면서 도기는 예술적으로 크게 발전했다. 당삼채를 만드는 삼채 기법은 도기라는 캔버스에 채색 유약이라는 물감을 이용해 그림을 그리듯 도기에 유약을 발라 구워낸다고 생각하면 쉽게 이해된다. 이러한 과정을 거쳐 만들어진 선명한 양감에 화려한 색깔까지 자랑하는 말 모양이나 궁녀 모양 당삼채는 그야말로 일품이다. 당삼채에 사용되는 채색 유약에는 내부분 무기 금속 산화물이 첨가되는데, 푸른색을 내는 코발트cobalt, Co, 노란색을 내는 안티모니antimony, Sb, 보라색을 내는 망가니즈manganese, Mn 같은 원소의 종류나 비율을 달리함으로써 다양한 색깔의 유약을 만들 수 있다. 그 결과 채색 유약 속 산화물은 뜨거운 불 속에서 규산염과 한데 뒤섞여 다채로운 광택을 뿜어내는 채색 도기를 탄생시킨다.

도기에 유약을 발라 장식하는 기법은 순식간에 여러 자기 장인들에게 퍼져 그들만의 필살기가 되었다. 또 더 높은 온도의 가마를 사용할 수 있게 되자 더 단단하고 다채로운 색깔의 유약을 바른 자기를 생산하게 되었고, 각종 예술을 꽃피운 북송 시대에 이르러 자기의 발전도 절정에 달했다. 이 시대 자기 장인들은 푸르스름한 빛이 도는 청백색 유약을 발라 구우면 붉은색 자기를 얻을 수 있다는 사실을 발견한 후 신이 나서 이 새로운 유형의 채색 자기, 곧 '균자鈞瓷'를 구워냈다. 시인들은 균자를 보고 "붉은빛, 보랏빛, 푸른빛이 한데 모인 것이 마치 노을 지는 하늘 같구나"라는 시를 짓는 등 균자의 아름다움을 칭송했다. 그런데 아마 화학을 모르는 사람이라면 다채로운 빛을 발하는 균자의 모습을 보고 '신비한 하늘의 조화로구나'라고 감탄하는 데 그치겠지만 화학 지식이 있는 사람이라면 구리의 화합물인 푸른색 구리염copper salts이 고온에서 붉은색 아이오딘화구리copper iodide로 바뀌면서 생긴 효과임을 알 수 있다.

이와 더불어 열을 받으면 유약을 바르지 않은 부분이 유약을 바른 부분에 비해 더 많이 늘어나고 차가워지면 오그라드는 성질을 이용해 자토의 혼합 비율을 다양하게 조절한 다음, 도자기 겉면에 자잘한 금이 나도록 굽는 '개편열開片裂'도 등장했다. 이 기법 덕분에 표면에 불규칙하고도 아름다운 빙렬 무늬가 난 자기가 탄생했다. 빙렬 무늬의 크기와 형태는 원자 사이에 작용하는 힘으로 결정되지만 옛날 자기 장인들은 화학적 비밀을 몰랐기 때문에 오로지 경험에만 의존해 아름다운 빙렬을 만들어냈고, 이 과정에서 탄생한 많은 실패작은 지금도 땅 깊숙이 자기 조각으로 묻혀 있다.

오늘날 도기와 자기는 플라스틱에 밀렸지만 제작 기술만큼은 과거에 안주하지 않고 시대의 흐름에 발맞춰 비약적으로 발전하는 중이다. 과거에는 도기를 만들려면 두 손으로 빚어야 했지만 지금은 예술적 영감을 3D 프린팅 기술로 구현하면서 레이저로 마음속 감정까지 세세하게 자기에 새겨 넣는 시대가 되었다. 또 도기와 자기를 만들기 위해 고생스럽게 품질 좋은 고령토를 찾아다닐 필요 없이 소의 뼛가루를 넣어 더 단단하고 아름다운 본차이나 식기도 만들 수 있다.

벽돌, 기와, 도기, 자기에 담긴 오래된 기억은 언제나 우리 곁에 함께 살아 숨 쉰다. 바위그림이 갓 태동한 인류와 자연 사이에 오간 이야기를 기록했다면, 만리장성과 자기는 호모 사피엔스의 이야기를 기록했다. 때로 서로 적대시하고 때로 서로를 교역 대상으로 삼기도 한 인류의 행동 뒤에는 새로운 것을 추구하고 더 넓은 세계로 뻗어나가고자 한 마음이 있었다. 그래서 우리는 발걸음을 멈추지 않았고, 규소는 언제나 묵묵히 곁에서 인류의 발자취를 기록해왔다.

11.

유리의 눈과
이성적 사고가 만나다

마르코 폴로는 다리를 묘사하며 돌 하나하나를 자세하게 설명했다.

그러자 쿠빌라이 칸이 물었다. "그렇다면 어느 돌이 다리를 지탱하는가?"

마르코 폴로는 "이 다리는 특정한 돌이 지탱하는 것이 아닙니다"라고 운을 뗀 후 "돌이 만들어내는 아치에 의해 지탱됩니다"라고 대답했다.

잠시 말없이 생각에 잠겼던 쿠빌라이 칸은 다시 마르코 폴로에게 물었다.

"왜 내게 돌에 대해 이야기하는가? 내게 중요한 것은 아치뿐인데 말이오."

마르코 폴로가 대답했다. "돌이 없으면 아치도 없는 법이지요."

이탈리아 작가 이탈로 칼비노Italo Calvino의 소설 《보이지 않는 도시들 Invisible Cities》은 마르코 폴로Marco Polo와 쿠빌라이 칸忽必烈 可汗이 나눈 흥미로운 대화로 가득하다. 나는 칼비노의 손에서 탄생한 마르코 폴로의 대화 방식을 아주 좋아한다. 특히 앞서 인용한 마르코 폴로와 쿠빌라이 칸이 돌과 아치에 관해 나눈 대화는 원소의 비밀을 설명하는 데 안성맞춤이다.

마르코 폴로는 돌을 묘사하면서 원소를 종류별로 자세하게 설명했다. 그러자 쿠빌라이 칸이 물었다. "그렇다면 도대체 어느 원소가 돌을 단단하게 만드는가?"

마르코 폴로는 "이 돌은 규소나 산소 때문에 단단해지는 것이 아닙니다"라고 운을 뗀 후 "원소가 만들어내는 분자 구조에 의해 단단해집니다"라고 대답했다.

잠시 말없이 생각에 잠겼던 쿠빌라이 칸은 다시 마르코 폴로에게 물었다. "왜 내게 원소에 대해 이야기하는가? 내게 중요한 것은 분자 구조일 뿐인데 말이오."

마르코 폴로가 대답했다. "원소가 없으면 분자 구조도 없는 법이지요."

1295년, 마르코 폴로가 25년간의 여행을 마치고 고향 베네치아로 돌아오자 친구는 물론 고향 사람 모두 그의 이야기를 들으려고 몰려들었다. 비록 우리는 그의 이야기를 직접 들을 수 없지만, 손에 땀을 쥐게 하는 이야기로 가득한 그의 저서 《동방견문록Marvels of the World》을 보면 마르코 폴로가 얼마나 대단한 이야기꾼이었는지 간접적으로 알 수 있다.

마르코 폴로가 중국에 도착했을 때 남송은 몽골의 말발굽 아래서 겨우 연명하는 중이었다. 마르코 폴로에 따르면 몽골 황제가 송나라의 도시 양양의 군인들과 백성이 죽음을 무릅쓰고 저항하는 바람에 3년이나 양양성을 포위하고도 함락하지 못해 난처해하자, 마르코 폴로와 함께 양양에 머무르던 아버지 니콜로Niccolò, 숙부 마페오Maffeo 형제가 서양의 기술로 300파운드나 되는 큰 돌을 발사할 수 있는 투석기를 만들어주었고 그 덕분에 양양성의 투항을 이끌어냈다고 한다. 하지만 믿을 만한 사료에 따르면 이 거대한 투석기를 설계한 사람은 베네치아에서 온 형제가 아니라 사실 서역에서 온 '회족回族'이다.

또 마르코 폴로는 쑤저우라는 거대하고 아름다운 도시에서는 서민도 고운 실크 옷을 차려입고 다니며, 성곽 밖의 산에 서양인들이 귀하게 여기는 대황大黃이라는 식물이 도처에 잔뜩 자라고 있다고 책에 적었다. 하지만 대황은 더위에 약하기 때문에 중국 남방 지역인 쑤저우에서는 잘 자랄 수가 없다. 어쩌면 쑤저우와 발음은 비슷하되 한자는 다른 '쑤저우肅州'(지금의 간쑤성 주취안)에서는 대량 재배할 수 있을지도 모른다. 그 외에도 마르코 폴로는 항저우라는 도시는 남방의 야만인을 일컫는 '만지Manzi(남송)'의 옛 수도로 사치스럽고 화려하기 그지없는 곳이라고 소개했다. 또 송나라 황제는 이곳에 거대한 궁전을 지어 주지육림에 빠져 살았는데, 정원에서 놀다가 지겨워진 후궁들이 옷을 벗고 호수에 뛰어들어 물고기처럼 나체 수영을 즐기면 황제가 구석에 숨어 이를 훔쳐볼 정도로 부패하고 타락했기에 결국 황제는 종묘사직을 잊어버리고 나라도 잃어버렸다고 썼다.

베네치아 사람들은 마르코 폴로의 이야기가 경이로우면서도 황당무계했기 때문에 반신반의했다. 어느 정도 과장되고 틀린 부분이 있기는 하지만 서양인들은 마르코 폴로의 여행기를 통해 더없이 풍요로운 동방의 나라가 있다는 사실에 눈떴고, 이후 대항해시대가 되자 그의 영향을 받아 많은 사람이 바다 너머의 대륙을 찾고자 여행길에 올랐다.

페니키아인과
투명한 돌

뛰어난 이야기꾼이 끊이지 않고 등장하는 도시였던 베네치아에는 사실 마르코 폴로보다 훨씬 역사적 사실에 충실하면서도 수백 년 동안 묵묵히 유럽 대륙의 변화를 기록해온 이야기꾼이 하나 더 있었다. 그의 이름은 바로 '유리'다.

물이나 공기처럼 투명한 액체나 기체는 자연계에 흔하다. 그래서 언제 어디서나 볼 수 있기에 사람들도 신기해하지 않는다. 반면에 투명한 고체는 흔한 물질이 아니었기 때문에 고대부터 투명한 돌은 보석이라고 생각되었다. 일반적으로 투명도가 높은 보석일수록 인기가 더 높기 때문인데, 과거 여러 문명에서는 투명한 보석을 몸에 지니면 사악한 기운을 쫓아내고 행운을 불러올 수 있다고 믿었다. 여러 투명한 돌 중에서도 초롱초롱한 빛을 발하는 옥은 중국의 왕과 귀족의 사랑을 받으며 금보다 훨씬 가치 있는 것으로 평가받았다.

흔히 접할 수 있는 보석 중에서 가장 투명한 것은 수정이다. 화학적으로 수정은 이산화규소로 이뤄진 결정성 고체이며, 투명도가 높은 수정에서는 육각기둥 결정 형태도 선명하게 관찰된다. 수정은 대부분 지각운동이 격렬한 지역에서 자주 발견되는데 높은 온도와 높은 압력이 가해지는 환경이야말로 이산화규소 입자가 서로 달라붙어서 형태를 만들기 좋기 때문이다. 실제로 화산이 용암을 분출할 때 수정도 함께 지면에 떨어지기도 하는데, 고대인은 그런 수정을 보고 신비한 '힘'이 깃들어 있는 보석이라고 생각했다.

규소 | 1만 년 동안의 결정적 순간을 함께하다

신비한 힘이 인간의 손에 들어가면 어떻게 될까? 전설에 따르면 2,000여 년 전 지중해 인근에 살던 페니키아인이 이 힘을 얻었는데, 전부 예상치 못한 행운 덕분이었다.

어느 해, 폭풍을 피하고자 한 항만에 정박한 페니키아 상선의 선원들은 아쉬운 대로 저녁밥을 해결하려고 했지만 모래사장에서 냄비를 받칠 물건이 전혀 눈에 띄지 않아 급한 대로 배에 있던 하얀 덩어리 위에 간이 화덕을 만들었다. 그리고 모두 잠자리에 든 한밤중에 선원 한 명이 실수로 간이 화덕을 발로 차서 엎어버린 후 아무렇지도 않게 계속 잠을 잤다. 그다음 날 모든 선원이 깜짝 놀랐다. 불이 꺼진 모닥불 옆에 수정처럼 생긴 돌멩이들이 흩어져 있었던 것이다. 하늘에서 떨어진 걸까? 알고 보니 선원들이 화덕으로 사용한 하얀 덩어리는 소다 덩어리, 탄산나트륨sodium carbonate, Na$_2$CO$_3$ 결정이었다. 물론 이 소다 덩어리만으로는 '수정'을 만들 수 없다. 페니키아인들은 아무리 둘러봐도 화덕이 있던 주변에 모래밖에 없었기 때문에 분명 소다와 모래 사이에 어떤 변화가 일어나 돌멩이가 만들어졌다고 생각했다. 그리고 이 두 물질을 모두 불에 넣고 열을 가하니 투명한 돌멩이가 생겼다! 그후 페니키아인은 수정을 닮은 인조 보석에 '유리'라는 이름을 붙여 판매했고 상업적으로 큰 성공을 거두었다.

이 이야기에는 적어도 두 개의 허점이 있으므로 아무래도 페니키아인들이 유리를 팔려고 꾸며낸 전설이라는 의심이 든다. 첫 번째로 페니키아보다 훨씬 앞선 고대 이집트에도 유리가 있었다. 장사의 천재인 페니키아인이 이집트의 유리 제작 비법을 배운 것은 아닐까?

게다가 모닥불의 힘으로는 소다와 모래를 녹여 유리를 만들기 어렵다.

모래를 불의 힘으로 완전히 녹이려면 최소 섭씨 1,500도의 온도가 필요하다. 물론 탄산나트륨을 넣으면 모래는 녹는점이 크게 떨어져서 온도가 섭씨 약 1,200도 정도만 돼도 끈적끈적한 액체 상태로 변한다. 유리 장인들은 바로 이때를 틈타서 원하는 형태로 유리를 가공한다. 사실 유리는 섭씨 600도 정도만 되어도 부드럽게 변하기 때문에 화학 실험실에서 사용하는 알코올 버너만으로도 유리 막대를 녹여 유리그릇을 만들 수 있지만 야외에서 피운 모닥불이라면 이야기가 달라진다. 모닥불의 경우 섭씨 600도까지 올라간다 해도 어떤 특정 부분만 오랫동안 높은 온도를 유지하기란 불가능에 가깝다. 그러므로 모닥불 불꽃에 모래와 소다가 녹아 유리가 되었다는 페니키아인의 이야기는 진실이라고 보기 어렵다.

그렇다면 유리는 어떻게 투명해지는 걸까? 금속과 달리 규소 원자와 산소 원자로 이뤄진 구조에서 전자는 가시광선과 같은 진동수로 진동하지 않는다. 햇빛을 받은 유리에 아무 변화도 일어나지 않는다는 뜻은 아니다. 유리는 자외선을 흡수하지만 인간의 눈에 자외선이 보이지 않아서 아무 변화도 보지 못할 뿐이다. 곧 유리에는 가시광선에 흥미를 느끼는 전자가 없으므로 가시광선이 유리를 통과하기 때문에 우리 눈에는 투명하게 보이지만 만약 육안으로 볼 수 있는 빛인 가시광선이 자외선 영역에 속했다면 유리는 불투명하게 보였을 것이다. 이 원리 덕분에 유리로 만든 안경은 자외선을 흡수하면서도 불투명해지지 않고 본래의 투명함을 유지하므로 시야를 차단하지 않는다. 물론 유리에 코발트 원자를 섞으면 푸른빛을 발하는 유리가 되듯이 때로는 규산염에 초대된 손님이 주인보다 우리의 시선을 사로잡는 경우도 있다.

투명한 유리 뒤에는 더 많은 비밀이 감춰져 있다. 촛농처럼 액체일 때는 투명하다가 온도가 내려가 굳고 나면 불투명해지는 다른 물질과 달리, 유리는 단단하게 굳어진 후에도 얼음처럼 맑고 투명한데, 바로 비결정성 고체amorphous solid이기 때문이다.

일반적으로 물질의 성질은 결정성crystalloid과 비결정성noncrystalline으로 나눌 수 있다. 미시적으로 결정성은 육군·해군·공군의 사병들이 총출동해 대열을 이룬 모습처럼 기본 입자가 반복되고 규칙적으로 배열된다. 반대로 비결정성은 여러 사람이 특정한 대형 없이 아무렇게나 서 있는 형태다. 결정성의 잘 배열된 진형에 어떤 원자가 끼어들려고 하면 오랜 시간이 걸리며, 지각운동이 일으키는 큰 압력처럼 강한 외력이 필요할 때도 있다. 반면에 비결정성 고체는 내부에서 입자가 결합하는 힘이 약하기 때문에 쉽게 깨지거나 부서지며 어렵지 않게 형태가 바뀔 수 있다. 대표적인 비결정성 고체가 바로 유리인데, 일정한 녹는점을 보이지 않아 유리 상태와 액체 상태 사이에서 계속 변형된다. 이러한 특성 때문에 모양을 변형하기가 쉽다.

유리의 눈으로
멀고 깊게 들여다보다

다시 본론으로 돌아가서 왜 투명한 유리가 베네치아의 이야기꾼이 되었는지 알아보자. 이 이야기를 하려면 다시 고대 로마 제국으로 거슬러 올라가야 한다. 앞서 설명했듯이 최초의 유리 발명가는 고대 이집트인이고 페니키아인은 이들에게 유리 제작 기법을 배우고 계승했을 가능성이 높다. 그런데 역사학자의 고증에 따르면 당시에 제작된 유리는 아름다움과 거리가 먼 뿌옇고 흐릿한 물질이었다.

2,000년 전, 로마 제국이 지중해 연안의 강대국으로 부상하면서 수공업도 전례 없는 번영기를 맞이했다. 유리 가공 기술력도 함께 향상되면서 집에서 유리잔에 담은 향기로운 술을 음미하며 유리 창문 너머의 풍경을 즐기는 로마 시민들이 생겨날 정도로 유리는 점차 서민도 편하게 쓸 수 있는 소재가 되었다. 강성한 로마 제국이 내우외환으로 분열되자 유리 공예 기술자들은 사방으로 뿔뿔이 흩어졌다. 이 과정에서 유리 제작 기술은 그나마 정권이 안정된 편이었던 동쪽으로 흘러가 동로마 제국의 수도 콘스탄티노플이 유리 공예 기술의 중심지로 부상했다. 하지만 1204년에 악명 높은 제4차 십자군 원정에서 콘스탄티노플이 약탈당하면서 도시는 참혹한 최후를 맞이했고, 이 지역 수공업자들은 또다시 삶의 터전을 등지고 흩어져야 했다.

당시 베네치아는 전 유럽 대륙에서 명성을 떨치는 상업 도시였다. 예술품을 주로 만들던 유리 기술자들도 이곳저곳을 떠돌아다니다가 베네치아의 뛰어난 사업 환경을 보고 이곳에 모였던 것 같다. 그 후 유리 가공 중심지는 콘스탄티노플에서 베네치아로 이동했다. 문제는 유리를 소성燒成하려면 수천 도나 되는 높은 온도가 필요한 탓에 화재가 일어나기 쉬웠다는 것이다. 베네치아 정부는 13세기 말에 모든 유리 공방을 베네치아 근처의 무라노섬으로 이전시키는 정책을 단행했다. 그렇게 요즘 여행가들이라면 누구나 가고 싶다는 '유리의 섬'이 탄생해 700여 년이 지난 지금까지도 유리 제조업의 전당 자리를 지키고 있다.

베네치아에 모인 유리 장인들은 평평하지 않고 볼록하게 튀어나온 유리 조각에 물체를 더 크게 볼 수 있는 확대경 효과가 있다는 점을 발견했다. 베네치아는 가톨릭의 중심지와 매우 가까워 사제나 교회에 몸담은 사람이 많았기에 유리로 만든 확대경은 금방 인기 상품이 되었다. 당시 사제들은 어두컴컴한 촛불 불빛 때문에 시력이 많이 손상되어 있어서 더 편하게 경전을 읽을 수 있도록 도와줄 도구가 절실하게 필요했기 때문이다. 뒤집어 말하자면 유리 렌즈의 발명과 보급 덕분에 더 많은 사람이 글자를 익히고 책을 읽을 기회를 얻었다. 물론 사치품이었던 이 원시적인 안경을 구입할 재력이 있다는 전제하에서만 가능한 일이었다.

렌즈의 탄생은 책 읽기 열풍을 불러일으키는 데 그치지 않았다. 올록볼록한 유리 렌즈는 어떤 원리로 물체를 더 선명하게 또는 왜곡해서 보여주는 걸까? 여러 과학자의 관심을 끈 이 질문은 현대 광학이라는 학문을 탄생시켰고, 17세기에 이르러 앞선 과학자들의 연구를 바탕으로 한 뉴턴의 오목렌즈, 볼록렌즈, 프리즘 연구 덕분에 광학은 한층 더 발전했다. 약간 거리를 띄워 렌즈 두 개를 겹쳐 놓으면 물체를 더 선명하고 크게 볼 수 있을 뿐 아니라 수십 배에서 수백 배까지 확대해서 볼 수 있다는 사실을 발견하게 되었으며, 이러한 특성에 영감을 받은 네덜란드와 이탈리아의 안경 상인들이 1590년 즈음 거의 동시에 현미경을 발명했다. 그 후 수십 년의 세월이 지나 영국의 과학자 로버트 훅Robert Hooke이 현미경을 활용해 식물의 '세포'를 눈으로 확인하는 쾌거를 이뤘다. 현미경을 통해 미생물 세계를 확인한 것으로 명성이 자자한 네덜란드의 박물학자 안톤 판 레이우엔훅Anton van Leeuwenhoek은 매우 뛰어난 렌즈 연마 기술자이기도 했다.

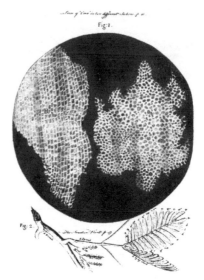

그림 3-4. 로버트 훅이 현미경으로 관찰한 식물 조직

현미경이 발명된 이상 망원경의 등장도 시간문제였다. 1608년, 이번에도 네덜란드 안경 상인들의 손에 의해 망원경이 세상에 등장했다. 망원경은 세상에 등장한 지 2년 만에 베네치아에 살던 갈릴레오 갈릴레이^{Galileo Galilei}에 의해 성능이 크게 개선되면서 천문학 관측에까지 사용되었다. 16세기에서 17세기까지 유리의 도시 베네치아는 학구적인 분위기가 짙고, 로마와 가까이 있되 교회의 힘에 휘둘리지 않는 도시였으므로 갈릴레이가 거침없이 자신의 주장을 발표하고 학설을 펼쳐나가기에 안성맞춤인 보금자리였다.

1610년은 새해 연초부터 갈릴레이가 망원경으로 정확히 목성을 관측하고 목성 주변의 위성 네 개를 발견한 해이자 베네치아에 거주한 마지막 해이기도 하다. 이 발견은 갈릴레이가 망원경으로 밝혀낸 다른 현상들과 함께 과학계에 충격을 가져다줌과 동시에 교황과 대주교를 경악시켰다. 목성을 발견한 후 갈릴레이는 베네치아를 뒤로하고 고향 피사로 금의환향했다. 그러나 바로 이 시기부터 교회와의 악연이 시작되어 연구 성과를 발표하는 것을 금지당하고 말년에는 옥고까지 치러야 했기 때문에 갈릴레이는 당초 베네치아를 떠나겠다고 결정한 것을 후회하곤 했다.

르네상스시대에는 여러 자연과학 분야가 왕성하게 발전하면서 근현대 화학의 기틀도 잡히기 시작했다. 특히 광학, 생물학, 천문학과 달리 화학은 유리 덕분에 발전한 학문이라고 할 수 있는데, 유리가 산에 강하고 짧게는 알칼리성 물질에도 잘 견딜 뿐 아니라 물질이 화학적으로 변화하는 과정을 낱낱이 지켜볼 수 있게 투명하기 때문이다. 뉴턴이 유리로 만든 프리즘으로 연구하던 바로 그 시기에 영국 과학자 로버트 보일이 일정한 온도에서 기체의 압력과 부피는 반비례한다는 사실을 밝혀내고 '보일의 법칙'을 정립할 수 있었던 것도 모두 유리병과 유리관으로 기체의 성질을 연구할 수 있었기 때문이다. 종류가 다양해지고 성능이 월등히 좋아졌다는 점이 달라졌을 뿐, 그 후 400년의 세월이 지난 오늘날에도 화학 실험실의 주인공은 단연코 유리 실험기구다. 어쩌면 투명한 유리의 성질이 현상의 본질을 찾고자 하는 인간의 욕망을 불러일으킨 건 아닐까? 빛을 '바꾸는' 유리의 능력 덕분에 인류는 세상을 멀리 그리고 깊이 볼 수 있게 되었으니 유리 덕분에 인류가 진정으로 눈뜰 수 있었다고 말해도 과언이 아니다.

유리는 과학뿐 아니라 철학에도 큰 족적을 남겼다. 17세기, 유럽 대륙은 수많은 발명에 힘입어 과학적으로 대변혁의 시대를 맞이하는 중이었지만 교회는 갖가지 방법을 동원해 소위 신성을 모독하는 사람들을 억누르고 처벌하는 등 히스테릭하게 날뛰고 있었다. 이러한 가운데 온 가족이 교회에게서 박해받은 적이 있던 네덜란드의 유대인 바뤼흐 스피노자^{Baruch} Spinoza는 '신'의 진정한 의미에 대해 곰곰이 생각하기 시작했다.

'하느님'이란 도대체 무엇일까? 이 질문에 대해 스피노자는 하느님이란 자연이자 우주라고 대답했다. 바꿔 말하자면 스피노자는 전통 신학이 신을 인격화해 표현한 하느님을 부정하고 자연의 법칙이야말로 지고지상한 '신'이라고 주장했는데, 오늘날의 과학철학과 일맥상통한다. 당시의 시대 분위기상 교회는 당연히 스피노자를 '그릇된 주장'을 일삼는 사람으로 치부한 뒤 한층 더 심하게 박해했다. 결국 여유로웠던 삶과 두둑한 수입이 보장된 신학자 일을 포기하면서 교회와 철저하게 관계를 끊어버린 스피노자는 상대적으로 열린 나라였던 네덜란드에서 자신의 철학을 발전시켜 나갔다. 당시 안경산업이 한창 발전하고 있던 네덜란드는 안경 렌즈를 연마할 사람이 많이 필요했던 터라 스피노자 역시 렌즈 연마 기술로 생계를 이어갔다. 그는 이론과 학설로 인지과학의 발전을 이끌어간 동시에 두 손으로 직접 과학 연구의 무기를 제작했던 인물이다.

연약한 유리가
거대한 도시를 떠받치다

현대에 들어와 훨씬 더 많은 과학기술이 적용되어 강화유리 등이 만들어졌지만 일반적으로 유리는 살짝 건드리기만 해도 산산조각 날 것 같은 약한 물질이다. 유리의 친척인 수정은 딱딱하기로 이름났고 유리와 똑같이 규산염으로 이뤄진 바위도 대부분 철갑처럼 단단하다는 점을 생각하면 유리의 연약한 면모는 뜻밖이다.

왜 유리가 연약한 물질인지를 이해하려면 물질의 내부 입자 간에 서로 당기거나 밀어내려는 힘인 내부 응력부터 알아야 한다. 대팻밥이 둥그렇게 말리는 이유는 목재를 대패질할 때 그에 대항하는 저항력인 응력이 작용하기 때문이다. 대팻밥이 아직 깎여나가지 않고 목재 본체에 단단히 붙어 한 덩어리인 상태에서는 아래쪽에서 끌어당기는 힘의 영향을 받으므로 표면이 가지런하게 보이지만, 목재를 깎으면 외부에서 작용하는 힘보다 내부 응력이 커지면서 대팻밥 형태로 변하게 된다.

가공을 위해 고온의 시련을 거친 후 유리는 서서히 실온으로 돌아오지만 열을 잘 전달하지 못하는 부도체이므로 부위별로 온도가 제각각인 상태가 된다. 이러한 특성 때문에 부위별로 수축하는 정도가 달라지며 작은 '틈'이 생긴다고도 할 수 있다. 겉에서 봤을 때는 철판같이 단단해 보이더라도 사실은 여러 작은 마을이 모여 있는 동맹국가 형태인 것이다. 물론 유리 속의 틈은 육안으로는 잘 관찰되지 않지만 외력이 가해지는 순간 우리 눈에도 드러나게 된다. 유리가 깨질 때 몇 개의 큰 조각이 아니라 산산조각이 나는 이유다.

17세기, 영국의 '루퍼트 왕자Prince Rupert'라는 사람이 눈물 모양의 신기한 유리구슬을 세상에 선보였다. 망치로 때려도 부서지지 않을 정도로 단단하지만 얇은 꼬리 부분을 살짝 부러뜨리기만 해도 유리구슬 전체가 산산이 부서져 가루가 되어버리는데, 그의 이름을 따서 '루퍼트 왕자의 눈물Prince Rupert's drop'이라고 불렀다.

11. 유리의 눈과 이성적 사고가 만나다

루퍼트 왕자의 눈물이 다른 유리보다 단단한 이유에 대한 비밀은 19세기가 되어서야 밝혀졌다. 유리를 가공할 때는 보통 온도를 서서히 낮추는데, 루퍼트 왕자의 눈물을 만들 때는 고온에 녹아 액체 상태가 된 뜨끈뜨끈한 유리를 급속 냉각한다. 이때 가장 먼저 유리구슬 겉면이 응고되면서 수축함에 따라 엄청난 내부 응력이 형성되지만 여전히 유리구슬의 안쪽은 뜨거운 액체 상태를 유지하다가 점차 겉면에서 유입되는 차가운 기운에 의해 굳게 된다. 바로 이 과정에서 유리구슬 안쪽이 굳어 부피가 줄어드니 겉면을 안쪽으로 당기는 힘이 만들어진다. 이러한 과정을 거쳐 탄생한 유리구슬은 겉에서 보면 실금 하나 없이 깨끗하고 외력도 전부 흡수할 수 있기 때문에 강도가 아주 높은 유리처럼 보인다. 그러나 속은 갈등으로 부글부글하는 상태이므로 가장 약한 부분이 공격받으면 1초당 약 1,000여 미터의 매우 빠른 속도로 힘이 전달되어 순식간에 산산이 폭발해 한 줌의 가루로 변해버린다.

강화유리는 바로 이러한 기법과 원리를 바탕으로 100여 년 전에 발명되었다. 강화유리는 움직이는 자동차와 우뚝 솟은 마천루라는 현대 도시를 떠받치는 큰 기둥 두 개가 만들어지는 데 기여했고, 그 덕분에 오늘날 우리는 뉴욕이나 두바이처럼 번화한 도시 곳곳에서 강화유리에 반사되는 반짝이는 햇빛을 만나게 되었다. 다만 1,000분의 3의 확률로 강화유리가 5년 이내에 내부 응력으로 폭발하는 경우가 있다. 과학기술이 아무리 발전해도 완전무결하지 않으니 현재에 안주하지 말고 계속 앞으로 나아가야 한다고 우리에게 귀띔해주는 듯하다.

이 가운데서 규소는 과학기술과 도시의 사자^{使者}로서 묵묵히 보고 들은 바를 모두 기록했다. 마르코 폴로가 베네치아의 모습을 세세하고 생동감 넘치게 기록했듯이 말이다.

마르코 폴로는 이발소 위에 설치된 줄무늬 캐노피 너머로 보이는 구리 시계, 물줄기 아홉 개를 뿜어내는 분수, 천문학자의 유리 탑, 수박 파는 노점, 은둔하는 현자와 사자 동상, 터키식 목욕탕, 모퉁이의 카페 그리고 항구로 향하는 작은 골목길을 기억하고 있었다.

－《보이지 않는 도시들》 중에서

11. 유리의 눈과 이성적 사고가 만나다

12.
손목 위 작은 기계부터
AI산업의 중추까지

규소는 유아기 인류의 순진무구한 낙서를 기록하고, 소년기 인류의 호승심과 호기심을 성벽과 청자에 담았으며, 혈기 왕성한 청년기 인류가 이성적 사고에 눈뜨고 기적을 행하도록 묵묵히 돕는 등 인류와 더불어 여러 시대를 거쳐왔다. 오늘날 정보화 사회를 사는 장년기 인류는 더욱더 규소와 떼려야 뗄 수 없는 관계가 되어가는 중이다.

　　1980년대 초, 일본의 거센 도전을 받은 스위스의 손목시계산업에 전례 없는 불황이 불어닥쳐 스위스의 최대 손목시계 제조사인 SSIH^{Société} ^{Suisse pour l'Industrie Horlogére}와 ASUAG^{Allgemeine Gesellschaft der Schweizerischen} ^{Uhrenindustrie}에 파산 위기가 찾아왔다. SSIH와 ASUAG의 구조조정을 맡은 스위스 투자은행 UBS는 컨설팅 회사 하이에크 엔지니어링^{Hayek Engineering}의 CEO 니컬러스 하이에크^{Nicolas Hayek}에게 두 스위스 손목시계 제조사를 일본 기업에 넘길 수 있도록 인수 추진 계획서를 써달라고 도움을 요청했다.

UBS는 일본 손목시계 기업이 후발 주자지만 인건비가 낮아 스위스보다 우위에 있다고 인식해 스위스 기업을 일본에 매각해 손목시계 시장에서 깔끔하게 손을 떼려고 했다. 그러나 UBS의 계획을 들은 하이에크는 분노를 금치 못했다. 그는 스위스의 손목시계 제조 기술이 여전히 세계 최고이며 손목시계산업을 포기한다는 것은 모든 산업을 포기하겠다는 것과 마찬가지라고 생각했기 때문이다.

하이에크는 일본의 손목시계 기업 세이코Seiko와 시티즌Citizen이 한때 스위스가 점유했던 세계 손목시계 시장을 전부 뺏어간 이유를 자세히 분석했다. 그리고 스위스 손목시계 기업이 경쟁사에 뒤처지는 이유를 정확히 짚어냈다. 1970년대부터 스위스 손목시계의 평판이 이미 하락세를 걷고 있었던 것이다. 일본 손목시계에 비해 정확도가 떨어지는데도 가격이 비싸다는 이유였다.

스위스 시계산업은
자만했다

스위스 손목시계 제조사 부로바Bulova는 1960년에 무브먼트를 장착한 손목시계를 선보였다. 전통 기계식 손목시계는 바늘의 움직임 속도를 제어하는 스프링인 헤어스프링과 손목시계의 움직임을 조절하는 장치인 평형바퀴로 시간을 측정했다. 반면 부로바가 만든 시계는 전지에서 흘러나오는 전기가 마그네틱 코일로 전달된 후 니켈 합금 소재의 음차(소리굽쇠)를 진동시켜 여기서 발생하는 진동수로 시간을 측정하는 음차 무브먼트를 탑재한 '음차 손목시계'였다. 고유 진동수가 1초당 360헤르츠에 달하면서도 매우 안정적으로 구동되는 음차 덕분에 매일 발생하는 시간 오차를 1~2초로 줄여 시간을 더 정확히 측정한다는 장점이 있었다. 음차 시계는 매우 정교한 설계와 섬세한 기술력이 있어야만 만들 수 있기 때문에 쉽게 대중화되지는 못했지만 사람들은 더 정확하게 시간을 잴 수 있다는 사실에 눈떴다.

어떻게 하면 시간을 더 정확하게 측정할지 고민하던 손목시계 제조사들은 또 다른 신비한 결정체, 곧 수정을 떠올리게 되었다. 일찍이 19세기 후반에 수정의 진동에 등시성*이 있다는 사실이 발견됐고, 미국의 벨연구소Bell Labs가 이 원리를 이용해 수정시계를 만들어 산업용으로 사용한 바 있다. 음차 손목시계에서 영감을 받은 다른 제조사들은 수정 음차의 가능성을 모색했고, 얼마 지나지 않아 흡족한 연구 결과를 얻었다. 니켈 합금의 진동수에 비해 수정의 진동수는 두 자리나 높았을 뿐 아니라 음차처럼 생긴 수정 공진기quartz crystal resonator만 있으면 전류를 흘려보내 진동을 만들고 정확하게 시간을 측정할 수 있으므로 복잡한 설계 작업도 할 필요가 없었다. 1967년이 되자 스위스 손목시계 제조사들은 수정 공진기 생산 기술과 수정 무브먼트 제조 기술을 완성했으며, 곧 수정 손목시계의 시대가 다가오리라 기대했다.

그런데 스위스 손목시계 제조사들은 한 가지 고민에 사로잡히고 만다. 전통 기계식 손목시계에 비해 단순하기 짝이 없는 수정 손목시계로는 정밀

---

* 주기운동의 주기가 진폭에 관계없이 일정한 성질을 말한다.

기기 제조업의 상징인 손목시계 제조 기술의 핵심을 세상에 자랑할 수 없었다. 당시에는 가격이 비싼 손목시계일수록 정확도를 뜻하는 무브먼트가 많이 들어 있다고 여겨졌다. 실제로 소비자들은 수정 손목시계에 지갑을 열지 않았다. 결국 1967년에 스위스 손목시계 제조사들은 수정 손목시계 생산과 개발 투자를 줄이고 기계식 손목시계만 계속 개발하자는 과감한 결단을 내렸다. 또 수정 공진기를 차용한 무브먼트는 저가 손목시계 제조에만 사용하기로 합의한 후 수정 무브먼트 제조 기술을 일본 손목시계 제조사에 전수했다.

1969년, 일본의 세이코는 세계 최초로 수정 손목시계 상업화에 성공했다. 비록 생산량은 많지 않았지만, 이 시계는 스위스 손목시계 제조사에 불어닥칠 10년간의 불황을 알리는 조종弔鐘과도 같았다. 전자기기가 보편적이지 않던 시대에 저렴하면서도 정확하게 시간을 측정해주는 손목시계는 서민들에게 삶의 재미를 느끼게 해줬다. 값비싼 손목시계를 사려고 돈을 모을 필요가 없어졌고, 표준시간에 맞춰서 손목시계의 분침과 초침을 자주 조절하지 않아도 되니 기차나 비행기 탑승 시간을 놓칠까 봐 마음 졸일 필요도 없었다. 이런 흐름 속에서도 스위스 손목시계 기업들은 일본 시계가 정확도만큼은 스위스 시계를 따라올 수 없으므로 고급 시계 시장에 진출할 수 없을 것이며, 얼마 안 가 저가 시장에서도 소비자에게 외면당할 것이라고 자만했다. 1969년부터 1979년까지 10년 동안 스위스 손목시계의 전 세계 시장 점유율이 약 70퍼센트에서 10퍼센트로 뚝 떨어지고 나서야 스위스 손목시계 기업들은 자신들의 고정관념이 틀렸음을 깨달았다.

12. 손목 위 작은 기계부터 AI산업의 중추까지

더 멀리,
더 정확하게

문제의 핵심을 알아낸 하이에크는 즉시 두 가지 프로젝트에 착수했다. 먼저 본인이 직접 자금을 투자해서 SSIH와 ASUAG를 합병해 '스위스 시계Swiss Watch'의 줄임말인 '스와치SWATCH'라는 이름을 붙이고 스위스 대표 손목시계 제조사로 만들겠다는 포부를 밝혔다. 정확한 시간 측정을 목표로 새롭게 탄생한 손목시계 제조사 스와치는 본격적으로 수정 손목시계 생산에 돌입했다. 하이에크는 기계식 손목시계에 향수를 느끼는 사람은 시계의 정확성에 관심 없는 소수의 손목시계 애호가들뿐이라고 생각했다. 몇 년이 채 지나지 않아 스위스 손목시계 업계는 재기에 성공했다. 스위스의 탄탄한 손목시계 제조업 기반을 바탕으로 빠르게 성장한 스와치는 연간 2,000여만 개의 수정 손목시계를 판매하며 일본 기업이 끼어들 자리를 내어주지 않았다.

사실 스위스의 손목시계산업을 구한 것은 하이에크가 아니라 그들이 내쳤던 수정 손목시계 기술이었다. 수정 공진 기술은 현대인이라면 하나쯤 갖고 있는 스마트폰, GPS 시스템, 원격 조종 시스템의 시간 측정 기능을 구동하는 데 꼭 필요한 기술이 되면서 세월이 흐를수록 더 널리 사용되는 중이다. 인류가 정보화시대를 맞이하는 바로 그 순간에도 규소는 다시 한번 도움의 손길을 내밀어 마치 시간을 기록하는 타이머처럼 우리의 매분 매초를 기록하며 정보의 정확성을 지켜주었고, 이 덕분에 우리는 더 자세하고 정확하게 과거를 기억할 수 있게 되었다.

정보화 사회에서는 시간을 측정하고 기록하는 방법뿐 아니라 정보를 전송하는 방법도 중요한 문제다. 과거 산업시대에는 데이터를 전송할 때 전기가 잘 통하는 우수한 도체인 구리 전선을 이용했다. 구리 전선은 신호를 1초당 30만 킬로미터의 속도로 전 세계 각지에 전송할 수 있었는데, 이는 아인슈타인의 상대론에 따르면 현실화할 수 있는 속도 중에 가장 빠른 전송 속도였다. 이처럼 빠른 속도를 자랑하는 전파에도 부족한 점이 있었다. 전서구(통신용 비둘기)에 편지를 매달아 보내면 우편배달부에게 맡길 때보다 속도는 빠르지만 전송하는 정보의 양을 희생해야 하는 것처럼, 주파수가 낮은 무선 전파에는 많은 정보를 실을 수가 없었다. 빠른 속도를 유지하면서 전송량도 늘릴 방법은 없을까?

이 문제를 두고 고민하던 엔지니어들의 머릿속에 '빛'이라는 단어가 스쳐 지나갔다. 전파의 일종이면서도 엄청난 속도를 자랑하는 빛의 주파수 스펙트럼은 무선 전파보다 1,000배 이상 넓으므로 이론적으로는 빛이 전송 매개체가 되면 정보 전송 효율을 크게 향상할 수 있다. 하지만 빛을 이동시키는 도체를 어디서 찾을 수 있을까? 또 어떻게 사람이 주문한 대로 정보를 실어 나르게 할 수 있을까?

1966년에 중국계 과학자 찰스 카오Charles Kao가 오랜 실험을 거쳐 빛이 정해진 길을 따라 정보를 전송하게 만들 수 있는 유리섬유를 세상에 내놓았다. 유리의 투명도를 높이고 신호 감쇄율만 낮출 수 있다면 유리섬유로 정보를 주고받는 광통신시대도 더 이상 꿈이 아니었다. 규소에게 다시 한번 정보의 전파자 역할을 맡을 기회가 찾아온 듯했다.

정보가 어떻게 유리를 타고 전송될 수 있을까? 본래 직선으로 쭉 뻗어나가는 빛은 유리 표면에 닿는 순간 두 갈래로 갈라진다. 그중 한 줄기의 빛은 살짝 방향을 틀어서 계속 앞으로 나아가고 또 다른 한 줄기의 빛은 되돌아오는데, 이것이 바로 굴절과 반사 현상이다. 그런데 빛이 굴절을 일으키지 않고 유리 표면에서 전부 튕겨져 나올 때가 있는데, 바로 전반사 현상이다. 카오 박사는 이런 빛의 원리를 이용해 빛을 유리섬유에 가두어 정보를 전송하는 광로光路를 구상했다. 그 덕분에 세계 최초로 정보 전송이 가능한 광섬유가 1970년에 미국의 유리 소재 제소업체 코닝Corning에서 정식으로 출시되었다. 실현 불가능할 것이라 여겨졌던 광섬유는 불과 반세기 만에 대중화되면서 이 시대를 대표하는 통신 기술이 되었다. 심지어 일반 가정의 인테리어나 장난감으로도 쓰이는데, 바로 스위치를 켜면 공작새가 꼬리를 활짝 펼칠 때처럼 아름다운 장면을 연출하는 광섬유 조명이다. 이렇게 시대 발전을 앞당긴 카오 박사는 그 공헌을 인정받아 2009년에 노벨 물리학상을 받았다.

하지만 꼭 기억해야 할 공신이 있다. 바로 광섬유 통신을 현실화하도록 도와준 이산화규소다. 특히 정보화시대에 엄청나게 기여한 이산화규소 속 작은 원소 '규소'에게 감사해야 한다. 사실 지금까지 규소에 관해 이야기했지만 규소만 혼자 얼굴을 비춘 적은 없었는데, 정보화시대 도래를 앞두고 규소가 드디어 홑원소 물질의 모습으로 나타나 세상을 바꾸기 시작했다.

규소로 읽는
칩의 짧은 역사

앞서 설명했듯이 규소 원자를 차곡차곡 쌓으면 기본 구조 단위를 결합시켜 무한대로 늘릴 수 있지만 실제로는 규소를 쌓을 때 여러 문제가 생긴다. 아예 화학반응을 일으켜 홑원소 물질로서의 규소를 생산하면 좋겠지만 이런 방식으로는 금강석처럼 정교한 구조의 규소가 아니라 특별한 가치가 없는 비정형 상태의 규소가 만들어질 가능성이 높다. 하지만 결정의 구조가 형성되는 조건을 바꾸고 기본 구조를 더 크게 늘릴 수 있다면 여러모로 쓸모가 있는 결정성 규소를 얻을 수 있다.

요즘에는 위성의 도움을 받아 정보를 전송하는 일이 잦다. 우주의 위성은 태양 에너지를 전기 에너지로 바꿔 에너지원으로 쓰는데, 이렇게 에너지를 변환하는 과정에서 결정성 규소가 많은 도움을 준다. 광자와 결정성 규소가 상호 작용하는 과정에서 특정 원자에 구속되지 않고 이동하는 능력을 갖춘 자유 전자가 방출되며 전류를 생성하는 '광전 효과'가 일어나기 때문이다. 석유와 석탄을 포함한 화석 연료가 갈수록 고갈되고 지구 온난화에 대한 우려가 커지면서, 태양에너지산업은 황량한 우주 공간뿐 아니라 지상에서도 빠른 속도로 발전하며 새로운 에너지 체계를 만들어가는 중이다. 이처럼 결정성 규소는 빛에너지로 전기를 생산하는 분야에서 널리 사용되는 물질이 되었지만, 제대로 위력을 발휘할 수 있는 분야는 따로 있다.

결정성 규소는 다결정polycrystal 규소와 단결정monocrystal 규소로 나뉜다. 다결정 규소는 결정화가 상대적으로 낮게 이뤄질 때 얻는 물질로서 그 이름처럼 작은 결정 여러 개가 모여 하나의 큰 결정체를 이루는 것이라 완벽한 물질이라 할 수 없다. 하지만 다결정 규소를 정제한 후 가공해 상당히 큰 크기의 단결정 규소를 만들어낼 수 있다. 오늘날의 제조 기술로는 순도 99.999999999퍼센트라는 놀라운 순도의 단결정 규소를 얻을 수 있는데, 이

는 곧 1,000억 개의 원자 중에서 불순물인 원자가 딱 한 개밖에 없다는 뜻
이다. 이렇게 만들어진 완벽한 결정체에 가까운 단결정 규소는 태양 에너지
발전뿐 아니라 정보화시대의 심장인 컴퓨터 칩을 제조하는 데 주요 소재로
쓰인다.

잘 알다시피 컴퓨터 칩은 데이터 처리를 담당하는 핵심 회로 소자다.
따라서 데이터 처리 신호를 받아들일 수 있는 부품이 꼭 필요하다. 컴퓨터
는 이진법으로 디지털 신호를 처리하므로 1과 0이라는 숫자 두 개만 식별하
는데, 이 두 숫자는 각각 현재 전력이 높은 레벨의 상태인지 아니면 낮은 레
벨의 상태인지를 알려준다.

일반적으로 전류는 전기를 전도시키는 도체 소재나 전기가 전혀 통하
지 않는 절연체 소재를 사용해 다룬다. 데이터를 담은 전류가 화물을 싣고
가는 작은 물줄기라면, 도체는 강물처럼 작은 물줄기가 자유롭게 나아가도
록 하는 데 반해 절연체는 산맥과 같아서 전류가 가는 길을 막아버린다. 다
시 말해 전도체와 절연체는 각각 제 할 일이 따로 있으므로 데이터를 처리
하는 일까지는 할 수 없다. 그렇다면 강에 큰 댐을 지으면 되지 않을까? 댐
이 생기면 자유롭게 오가던 배는 이제 갑문에서 화물 검사를 받아야 통과할
수 있게 된다. 그래서 컴퓨터 칩에도 댐의 갑문처럼 전류를 흘려보내고 멈
추는 일을 관리해줄 부품이 필요한데, 반도체가 바로 조건부로 전류를 통하
게 관리해주는 역할을 담당한다. 이 반도체의 소재로 단결정 규소가 쓰이면
서 컴퓨터가 점차 널리 보급되어 필수 사무기기가 되었다.

이 모든 것은 전부 규소의 특별한 성질 덕분에 실현될 수 있었다. 앞서
설명했듯이 규소 원자의 가장 바깥층에는 원자가전자 네 개가 있는데, 단

결정 규소를 만들 때 각각의 규소 원자는 다른 규소 원자 네 개와 서로의 원자가전자를 쌍으로 공유한다. 각각의 규소 원자가 또 다른 친구 네 명과 핵외전자를 공유한다고 생각하면 된다. 따라서 서로 없는 것은 나눠주고 있는 것은 같이 쓰는 공유 결합을 통해 각각의 규소 원자는 모두 최외각의 전자 여덟 개를 가질 수 있기 때문에 안정적인 구조를 형성하게 된다. 이렇게 형성된 결정체의 전자는 두 개의 규소 원자 사이를 오가며 소식을 전해주고 연결해주는 등 자기가 맡은 임무를 수행하는 데 몰두하기 때문에 아무도 외부의 전기장에서 일어나는 일을 거들떠보지 않는 상태가 되어버려 결정체는 전기를 전도할 수 없게 된다. 따라서 직관적으로 보면 단결정 규소는 형제인 금강석처럼 절연체여야 한다.

그런데 온도가 높아지거나 전위의 강도가 커지면 한눈을 파는 전자가 생겨서 두 원자 사이를 오가는 일에서 벗어나려고 하는데, 이때 전기가 통하지 않던 결정체에 전기 전도성이 생긴다. 전자가 자유롭게 활동하지 못하게 막혀 있는 구역은 가전자대valence band라고 부르고, 전자가 비교적 자유롭게 활동하는 구역은 전도대conduction band라고 부른다. 그리고 가전자대에 있는 전자가 전도대로 가기 위해 폴짝 뛰어넘어가야 할 구역은 금제대forbidden band라고 부른다. 구조가 비슷한 금강석, 단결정 규소, 결정성 저마늄 삼형제의 금제대는 나열한 순서대로 작아진다. 그래서 가장 뛰어넘기 어려운 금제대를 가진 금강석은 대부분 절연체 형태로만 존재하고, 상대적으로 뛰어넘기 쉬운 금제대를 가진 결정성 저마늄은 눈 깜짝할 사이에 금방 도체로 바뀌는 일이 허다하다.

먼저 컴퓨터 기술과 인연을 맺은 것은 저마늄 결정체다. 1947년에 벨연구소는 세계 최초로 전기신호를 증폭하는 저마늄 트랜지스터를 발명해 컴퓨터에 사용되는 전자관을 대체해보았다. 당시 사용되던 전자관은 전자의 운동을 이용해 전기신호를 증폭하는 방식이라 성능이 떨어졌다. 하지만 저마늄 트랜지스터는 금제대가 좁아서 온도가 조금만 상승해도 전도체로 바뀌는 특성 탓에 컴퓨터의 연산 기능이 쉽게 마비됐다. 다행히 컴퓨터 부품으로 사용할 수 있을 만큼 결성성 규소 가공 기술이 향상되면서 1960년대부터 규소 결정을 이용한 실리콘 트랜지스터로 대체되었다.

단결정 규소 자체에는 연산하는 기능이 없다. 따라서 연산 기능이 있는 'PN 접합 다이오드'로 변신해 'PN 접합 P-N Junction'이라는 방법의 도움을 받아야 한다. PN 접합 다이오드란 인(P, Positive)을 반도체에 추가한 N형 반도체와 붕소 Boron, B(N, Negative)를 추가한 P형 반도체를 하나로 합쳐 만든 반도체 다이오드로, 컴퓨터가 연산할 때마다 열렸다가 닫혔다가를 반복하는 창문 역할을 한다고 생각하면 이해하기 쉽다. 컴퓨터가 PN 접합 다이오드를 통해 연산 기능을 수행할 수 있는 이유는 PN 접합 다이오드가 입력 단자와 출력 단자로서 전기를 한 방향으로만 흘려보낼 수 있기 때문이다. 곧 이 창문이 없다면 데이터 신호는 방향을 잃고 흘러가게 된다.

PN 접합 다이오드가 만들어질 수 있는 것도 전부 규소의 너그러운 마음 덕분이다. 규산염처럼 규소 결정체도 질소, 인, 붕소, 알루미늄과 같이 주기율표상의 이웃 원소를 섞어 반도체를 만들 수 있다. 이때 인처럼 전자가 풍부한 원소를 섞으면 전도대에 전자가 많아지고, 반대로 붕소처럼 전자가 부족한 원소를 섞으면 가전자대에 전자가 줄어들면서 여러 개의 구멍이 남는다. 이렇게 인과 붕소를 섞은 반도체를 구분해서 인을 섞은 반도체는 N형 반도체, 붕소를 섞은 반도체는 P형 반도체라고 부르며, 순수한 반도체는 I형 반도체Intrinsic semiconductor 또는 진성반도체라고 부른다. N형 반도체와 P형 반도체가 서로 맞닿는 순간에 PN 접합이 이뤄지는데, 한쪽은 전자가 많고 한쪽은 전자가 적은 상태라서 '물이 위에서 아래로 흐르듯' 전자가 한쪽으로 옮겨간다.

한편 트랜지스터에 PN 결합이 한 개만 있으면 이극관diode이 되고, PN 결합이 두 개 있으면 삼극관triode이 되며, 또 P형 반도체와 N형 반도체를 세 개 이어 붙이는 형식에 따라 PNP트랜지스터와 NPN트랜지스터 두 가지 유형으로 나누기도 한다. 실제로 우리가 사용하는 현대의 컴퓨터는 이렇게 만들어진 수많은 소형 삼극관 트랜지스터로 구성되어 있으며, 수많은 PN 결합 사이에서 아주 약한 전류로 신호를 전송하는 이 특별한 회로는 전자 부품의 초소형화를 연구하는 마이크로 전자 기술의 바탕이 되기도 한다.

이제 규소 원소의 비밀을 풀기 위한 여행도 거의 막바지에 이른 것 같다. 지난 세월을 되돌아보면 인류가 무지몽매했을 때부터 줄곧 함께해준 규소는 그야말로 인류의 가장 친밀한 친구다. 한편 과학기술이 초고속으로 발전하면서 탄소를 사용하는 '탄소 생명체'처럼 규소를 사용하는 '규소 생명체'가 등장할 수 있다는 의견이 대두되고 있다. 특히 2016년에 구글이 개발한 인공지능artificial intelligence, AI 바둑 프로그램 알파고AlphaGo가 세계 최고의 바둑 기사를 꺾으면서 한동안 AI 광풍이 불기도 했다. 이 사건을 두고 긍정론자들은 인간의 컴퓨터 기술이 한 단계 업그레이드되었다고 평가했지만 비관론자들은 공포를 느꼈다. 최근 과학계는 머지않은 장래에 도래할지도 모르는 로봇의 시대가 되면 그동안 인류와 수만 년의 세월을 함께해온 규소가 갑자기 인류 최대의 적이 되지 않을까 걱정하며 골머리를 앓고 있다. 하지만 너무 걱정할 필요는 없다. 매번 위기를 성공적으로 헤쳐 나왔듯이 인류의 손에 열쇠가 있는 한 문제를 해결할 가능성도 언제나 열려 있으니까.

한편 탄소 생명체 중의 하나인 인간도 탄소 덕분에 인간으로서의 장점을 잘 유지하면서도 수억 년의 진화를 거쳐 독특한 사회 형태를 확립할 수 있었으니, 탄소 역시 인류에게는 떼려야 뗄 수 없는 원소다. 수천 년을 넘나들며 규소가 남긴 기록을 즐겁게 감상했다면 이제 다음 페이지부터는 현대로 돌아와 인류의 '고탄소 생활양식'을 함께 둘러보자.

4부

탄소
탄소 생명체의 고탄소 생활사

합성이란 일종의 예술이다.

— 미국 유기화학자, 로버트 우드워드 Robert Woodward

13.

인류는 화학섬유 이전으로
돌아갈 수 없다

1968년 6월 16일, 지구와 태양의 운행 법칙에 따라 이날 북반구는 낮의 길이가 가장 긴 하루를 맞이했고 아열대의 상하이에는 곧 한 해 중 가장 견디기 어려운 폭염이 찾아올 예정이었다. 이날 아침, 많은 사람이 새벽부터 찾아온 더위를 참아가며 상하이 스먼 2로에 위치한 '훙잉紅纓'이라는 옷 가게 앞에서 장사진을 치고 있었다. 이윽고 옷 가게 문이 열리자 안으로 들어가려는 사람들이 순식간에 몰려 통제 불가능한 상태가 되었다. 앞쪽에 있던 사람들은 이리 치이고 저리 밀렸고, 이 사실을 전혀 몰랐던 뒤쪽에 있던 사람들은 계산대를 향해 밀물처럼 밀고 들어왔다. 극심한 혼잡이 이어지는 가운데 40대 초반의 여교사가 목숨을 잃었고, 그 외에도 부상자가 여섯 명이나 더 나왔다. 고작 '디췌량的確良'이라는 원단으로 만든 옷을 사기 위해 생긴 비극이었다. 디췌량은 흔히 폴리에스터라고 불리는 '폴리에틸렌 테레프탈레이트'의 한 종류인 데이크론dacron이다.

1950년대, 갓 탄생한 중화인민공화국은 다시 일어나기 위해 기지개를 켜고 있었고, 국민들은 옷이 날개라는 말이 실현되기를 바라며 더 좋은 옷을 입는 풍족한 시대가 하루빨리 찾아오기를 염원했다. 당시에는 옷감 배급표가 없으면 옷감을 살 수 없어서 해진 옷을 버리지 못하고 꿰매 입어야 했다. 그러던 와중에 중국 밖에서 유행하던 화학섬유로 만든 새로운 원단이 소리 소문도 없이 홍콩을 통해 광둥성에 상륙했다. 순면, 양모, 삼베, 실크와 달리 반지르르하면서 주름이 생기지 않고 잘 닳지도 않는 이 원단으로 옷을 지어 입으면 사람이 달리 보일 정도였다. 이 신비한 원단에 광둥 사람들은 현지 특성에 딱 맞는 광둥어 이름을 붙여줬다. 그 이름이 바로 '확실히 최고다'라는 뜻을 가진 '디췌량'이었다.

디췌량의 비극이
불러온 발전

1960년대 초에야 중국은 폴리에스터 원단 생산을 위한 공정 연구를 상하이에서 시작했다. 여러 인재를 모아 호기롭게 시작한 연구 프로젝트였지만 이내 외국과의 기술 격차가 너무 커서 해외에서 폴리에스터 섬유를 수입한 후 그 섬유로 원단을 가공하는 것이 차라리 낫다는 결론에 도달했고, 연구자들은 곧장 원단 가공 공정 개발에 착수했다. 누에고치를 다 켜서 뽑아놓은 명주실로 실크를 짜는 과정에 해당하는 간단한 공정이라 중국은 3개월 만에 폴리에스터 원단 생산에 성공했다. 1960년대 말이 되어서야 비로소 폴리에스터 칩을 수입해 원단을 가공할 수 있게 되었는데, 이 공정은 누에고치에서 명주실을 뽑아내는 과정에 해당해서 좀 더 복잡하지만 수익을 더 많이 얻을 수 있었다.

전형적 농업 국가였던 1960년대 초의 중국은 수출용 상품이 거의 없던 터라 항상 심각한 외화 부족에 시달렸다. 그나마 폴리에스터 섬유로 생산한 원단이 외화를 벌어늘이는 몇 안 되는 공산품이었기에 중국인은 성성껏 만들어낸 폴리에스터 원단을 즐겨보지도 못하고, 새로운 원료를 사 오기 위해 해외로 원단을 수출하는 모습을 보기만 해야 했다. 때로는 상하이 등지의 옷 가게에서 품질 불량 등의 문제로 수출이 취소된 폴리에스터 원단을 만나볼 수 있었다. 앞에서 소개한 사건이 벌어진 장소인 훙잉도 수출이 취소된 폴리에스터 원단을 판매하는 가게 중 하나였다. 1968년의 불행한 사고가 발생하기 하루 전날, 훙잉은 수출되지 못한 폴리에스터 원단이 도착했다는 소식을 사람들에게 알렸고, 시민들은 비극이 일어나리라고는 상상도 하지 못한 채 앞다퉈 옷감을 사러 왔던 것이다.

1971년 9월 10일 저녁, 남방 지역 시찰을 나선 마오쩌둥毛澤東 주석의 전용 열차가 상하이에 도착했으나 주석은 열차에서 내리지 않은 채 사무를 보았다. 다음 날 정오가 되자 열차는 예정대로 상하이에서 출발할 채비를 시작했다. 그런데 열차에 타고 있던 승무원 여럿이 잠시 자취를 감췄다가 열차가 떠나기 직전에야 숨을 헐떡거리면서 뛰어와 겨우 승차하는 일이 일어났다. 이 소식을 들은 마오쩌둥 주석이 승무원들에게 어디를 다녀왔느냐고 물어보자 승무원들은 전국에서 유일하게 상하이에서만 폴리에스터 옷과 원단을 살 수 있어서 오전 휴식 시간을 이용해 사러 다녀왔다고 쭈뼛쭈뼛하며 대답했다. 마오쩌둥 주석은 화를 내기는커녕 오히려 깊은 침묵에 잠겼다. 나라가 수립되고 20여 년의 세월이 흘렀지만 국민들은 여전히 입고 싶은 옷을 입지 못했다. 심지어 국가 원수의 전용 열차에서 일하는 젊은 사람들마저 원단을 구하려고 애쓰는 모습을 보니 국민들이 얼마나 심각한 의복 공급난을 겪는지 말하지 않아도 알 수 있었다. 본인의 눈으로 직접 문제를 확인하게 된 마오쩌둥 주석은 베이징으로 돌아간 후 즉시 저우언라이周恩來 총리와 화학섬유 공장 설립을 논의하기 시작했다.

1970년대 초에 중국이 화학섬유를 생산할 능력이 없는 것은 아니었다. 일찍이 1958년에 랴오닝성 진저우에 있는 진저우 화학공장에서 폴리카프로락탐polycaprolactam 시험 생산에 성공한 적이 있었다. '나일론'이라는 좀 더 듣기 좋은 이름이 있는 이 소재는 아주 질겨서 밧줄이나 양말 등을 만들기 적합하다. 1963년에는 중국어로 '웨이니룬維尼綸'이라고 불리는 화학섬유 제조공장이 베이징에 세워졌다. 흡수성이 좋고 면과 비슷한 성질을 지닌 이 섬유의 화학명은 폴리비닐포르말polyvinylformal이지만 흔히 비닐론vinylon이라고 불린다. 당시로서는 획기적인 사건이라 덩샤오핑鄧小平 총서기가 시험 생산 기간에 저우언라이 총리와 함께 현장을 참관하러 오기도 했다. 후일 중국을 방문한 김일성 주석도 베이징 비닐론 공장을 둘러본 뒤 북한의 2·8비닐론 공장보다 훨씬 앞서 있다며 칭찬을 아끼지 않았다.

마오쩌둥 주석이 남방 지역을 시찰할 때도 중국 서부 지역의 란저우에서는 한창 아크릴섬유 공장을 짓는 중이었다. 아크릴로나이트릴acrylonitrile이라는 원료에서 이름을 따온 아크릴섬유는 '인조 양모'라는 별명이 있을 정도로 부드럽고 보송보송하며 보온성이 뛰어나고, 비닐론처럼 석유가 없어

13. 인류는 화학섬유 이전으로 돌아갈 수 없다

그림 4-1. 1970년의 미국 데이크론(폴리에스터) 광고

도 생산이 가능했다.

하지만 1970년대 초 중국은 8억여 명에 이르는 인구를 먹여 살려야 하는 나라였다. 이처럼 거대한 인구와 수요를 맞추기에 현재 가동 중인 화학섬유 공장에서 생산되는 양은 턱없이 부족했다. 더군다나 그때까지도 화학섬유 중에서 의복 생산에 가장 많이 사용되는 중요한 원료인 폴리에스터는 국산화가 이뤄지지 않은 상태였다. 지난 수년간에 걸쳐 석유를 탐사한 덕분에 화학섬유 생산에 필요한 석유 원료를 얼마든지 공급할 수 있었지만 자국 내 화학섬유 생산은 여전히 더디기만 했다.

1971년 12월 25일, 상하이와 저장성의 경계가 맞닿은 바닷가인 상하이 진산웨이 지역에 제방을 쌓는 중요한 임무를 수행하기 위해 각종 도구를 짊어진 2만 1,000명의 인부가 도착했다. 발이 푹푹 빠져 위험한 모래사장에 제방을 쌓으려면 기술뿐 아니라 용기도 필요했지만 인부들은 한 치의 게으름도 피우지 않고 단 하루 만에 전기와 물을 바닷가로 끌어와 작업 준비를 마친 후, 27일부터는 매일 두 차례씩 밀물과 썰물 사이에 비는 8시간을 틈타 바닷물을 막는 제방을 쌓았고, 나흘째가 되던 날에는 높이 5.5미터, 길이 8.2킬로미터의 제방을 완성했다.

이처럼 경이로운 속도로 쌓은 제방 위에 '상하이 석유화학 콤비나트'가 지어졌다. 상하이 석유화학 콤비나트는 10개월 전에 마오쩌둥 주석과 저우언라이 총리가 승인한 랴오닝성의 랴오양시, 충칭 직할시, 톈진시, 상하이 등 총 네 곳의 석유화학 공장 건설 프로젝트 중 가장 먼저 공사를 시작한 공장이었다. 지금의 충칭은 직할시이지만 그때까지만 해도 아직 쓰촨성에 속해 있던 터라 이후 충칭에 세워진 공장의 정식 명칭은 '충칭 비닐론 공장'이 아니라 '쓰촨 비닐론 공장'이다. 지금도 업계에서는 이 공장을 '쓰촨'의 '촨'과 비닐론의 중국어 발음 '웨이니룬'을 조합해 '촨웨이 공장川維廠'이라고 부른다. 첫 시공 프로젝트로 낙점된 상하이 석유화학 콤비나트는 매년 10만 톤의 폴리에스터와 비닐론, 아크릴을 생산해 전 국민 의류 부족 사태를 해결한다는 막중한 사명을 안고 있었다.

이제 딱 한 가지만 빼고 모든 것이 준비되었다. 진산웨이 공장 공사 현장은 열정으로 불타오르고 있었지만 폴리에스터 생산에서 가장 중요한 기술과 설비는 아직 갖추지 못한 상태였다. 다행히도 이 무렵부터 중국과 서구 선진국의 관계가 해빙될 조짐이 보였다. 이에 업계 전문가들이 나서 총 4억 달러를 투자해 선진국에서 플랜트를 수입하고 생산 기술을 처음부터 끝까지 배우자는 제안을 담은 〈화학섬유, 화학비료 기술과 설비 일체를 도입하는 방

13. 인류는 화학섬유 이전으로 돌아갈 수 없다

안에 관한 제안 보고서关于进口成套化纤、化肥技术设备的报〉를 작성해 1972년 1월 22일 최고 지도자에게 제출했다.

이 보고서는 중국을 바꿔놓았다. 1972년 2월 21일, 미국의 닉슨 대통령이 중국을 방문했다. 이후 정치적 장애물이 전부 사라지고 미국, 서독, 네덜란드 등에서 설비를 수입하는 길도 열리면서 조사단은 3월 초부터 적합한 플랜트를 찾기 위해 해외를 몰아다녔다. 그런데 모든 산업 기술이 선부 중국보다 훨씬 앞서 있어 플랜트를 도입하는 것만으로는 공장을 가동할 수 없었다. 이후 본래 화학섬유와 화학 플랜트만 도입하려던 계획은 여러 번의 수정을 거쳤고, 1973년 1월이 되자 야금과 방직 등 총 26개 산업이 추가되고 투자 금액도 4억 달러에서 43억 달러로 늘어났다. 후일 산업 플랜트 도입 프로젝트는 예산이 43억 달러라는 점에서 착안해 '43방안'이라고 불렸지만, 실제로 추가 투입된 예산까지 합치면 총투자 금액은 51억 9,000만 달러에 달한다. 당시의 중국 경제 규모를 생각하면 가히 천문학적금액을 플랜트 도입에 투자한 것이다. 우여곡절을 거친 끝에 폴리에스터 공장은 1974년 7월에 착공되었고, 3년 후 완공되었다.

국산화 성공 이후 폴리에스터는 빠르고 널리 보급되었다. 동시에 한때 드높던 사회적 지위는 조금씩 허물어졌으며, '디췌량'이라는 이름보다는 정식 중국어 상품명인 '디룬'이라고 불리다가 지금은 '폴리에스터 섬유'라고 널리 불린다. 지난 40년간 발전을 거듭한 오늘날의 중국산 폴리에스터는 사회적 이미지와 이름만 바뀐 것이 아니다. 중국 땅에서 최초로 생산된 폴리에스터와는 완전히 다른 우수한 품질을 자랑하며 2017년에 전 세계 시장의 60퍼센트 점유라는 기록을 세우고, 지금까지도 쉼 없이 발전하는 중이다.

또한 중국 섬유산업은 폴리에스터, 나일론, 아크릴과 비닐론은 물론 폴리프로필렌polypropylene, 스판덱스spandex, 아라미드aramid 등 신소재 섬유를 생산할 정도로 장족의 발전을 거뒀다. 디췌량을 시려고 줄까지 서야 했던 과거 시절을 돌이켜보면 마치 딴 세상 이야기 같다.

우리가 합성섬유에서
헤어나올 수 없는 이유

구조적으로 보면 모든 섬유는 탄소 원자로 구성된 유기 고분자다. 주기율표에서 탄소는 2주기 14족에 속하는데 가장 일반적인 탄소 원자는 양성자 여섯 개와 전자 여섯 개로 이루어져 있다. '상대 원자 질량relative atomic mass'은 12라서 '탄소-12'라고 불리는데, 탄소-12는 현대 화학에서 그야말로 저울추 같은 존재다. 상대 원자 질량을 측정할 때 필수 원소이기 때문이다. 상대 원자 질량이란 그 이름 그대로 원자 질량의 상댓값이다. 상댓값이 있다는 것은 참고가 되는 기준값도 있다는 뜻인데, 그 기준값이 바로 탄소-12 원자 질량의 12분의 1이다. 달리 말하자면, 탄소-12의 상대 원자 질량을 12로 정의하고 다른 원자의 상대 원자 질량은 탄소-12의 질량에 맞춰 계산한다는 뜻으로 양성자, 중성자, 전자처럼 작은 입자도 예외는 아니다.

　탄소는 지구상에서 풍부하기는커녕 상위 10위권에도 들지 못하는 원소다. 그런데도 탄소가 상대 원자 질량을 측정하는 기준이 된 것은 화학적 성질이 매우 특수하기 때문이다. 규소와 마찬가지로 탄소 원자도 핵 바깥에 있는 전자 중 네 개는 화학 결합에 참여할 수 있다. 탄소와 규소가 주기율표에서 같은 열에 속한 동족 원소인 이유가 바로 여기에 있다. 네 개의 결합 가능한 전자 덕분에 최대 네 개의 원자와 연결할 수 있으므로 탄소 원자는 다양한 성질의 분자를 만들 수 있다. 또 규소 원자와 다르게 탄소는 탄소 원자끼리만 연결할 수도 있다. 물론 규소도 원자끼리 연결할 수 있고 금강석과 유사한 그물 형태의 단결정 규소 구조를 만들어 거의 무한대까지 늘릴 수도 있다. 하지만 그물에 다른 원자가 끼어들면 규소는 이 특별한 구조를 잘 유지하지 못한다. 규소 원자는 탄소 원자보다 지름이 훨씬 커서 규소 원자 두 개 사이에 형성되는 결합력이 탄소 원자 사이의 결합력에 비해 떨어져 안정성이 낮기 때문이다. 예를 들어 귤이 탄소 원자에 해당하고, 수박이 규소 원자에 해당한다고 생각해보자. 당연히 귤 표면 두 개에 풀을 발라 붙이는 것이 수박 두 개를 붙이는 것보다 훨씬 단단하게 붙는다. 물론 규소는 이러한 단점을 극복하기 위해 산소의 도움을 받지만 그래도 탄소끼리의 결합력이 더 높다.

이처럼 독특한 화학적 성질 덕분에 탄소 원자는 안정적이면서도 형태가 다양한 분자를 만든다. 선형도 있고 고리형도 있으며 빗 모양, 공 모양까지 각양각색이다. 연구의 편의를 위해 과학자들은 탄소를 함유한 물질은 유기물, 탄소가 없는 물질은 무기물이라고 부르며, 이산화탄소를 비롯한 극소수의 몇몇 물질은 탄소 분자를 가졌지만 무기물로 분류한다. 지금까지 밝혀진 바에 따르면 탄소를 함유한 유기물 분자는 1억여 종이나 되지만 탄소를 제외한 100여 종의 원소로 구성된 무기물 분자는 10만여 종밖에 없다. 탄소 원자로 만들어진 기본 뼈대를 무한대로 늘려서 수백, 수천, 수만 개에 이르는 원자로 구성된 거대한 유기물을 만들 수도 있다. 이렇게 만들어진 거대한 유기물은 소형 분자와 본질적으로 다른 특성이 있어 '고분자polymer'라는 별도의 이름으로 구분해 부른다.

고대부터 인류는 대부분 고분자 소재로 만들어진 옷을 입어왔다. 한때 유럽에서 유행했던 사슬 갑옷을 제외하고 고분자 소재가 아닌 옷은 아무리 찾아봐도 없다. 원시인은 셀룰로스cellulose, 헤미셀룰로스hemicellulose, 리그닌lignin 등으로 구성된 나뭇가지와 나뭇잎으로 인류 최초의 옷을 만들어 입었는데, 이 가운데 셀룰로스와 헤미셀룰로스가 바로 고분자 소재다. 이후 문명이 싹트기 시작하면서 인류는 주로 콜라겐collagen으로 구성된 짐승 가죽옷을 입었는데, 콜라겐도 마찬가지다. 옛사람들이 좋아한 무명옷과 삼베옷도 고분자 소재인 셀룰로스로 이루어져 있다. 또 사치품인 실크와 모피는 고분자 소재인 단백질로 구성되어 있다. 이처럼 의류 소재는 단 하나의 예외도 없이 모두 고분자 소재로 이루어져 있으며, 가죽을 제외하면 모두 우리에게 친숙한 천연섬유다.

이는 우연이 아니다. 일반 분자와 달리 고분자는 분자의 몸집만 큰 것이 아니라 분자와 분자 사이에 훨씬 더 복잡한 힘이 작용한다. 짧은 머리카락에 비해 긴 머리카락이 자고 일어나거나 감고 말릴 때 잘 엉키고, 짧은 머리카락으로 땋아 올린 머리는 하늘을 찌를 것처럼 빳빳하지만 길게 땋아 내린 머리카락은 잡아당기면 부드럽게 잘 늘어나기도 한다. 이러한 고분자 소재에 매료된 인류는 꾸준히 섬유 소재를 개발하면서 천연섬유보다 합성섬유가 월등히 우수하다는 사실을 깨달았다.

오래전, 고급 양말과 스타킹을 전부 실크로 만들던 시절이 있었다. 그

13. 인류는 화학섬유 이전으로 돌아갈 수 없다

그림 4-2. 제2차 세계대전 중 다리에 실크 스타킹 봉합선을 그려 넣는 여성

중 실크 스타킹은 미국에서 큰 인기를 끌었지만 제2차 세계대전의 전운이 드리우며 실크 수입이 어려워지자 외모와 패션에 민감한 여성들은 궁여지책으로 다리털을 깎고 스타킹 봉합선을 그려 넣어 실크 스타킹을 신은 것처럼 보이는 방법을 썼다.

실크 스타킹 공급 부족 사태에서 엄청난 사업 기회를 발견한 기업이 있었다. 바로 듀폰Dupont De Nemours Inc이다. 1939년에 듀폰은 2년 전 하버드대학교의 월리스 캐러더스Wallace Carothers가 우연히 발견한 고분자 소재인 '나일론 66'으로 만든 스타킹을 판매했는데, 3시간 만에 준비한 4,000장이 소진되며 인기와 수익이라는 두 마리 토끼를 모두 잡는 데 성공했다. 한 번이라도 나일론 스타킹을 신어본 여성들은 더 이상 실크 스타킹을 신고 싶어하지 않았다. 나일론은 '거미줄처럼 가늘고 철사처럼 튼튼하고 실크처럼 부드럽다'는 평을 들을 정도로 실크에 비해 훨씬 튼튼하고 잘 닳지도 않으면서 동시에 실크와 질감이 비슷했기 때문이다. 그날 이후로 나일론 스타킹이 판매될 때마다 미국인들은 줄 서기를 마다하지 않았다. 마치 폴리에스터에 푹 빠져 줄을 섰던 중국인들처럼 말이다. 결국 몇 년이 지나지 않아 실크 스타킹은 시장에서 자취를 감추었다.

오늘날 천연섬유는 여전히 옷을 만드는 소재로 사용되지만 빠르게 발전하는 화학섬유에 비해 점점 발전 동력을 잃어가는 추세다. 천연섬유 생산에 꼭 필요한 토지가 부족하고 성능에 한계가 있기 때문이다. 합성섬유는 분자 구조를 바꾸는 방법으로 보온성, 청량감, 몸에 착 감기는 느낌, 통기성, 부드러움 등 다양한 특성을 구현할 수 있다. 방탄복과 같은 군사 장비도 과거의 사슬 갑옷처럼 금속으로 만드는 것이 아니라 분자량이 엄청나게 많아 튼튼한 구조를 자랑하는 폴리에틸렌polyethylene이라는 특수섬유로 만들 수 있을 정도다. 결국 우리는 원하든 원치 않든 이미 인조 유기물에 둘러싸여 살고 있으며, 옷은 그중 하나일 뿐이다.

14.
진화적 본능이 만들어낸
단맛의 역사

1879년의 어느 저녁, 미국 메릴랜드주 볼티모어에 사는 콘스탄틴 팔베르크Constantin Fahlberg는 아내와 저녁 식사를 하는 중이었다. 멀리 소련에서 미국으로 건너온 그는 유기화학자인 아이라 렘슨Ira Remsen 덕분에 당시 신생 대학교였던 존스홉킨스대학교에서 화학 연구원으로 일하며 콜타르coal tar 유도체를 주로 연구했다.

그날의 저녁 식사는 조금 남달랐다. 저녁 식탁에 '달콤한' 스테이크가 올라왔던 것이다. 입맛이 까다롭지는 않지만 달콤한 스테이크를 꾸역꾸역 먹기 힘들었던 팔베르크는 아내에게 왜 스테이크에 설탕을 뿌렸냐고 물어보았다. 아무 문제 없이 스테이크를 맛있게 먹고 있던 아내는 갑작스러운 남편의 질문을 받고 덜컥 걱정이 들었다. 남편의 미각에 무슨 문제라도 생긴 것은 아닐까 생각했기 때문이다. 과학적으로 생각하는 법을 오랫동안 훈련받아온 과학자인 팔베르크는 곧 자기 손이 닿은 음식은 전부 단맛이 난다는 결론을 내렸다. 그날 저녁의 스테이크가 달게 느껴진 것도 그가 식기를 사용하지 않고 손으로 스테이크를 집어 먹었기 때문이다.

어떻게 손에서 단맛이 났던 것일까? 팔베르크는 실험실에서 퇴근한 뒤 집에 와서 손도 씻지 않고 저녁을 먹었다. 그렇다면 어떤 실험물질 때문에 단맛이 난 게 아닐까? 팔베르크는 곧장 자신이 자주 쓰는 펜을 꺼내 들었다. 만약 자신의 추측이 옳다면 펜에서도 단맛이 느껴져야 했다. 그리고 그의 추측은 옳았다.

평소에 흔히 먹는 설탕에 비해 훨씬 더 달콤한 맛이 나는 물질을 새롭게 발견한 팔베르크는 신이 났고, 그다음 날 실험실에서 단맛이 나는 물질의 출처를 찾아 나섰다. 이윽고 자신이 연구하는 콜타르로 합성한 '사카린나트륨sodium saccharin'이 달콤한 맛을 낸다는 사실을 알게 되었다. 이후 세월이 흐르면서 '사카린나트륨'은 '사카린'이라는 더 쉬운 이름으로 불리게 되었다.

사카린 발견 경위에 대한 이 모든 이야기는 팔베르크 본인이 친구들에게 해준 이야기로 세세한 사항은 물론이고 이야기 자체의 진위를 확인하는 것은 불가능하다. 하지만 독극물이 흔한 화학 실험실에서 일하는 연구원들은 대부분 위생 관념이 좋은 편이라서 실험을 마친 후 손을 씻지 않는 행위를 금기시할 뿐 아니라, 씻지도 않은 손으로 음식을 집어 먹는 일은 두말할 것도 없이 꺼린다. 그래서 현대의 화학자들은 팔베르크를 반면교사로 삼았으며, 이 일화는 가장 대표적인 실험실 안전 관리 미흡 사례로 자주 언급된다.

곧이어 팔베르크는 렘슨과 함께 사카린이란 뛰어난 단맛을 가진 물질을 발견했다고 홍보하고 특허도 신청했다. 그런데 예기치 않게 엄청난 반향이 일어나 사카린 수요가 갈수록 늘어났고, 사카린을 발견한 지 7년 만에 팔베르크는 사카린만 전문적으로 생산하는 공장을 설립하게 된다.

인간의 유전자에는
단맛이 각인되어 있다

사카린이 인기를 얻은 이유는 단 하나, 단맛을 좋아하는 인간의 본능 덕분이다. 자연계에도 단맛을 내는 먹거리는 많지만 과일과 극히 일부 채소류로 제한되어 있다. 대체로 잘 익은 과일에 많이 들어 있는 당분은 활동에 꼭 필요한 에너지를 제공하므로 오래전 음식을 충분하게 먹지 못하던 시절에 생명을 유지하는 데 매우 중요했다. 그렇기 때문에 인류의 조상을 비롯한 많은 영장류 동물의 유전자에는 단맛을 선호하는 인자가 각인되었다.

과일에는 과당fructose, 자당sucrose 등 다양한 형태의 당류가 들어 있다. 몸속에서 힘을 발휘하는 당류는 포도당glucose이다. 체내에 흡수된 과당과 자당은 효소 작용을 거쳐 포도당으로 전환되고, 인간과 절대다수의 동물 그리고 미생물은 모두 포도당에 의존해 생존한다.

식물도 마찬가지다. 지구에서 자라는 대부분의 식물은 햇빛을 받아들이는 온실처럼 잎의 엽록소를 통해 태양 에너지를 흡수해 광합성 작용을 하며, 신기하게도 이산화탄소와 물은 바로 이 광합성 작용을 통해 일련의 화학반응을 거쳐 포도당으로 변신한다. 식물이 합성한 포도당은 여러 생물체가 에너지를 주고받게 하는 기초 물질이지만 정작 식물은 포도당을 다른 생물체와 교환하고 싶어하지 않는다. 그래서 대량으로 생산한 포도당을 우선 본인에게 필요한 물질로 바꿔버리기 때문에 포도당을 포함한 다른 물질은 남은 일부분에만 조금 존재한다. 단맛이 나는 자연의 먹거리가 드문 이유가 바로 이 때문이다.

모든 당류는 구조적으로만 보면 탄소 원자를 뼈대로 삼은 분자라 할 수 있다. 포도당이란 분자는 변신의 귀재다. 최초로 포도당을 연구한 에밀 피셔Emil Fisher를 비롯한 화학자들은 일반 유기물처럼 포도당 분자도 사슬 형태를 띤다고 보았지만 사실 사슬 형태의 포도당은 그다지 많지 않다. 포도당 분자는 탄소 원자 다섯 개와 산소 원자 한 개로 구성된 육각형 고리 모양으로 뭉쳐 있기를 더 좋아하며 고리 한 개를 만드는 데 그치지 않고 계속 고리를 연결하며 고분자를 구성한다. 그 결과 식물의 생존에 가장 중요한 포도당 고분자인 섬유소(셀룰로스)와 녹말starch이 만들어진다.

섬유소란 식물의 뼈대에 해당하는 세포벽을 구성하는 주요 성분인데, 질기고 방수 능력이 좋아 섬유소가 많이 함유된 식물은 옷감을 만드는 데 사용되기도 한다. 이 질긴 섬유소를 소화할 수 있는 생물은 몇몇 미생물뿐이다. 생물체가 섭취한 섬유소는 체내에 있는 미생물에 의해 일련의 전환 과정을 거쳐 포도당 분자가 되고, 포도당 분자는 생물체의 대사에 참여하며 에너지를 제공한다. 말, 소, 양처럼 위 속에 미생물이 있는 되새김질 동물은 나뭇잎이나 풀만 먹고도 살 수 있다.

섬유소 소화력이 없는 인간의 위에게 섬유소는 식품의 부피를 늘리는 물질에 불과하다. 그러나 물에 잘 분해되지 않지만 물을 흡수하는 능력이 탁월한 섬유소가 장 속에 많이 있으면 대변이 쉽게 건조해지지 않으므로 영양학적으로 쓸모가 있다. 인간은 되새김질할 수 없는 동물이지만 다행히 장내에 인체 전체의 세포보다 훨씬 많은 수의 세균이 살고 있다. 얼마나 종류가 많은지 지금까지 '프로바이오틱probiotic' 같은 수천 여 종의 균을 발견해 냈는데도 아직 다 파악하지 못했다. 인체에 유익한 세균인 프로바이오틱이 건강할수록 사람의 신체도 건강한데, 섬유소는 건강한 프로바이오틱을 만드는 데에노 식섭적인 역할을 한다.

하지만 인간은 섬유소만 먹고 살아갈 수가 없다. 더군다나 원시시대 이후로 인구가 계속 늘어나면서 당류가 많이 함유된 과일을 충분히 먹을 수 없게 되자 인간은 부족한 에너지를 채우려고 포도당으로 구성된 녹말이라는 또 다른 고분자에 눈을 돌렸다.

연결된 형식이 다르다는 점만 빼면 섬유소와 녹말의 구조는 매우 유사하다. 섬유소 속 포도당은 쉽게 풀 수 없는 옭매듭과 같은 형식으로 결합해 일반적인 생물이 절대로 분해할 수 없다. 녹말 속 포도당은 풀기 쉬운 풀매듭의 형태로 연결되어 물에 닿으면 쉽게 서서히 풀린다. 인간에게 포도당이 에너지를 교환할 때 직접 쓸 수 있는 화폐라면, 녹말은 화폐로 다시 바꿔서 사용해야 하는 수표인 셈이다. 녹말이라는 수표를 화폐로 바꿔주는 역할을 하는 것은 체내 소화기에 많이 퍼져 있는 녹말 효소다. 녹말 효소는 섭취된 녹말을 빠르게 맥아당maltose으로 분해하고, 또 맥아당을 다시 포도당 두 개로 분해한다.

녹말은 물에 쉽게 풀리는 특성 때문에 섬유소처럼 물질의 뼈대를 담당할 수는 없지만 다른 중요한 기능을 담당한다. 동물과 달리 이동하며 먹이를 찾을 수 없는 식물은 스스로 에너지를 저장해 보릿고개를 넘는데, 광합성 작용이 왕성하게 일어나는 시기에 식물이 미리 저장해놓은 비상식량이 바로 녹말이다. 이 비상식량을 인간이 마구 먹어버리면 식물의 개체수가 줄어든다. 그래서 약 1만 년 전에 원시 농경 문명이 형성될 때부터 인간은 녹말을 많이 함유한 쌀, 밀, 옥수수 등의 식물을 농작물로 선택해, 가을에는 곡식을 거둬들이고 겨우내 보관해 먹음으로써 인류 최초의 식량 위기를 슬기롭게 극복해냈다.

효율성 측면에서 봐도 과일 채집보다 녹말을 많이 함유한 작물을 경작하는 편이 훨씬 이득이다. 작물은 수분 함량이 적어 똑같은 부피라고 해도 과일보다 에너지를 훨씬 많이 내고, 쉽게 썩지 않아 보관하기에도 편리하다. 하지만 인류는 과일이 주는 단맛에서 헤어나지 못했는데, 이는 단맛을 느낄 때 즐거움을 담당하는 신경전달물질인 도파민dopamine이 분비되기 때문이다. 인간이 일상생활에 필요한 열량을 충분히 얻게 된 후에도 단맛에 계속 끌린 것을 보면 단맛을 좋아하는 것은 진화로 새겨진 본능이라고 할 수 있다.

싸고 효율적인
단맛 공급원을 찾아서

본능적으로 꾸준하게 단 음식을 먹기 위한 인간의 노력은 꿀의 발견으로 이어졌다. 꿀은 주로 자당, 과당, 포도당 그리고 약간의 과당과 포도당이 섞인 당액과 수분으로 구성된 식품으로, 당분 함량이 80~85퍼센트다. 일반적으로 당분 함량이 높을수록 삼투압도 높기 때문에 꿀에는 그 어떤 미생물도 증식할 수 없다. 따라서 꿀은 단맛을 추구하는 인간의 욕심을 가장 잘 채워줄 수 있는 천연 식품이다.

고대인에게 꿀은 쉽게 얻을 수 없는 사치품이었다. 후한 말기에 회남 지역을 호령하던 군벌 원술袁術은 스스로를 황제라고 칭했다가 조조를 비롯한 여러 세력의 공격을 받고 결국 패해 근거지인 수춘으로 돌아가던 중에 몸져눕고 말았다. 그는 가장 위독한 순간에 꿀물 한 잔을 간절히 마시고 싶어했으나 한때 천하를 호령했던 군벌은 이 작은 소망을 이루지 못하고 눈을 감고 말았다. 소설《삼국지연의》에는 패전으로 빈털터리가 된 원술이 궁중 요리사를 찾아가 꿀물을 내달라고 했지만 요리사가 "핏물만 있을 뿐, 꿀물은 없소!"라고 화를 내며 거절했고 이에 분노한 원술이 피를 토하며 죽었다는 좀 더 각색된 버전의 이야기가 등장한다.

고대인은 꿀보다 훨씬 대중적인 인공식품을 발명하기도 했다. 바로 지난 3,000여 년 동안 줄곧 인류의 사랑을 받아온 '엿당'이다. 엿당은 화학적으로 녹말이 가수분해된 후 생성되는 불순물이 섞인 맥아당이다. 식물 중에서도 곡물은 녹말이라는 형태로 에너지를 많이 모아둔 후 싹이 틀 때 아밀라아제amylase를 이용해 녹말을 분해해 에너지를 공급받는데 이 과정에서 맥아당이 생성된다. 식량이 부족한 고대에는 보관한 곡물 씨앗에서 싹이 터도 버리지 않고 먹었는데, 그 과정에서 새싹에 단맛이 있다는 사실을 발견한 이후 일부러 씨앗에 싹을 틔워 당분을 추출해 엿당을 얻었다.

'엿당'이야말로 중국에서 최초로 단맛을 내는 데 쓰인 인공식품 첨가물이다. 한나라 때 편찬된《설문해자》를 통해 알 수 있듯이 역사적으로 '엿'

이라는 뜻의 한자 '飴[이]'가 '糖[당]'보다 훨씬 먼저 세상에 등장했다. 이후 서역을 통해 밀이 중국에 들어와 주로 '맥아麥芽', 곧 밀의 싹으로 엿당을 만들게 되면서 맥아당이라는 이름도 따로 생겼다. 한편 찹쌀 같은 곡물은 달콤한 맛의 술을 빚는 재료로 널리 사용되었는데, 찹쌀로 만든 술 역시 술 효모에 아밀라아제를 섞는 원리를 이용해 만들어지기 때문에 달콤한 맛이 난다.

맥아당은 쉽게 얻을 수 있지만 요리에 넣는 감미료로 쓰기에는 불편한 점이 많았다. 결정 형태의 고체가 아니라 진득진득한 밀가루 반죽 같은 모양새라서 사용하기 어려운 데다 당도도 그다지 높지 않기 때문이다. 맥아당을 대체하기 위해 남북조시대 무렵에 새로운 감미료인 자당蔗糖, 곧 사탕수수 원당(비정제 원당)이 등장했다. 사탕수수를 뜻하는 '蔗[자]'라는 한자 그대로 자당은 사탕수수에서 추출한 당류다. 사탕수수즙을 결정화하면 나오는 사탕수수 원당은 모래알 같은 과립 설탕일 뿐 아니라 상온에서 맥아당보다 2.2배나 당도가 높다.

기록에 따르면 고대 인도야말로 전 세계에서 단맛 식품 첨가물을 가장 잘 만드는 나라였다. 고대 인도인이 생산한 과립 형태의 단맛 식품 첨가물은 멀리 유럽뿐 아니라 실크로드를 따라 서역을 거쳐 중국에까지 전해졌고, 이를 맛본 당 태종은 특별히 사신을 파견해 천축, 곧 인도에 가서 사탕수수즙을 솥에 끓여 저어 만드는 침전 방식의 사탕수수 원당 제조법을 배우도록 했다.

외국의 사탕수수 원당보다 색깔과 맛이 떨어졌지만 당나라 말기에 중국 역시 사탕수수로 원당을 생산할 수 있었다. 사탕수수는 비교적 더운 지역에서만 자라는 식물이므로 중국에서는 현재의 광둥성, 광시성, 푸젠성

14. 진화적 본능이 만들어낸 단맛의 역사

등 남방 지역에서만 사탕수수 원당을 생산할 수 있었다. 《천공개물》에도 "사탕수수는 광둥 일대와 푸젠 지역에서 많이 생산되며, 다른 지방에서 나는 양은 모두 합쳐 봐야 이 두 지역의 10분의 1에 불과하다"라고 기록될 정도로 남방 지역은 사탕수수 원당 생산의 중심지였다. 하지만 중국의 정치적·문화적 중심이 오랫동안 북방 지역에 편중되었던 탓에 남방의 사탕수수 원당 생산 기술은 기록물마저도 확실히 남아 있지 않을 정도로 널리 알려지지 못했다.

또한 사탕수수 원당은 서민이 쉽게 먹을 수 있는 먹거리가 아니었다. 당나라 시대의 기록에 따르면 인도에서 들여온 사탕수수 원당과 이를 정제한 백설탕은 중국에서 고급 사치품으로 귀한 대접을 받았다. 다른 국가에서도 마찬가지였다. 유럽인은 몽골 제국이 무너져 아시아에서 물건을 수입하기가 어려워지자 설탕을 포함한 중요한 물품을 조달하기 위해 해상무역에 나설 정도였다. 유럽인은 그 과정에서 최적의 사탕수수 재배지인 카리브 제도를 발견했고, 이곳에서 흑인 노예를 수송해 사탕수수를 재배하는 노동자로 이용하며 수많은 사탕수수 농장을 개척했다. 그 후 설탕 생산량이 늘면서 유럽 귀족은 설탕을 넣은 홍차를, 형편이 넉넉지 못해 차를 즐기지 못하는 평민은 사탕수수를 넣은 유제품과 빵을 즐기게 되었다. 특히 열을 받으면 스스로 캐러멜화 반응을 일으키고 단백질과 함께 비효소적 갈변 반응을 일으키면서 음식에 독특한 향을 더하는 설탕 덕분에 유럽식 디저트는 한층 더 맛있어졌다.

설탕은 맛있는 음식을 만드는 데 쓰이고 유럽인에게 행복감을 주었지만 한 가지 골칫거리를 안기기도 했다. 오랜 세월 동안 달콤한 음식을 즐기

탄소 | 탄소 생명체의 고탄소 생활사

그림 4-3. 17~18세기 중남미 지역에 등장한 사탕수수 재배 농장

다 보니 유럽 귀족들에게 충치가 생긴 것이다. 그러자 충치를 세련된 질병이라고 오해한 서민들은 충치가 생긴 척하려고 스스로 이빨을 검게 칠하고 다녔다.

18세기에 이르자 설탕은 차, 커피, 담배 등과 어깨를 나란히 하는 기호식품이자 전 세계 무역 시장에서 가장 잘 팔리는 인기 상품이 되었다. 나폴레옹도 유럽 정복에 나섰을 때 군대의 사기를 올리려고 설탕을 군수품으로 지정했다. 하지만 대서양 항로를 장악한 영국이 카리브 제도와 유럽 대륙의 설탕 무역을 봉쇄해버리면서 설탕 가격이 폭등해 나폴레옹의 군대 통솔 비법이 무력화될 위기에 놓였다. 다행히 나폴레옹은 프로이센을 정복한 뒤 이 나라의 화학자 안드레아스 마르그라프Andreas Marggraf가 알코올을 사용해 사탕무 뿌리로부터 설탕을 얻는 새로운 설탕 제조법을 개발해냈다는 소식을 접하고, 곧장 유럽 중부의 실레지아 지역에 사탕무 설탕 가공 공장을 운영하라고 지시했다. 그런데 따뜻한 지역에서 잘 자라는 사탕수수와 반대로 추운 지역에서 잘 자라는 사탕무로 설탕을 얻을 수 있다는 소식이 프랑스 제국의 라이벌인 러시아로 흘러 들어갔고, 나폴레옹의 계획과 달리 '설탕 빈곤국'이었던 러시아가 단숨에 '설탕 부국'으로 발돋움하는 일이 벌어지고 말았다. 한때 러시아인에게 풍족한 보급품을 자랑스럽게 내보였던 나폴레옹의 군대가 이제 쓰디쓴 인과응보의 맛을 보게 된 것이다.

사탕무라는 새로운 자원은 유럽 각국의 국력에 영향을 끼친 동시에 사탕수수 농장에 대한 의존도 감소라는 새로운 사회 흐름을 만들어냈다. 당시 아름다운 백설탕이 인기를 얻을수록 아메리카 대륙의 사탕수수 농장 노예들은 영국과 프랑스 제국의 국민들이 달콤한 오후의 차를 즐길 수 있도록 죽느니만 못한 노동에 시달리고 있었다. 1파운드의 백설탕이 생산될 때마다 사람의 살 2온스가 깎여나간다는 통계가 발표될 정도로 설탕은 잔인하기 이루 말할 수 없는 방법으로 생산되었다. 19세기부터 노예제를 금지하자는 목소리가 계속해서 높아지고 나서야 합리적이고 새로운 백설탕 제조법을 개발하자는 주장에도 더욱 힘이 실리게 되었다.

'노예제 폐지'라는 불은 순식간에 북아메리카로 번져나갔다. 신생국가였던 미국에서는 노예제 존치 여부를 두고 국론이 분열되었고, 카리브 제도의 노예 수가 감소하면서 백설탕이라는 귀중한 수입품의 수입량도 점차 줄어들었다. 그러던 와중에 결국 에이브러햄 링컨Abraham Lincoln 대통령의 주도하에 총과 대포를 든 미국은 노예제 폐지를 선포했고, 이와 동시에 미국인의 생활에는 새로운 문젯거리가 생겼다. 미국인의 조상인 유럽인처럼 우아하게 달콤한 음료를 즐길 수 있는 방법을 찾아내야 했던 것이다.

뇌를 속인
대가는 무엇일까?

팔베르크는 바로 이러한 사회 변화가 일어난 시기에 사카린을 발견했다. 사탕수수 원당에 비해 사카린은 수백 배나 달아서 사카린 한 톨이면 설탕 한 스푼을 넣은 것과 마찬가지의 효과가 났으며, 석탄 부산물인 콜타르가 원료이기 때문에 생산 단가도 백설탕보다 저렴했다. 무엇보다 사카린은 진정한 의미의 '인공' 감미료였다. 꿀벌, 곡물 씨앗, 사탕수수, 사탕무 같은 다른 생물에 의존할 필요가 없으므로 그 어떤 제약도 없이 적당한 설비만 갖추면 언제 어디서든 생산할 수 있었다. 이제 저소득층도 입맛만 다실 필요가 없어진 것이다.

그런데 사카린의 단맛은 어떻게 만들어진 것일까? 오랜 세월 동안 생물학자들은 혀에는 구역별로 각각 다른 미각 신경이 분포해 있어 어떤 구역은 단맛을, 어떤 구역은 신맛을 민감하게 느낀다고 생각해왔지만, 최근에는 그 경계가 명확하지 않다는 의견이 많다. 본질적으로 미뢰는 단백질과 일부 화학물질 사이에 일어나는 반응을 통해 맛을 감지한다. 어떤 단백질이 당과 결합해 단맛 정보를 전달하거나 어떤 단백질이 나트륨 이온과 결합해 짠맛 정보를 전달해 뇌가 인지하게 하는 것이다. 이처럼 맛을 감지하는 능력을 갖춘 체내 미각 세포는 300여 종에 달하며, 흔히 사용하는 다섯 종류의 기본 미각이라는 개념은 가장 보편적인 다섯 종류의 맛을 지칭하는 표현일 뿐이다. 한편 우리가 일상에서도 자주 언급하는 '매운맛'은 사실 미뢰를 통해 전달되는 것이 아니라 통증을 주관하는 3차 신경에서 보내는 통증 신호이므로 미각에 속하지 않는다. 이론적으로만 보면 인간의 뇌는 혀가 매운맛을 느끼는지 아니면 뜨거워서 데인지를 구분하지 못한다.

이러한 원리에 따르면 꼭 설탕이 아니라도 뇌는 단맛을 느낄 수 있다. 곧 단맛을 느끼게 하는 단백질과 화학 분자가 결합하기만 하면 미각 신경은 착각을 일으키고, 인간은 꿀을 먹었을 때와 똑같은 단맛을 느끼게 된다. 사카린이 바로 이런 과정을 통해 우리 뇌에 단맛을 제공한다.

에너지 공급원을 구하기 쉬워지면서 고혈당, 비만 등이 인간의 주요 질병이 되었고, 무설탕 콜라, 무설탕 과자를 비롯한 각종 무설탕 식품이 유행하기 시작했다. 이와 같은 무설탕 식품을 먹어도 단맛을 느낄 수 있는 이유가 바로 인공감미료 덕분이다. 미국 일리노이대학교의 한 학생이 1937년에 발견한 감미료 '시클라메이트cyclamate'가 그 예다. '시클로헥실술팜산나트륨염sodium cyclohexylsulfamate'이라는 화학명을 가진 이 인공감미료의 당도는 사탕수수 원당보다 40배나 높고 사카린보다 더 깔끔한 맛을 자랑한다. 시클라메이트도 사카린처럼 실험실 규정을 위반한 덕분에 발견하게 된 감미료다. 어느 때처럼 규정을 위반하고 실험실에서 담배를 피우던 학생이 손에 묻은 시클라메이트 때문에 단맛을 느끼면서 발견에 '성공'한 것이다.

인간을 비롯한 지구의 탄소 생명체는 고탄소 먹거리를 통해 에너지와 영양을 섭취한다. 오늘날 현대 식품산업을 새롭게 만든 사카린과 시클라메이트뿐 아니라 향미증진제인 글루탐산나트륨sodium glutamate, 마가린으로 사용되는 수소화된 식물유 등 약 1만 5,000종에 달하는 식품첨가물이 그 노력의 결과물이다. 그러나 모든 일에는 양면성이 존재한다. 우리는 인공감미료를 남용할 때 어떤 위험성이 있는지를 아직 명확하게 밝히지 못했다. 게다가 아직 인공 유기물을 무조건 믿을 만큼 충분한 확신도 없다. 지난 세월 동안 인공 유기물이 인류에게 고통을 주었던 것은 사실이기 때문이다.

15.
탄소의 비극이 불러온
대전환

돌이 깔린 길바닥은 진흙으로 뒤덮여 있었고, 거리는 새까만 안개에 휩싸여 있었다. 비가 부슬부슬 내린 탓에 손에 닿는 모든 것이 차갑고 끈적끈적하게 느껴졌다.

찰스 디킨스Charles Dickens의 소설 《올리버 트위스트Oliver Twist》에서 '안개의 도시' 런던의 밤거리는 이렇게 묘사되어 있다. 진흙과 안개 그리고 비 때문에 느껴지는 끈적끈적한 질감까지, 문장 곳곳에서 불쾌감이 묻어난다.

런던이 항상 이런 것은 아니다. 영국 역사를 훤히 꿰뚫은 디킨스가 《찰스 디킨스의 영국사 산책A Child's History of England》에서 묘사한 런던은 고대에는 깔끔한 도시였지만, 디킨스가 살던 시대에 산업혁명이 시작되면서 시내 곳곳에 공장이 빽빽하게 세워졌고 강철 괴수처럼 생긴 수많은 굴뚝이 대기 중에 뿜어내는 각종 폐기물로 도시 전체가 뒤덮이게 되었다.

그림 4-4. 클로드 모네Claude Monet가 그린 런던 국회의사당

어지러운 도시의 전경을 머릿속에 떠올리기가 쉽지 않지만 당시의 모습을 미뤄 짐작하게 해주는 곤충이 있다. 당시 런던 지역에는 자작나무에 해를 끼치는 회색가지나방Biston betularia이라는 학명의 회색빛 나방이 흔했는데, 런던 사람들은 나방의 날개에 검은색 반점이 있어서 보통 얼룩나방이라고 불렀다.

런던에 사는 얼룩나방은 생물학자 찰스 다윈Charles Darwin의 주의를 끌었다. 지난 수십 년 동안 회색빛이던 얼룩나방의 날개가 갈수록 검게 변하더니 아예 날개의 검은색 반점이 보이지 않을 정도로 까맣게 변해버렸기 때문이다. 과거에는 회백색 자작나무를 집으로 삼은 덕분에 회색 날개의 얼룩나방이 자신을 숨겨 천적에게 잡아먹힐 운명에서 벗어날 수 있었으나, 공장

매연으로 회백색 자작나무의 가지가 검게 변하자 천적의 눈에 쉽게 띄어 잡아먹혔다. 그에 반해 본래 검은색 날개를 가진 얼룩나방은 생존 확률이 높아져서, 과거 1퍼센트에 불과했던 개체수가 95퍼센트로 늘어났다. 이 사실을 토대로 후일 다윈은 자신이 가장 자랑스럽게 생각한 이론인 '자연선택설'을 세상에 내놓았다.

물론 회색가지나방민으로는 디윈의 이론을 정확하게 설명할 수 없다. 선택을 행한 것은 자연이 아니라 인간의 행위로 유발된 변화이기 때문이다. 그러나 변해버린 회색가지나방의 모습과 런던의 안개 사이에 어떤 관계가 있을 것이라고 생각한 사람은 당시에 거의 없었으며, 안개의 도시에 사는 사람들은 과거와 마찬가지로 우아하게 차와 연극을 즐길 따름이었다.

1만 명의 목숨을
앗아간 탄소 안개

산업혁명 이후 100여 년이 흘러 1952년 말, 급변하는 국제정세와 달리 안개의 도시는 변함없는 모습을 자랑하고 있었다. 과거 대영 제국이 누렸던 영광은 조금 퇴색했지만, 시내의 공장에서 여전히 요란한 소음이 들려오는 도시 런던은 100년 전보다 훨씬 현대화되고 생활 리듬도 빨라져 있었다.

그해 12월 5일, 엄청난 규모의 안개가 이 오래된 도시에 내려앉았다. 후일 '그레이트 스모그Great Smog'라 불린 이 짙은 안개를 대수롭지 않게 생각한 사람들은 직장이나 학교에 가려 길을 나섰고, 거리로 나온 시민들은 커피 한

탄소 | 탄소 생명체의 고탄소 생활사

그림 4-5. 1952년 런던에서 발생한 그레이트 스모그 사건

잔 마실 시간조차 없다는 듯이 발걸음을 재촉했다. 이윽고 도로가 교통 체증으로 마비 상태가 되자 교통질서 유지를 위해 횃불을 든 경찰들이 거리로 나왔다. 하지만 짙은 안개는 보통 때와 달리 점차 사라지기는커녕 4일 내내 런던을 할퀴다가 12월 9일이 되어서야 서풍에 실려 날아갔다.

나흘 동안 런던을 짓누른 안개는 거대한 몸집의 소마저도 쓰러뜨리는 독성 가스였다. 이 짙은 안개는 최소 6,000명의 목숨을 앗아갔지만 이는 시작에 불과했다. 독성 물질을 흡입한 탓에 이후 한 달간 만 명에 가까운 사람이 호흡기 질환으로 세상을 떠났기 때문이다.

100여 년간 런던을 뒤덮은 안개는 산업공해가 만들어낸 부산물이므로 요즘 용어로 표현하자면 안개가 아니라 '스모그'라고 부르는 것이 옳다. 1차 산업혁명은 런던 스모그의 주범인 석탄을 태우면서 시작됐다. 수억 년 전, 지각변동으로 인해 땅속에 파묻힌 지상 식물이 고온과 고압 환경에 노출되거나 미생물의 작용을 받아 섬유소를 비롯한 여러 유기 분자에 변화가 일어났고, 점차 탄소 함량이 높은 화석, 곧 석탄으로 변하게 되었다. 흑연과 비슷한 구조를 가진 석탄은 탄소 원자로 이뤄진 흔한 결정체 중 하나이며, 탄소와 함께 다양한 유기물을 구성하는 원소인 수소, 산소, 질소, 황 등 여러 원소가 섞여 만들어진 물질이다.

그래서 석탄을 태우면 이산화탄소와 함께 여러 가지 유기물이 우르르 쏟아져 나온다. 그중 매연 속 질소 원자는 질소산화물로, 황 원자는 높은 확률로 이산화황ulfur dioxide, SO$_2$이 되는데 모두 우리의 호흡기 건강을 위협하는 원흉이다. 이는 빙산의 일각에 불과하다. 가령 석탄을 연소하는 과정에서 만들어진 매연과 분진은 사방으로 퍼져나가 자작나무를 검게 물들였고, 천적을 피해 몸을 숨긴 회색가지나방을 억지로 노출시켰다. 사카린의 원료인 콜타르는 도시 곳곳에 끈적끈적하게 들러붙어 비가 올 때마다 빗물을 타고 강과 바다로 흘러들어 사람들을 골치 아프게 했다. 품질 좋은 무연탄을 사용하면 콜타르 잔류량은 줄일 수 있겠지만 기체 형태의 유기물은 손쓸 방법이 없다. 매연에 들어 있는 강력한 발암 물질인 '다환 방향족 탄화수소polycyclic aromatic hydrocarbon'만 봐도 그렇다. 1차 산업혁명 때는 석탄을 태울 때마다 발생하는 다환 방향족 탄화수소를 줄일 효과적인 대책이 없었기 때문에 이 물질은 기류를 타고 사방에 위해를 끼쳤다.

환경을 오염시키는 유기물을 통제할 수 없는 상황은 석탄을 태울 때 말고도 부지기수로 벌어진다. 가령 석탄보다 유기물이 더 많이 들어 있는 석유를 사용할 때나, 쓰레기 소각을 통해 에너지를 얻는 발전소에서 뿜어져 나오는 매연은 석탄을 태울 때 발생하는 유기물보다 훨씬 더 유독하다.

지구 온난화와의
전쟁을 선포하다

결국 근본적 문제를 해결하지 않으면 어떤 도시라도 곤경에 빠질 터였다. 이 시기부터 '대기오염과 인류의 관계'는 정치가와 과학자의 관심을 한 몸에 받는 중요한 의제로 부상했다. 1989년, 세계보건기구WHO는 녹는점이 실온 이하이면서 끓는점은 섭씨 50~260도 사이인 유기물을 '총휘발성유기화합물'이라고 정의했다. 이처럼 유해 유기물의 범위를 구체적으로 정의한 이유는 강력하게 관리하고 통제하지 않는다면 인류의 건강을 위협하는 물질에 의해 우리 삶의 터전이 무너져버릴 가능성이 있기 때문이다.

공기 중의 기체 유기물은 다양한 화학반응에 참여할 수 있는데, 특히 태양광에서 나오는 여러 광선은 이러한 화학반응이 발생하도록 촉진해서 '광화학 스모그'를 만들어낸다. 바로 런던의 안개를 색색으로 물들인 주범이다. 로스앤젤레스는 1940년대부터 광화학 스모그의 공격을 받은 것으로 유명한 도시다. 자동차의 연료인 휘발유와 경유가 불완전연소로 배출한 푸르스름한 배기가스에는 탄화수소화합물로 이루어진 유기물이 가득했다. 이 유기물이 자외선과 반응하여 매우 위험한 유해물질로 변해 광화학 스모그가 발생했으며, 광화학 스모그가 도시를 뒤덮을 때마다 노인들이 호흡기 질병으로 대거 사망하는 비극이 일어났다.

끓는점이 낮은 저분자 유기물은 기체로 변하면 그만큼 밀도가 낮아져 바람을 타고 순식간에 성층권까지도 도달할 수 있다. 인간이 배출하는 저분자 유기물은 화학반응성이 강한 탓에 성층권까지 도달하면 오존층과 반응을 일으킨 후 지구의 보호막을 파괴한다. 우리가 이 문제를 깨달았을 때는 충격적이게도 이미 남극 상공의 오존층에 거대한 구멍이 뚫린 상태였다. 그리고 이 파괴의 원흉은 오존층을 구멍 내고 나서도 사라지지 않고 계속 흉악한 짓을 저지르고 다녔다.

더 끔찍한 일은 그 후 생겼다. 흔히 알려진 바와 같이 온실가스의 일종인 이산화탄소는 자외선을 흡수하고 또 방출하면서 한겨울의 솜이불처럼 공기를 데운다. 최근 200년 동안 지구의 이산화탄소 농도는 인류의 활동으로 두 배 이상 증가해 440피피엠*에 달했으며, 지금도 계속 상승하는 중이다. 지구의 역사가 수억 년에 달한다는 점을 감안하면 별것 아닌 변화처럼 느껴질 수 있지만 인류 문명사가 수천 년에 불과하다는 점을 생각하면 이 신호는 절대로 긍정적으로 해석할 수 없다.

계속해서 온실가스 농도가 올라가면 지구 온난화 문제가 심각해질 것이라는 과학자들의 우려 섞인 목소리 덕분에 1997년 12월에 세계 각국 대표들은 일본 교토에서 개최된 유엔UN 기후변화협약 제3차 당사국 총회에 참가해 〈교토의정서Kyoto Protocol〉를 채택했다. 지구 대기 중 온실가스 농도를 적절히 관리하도록 모든 당사국이 힘을 합친다는 내용을 담은 이 의정서는 지구 온난화와의 전쟁을 전 인류에게 알리는 상징적 의미가 있다.

그 후 20여 년 동안 지구 온난화를 둘러싸고 끊임없이 논쟁이 일었다. 지구가 정말로 뜨거워지고 있음을 보여주는 자료가 많지만 인간처럼 힘없

---

* 지구 지각 내 원소 존재비란 인공적으로 만들어지지 않은 모든 자연의 물질인 자연체natural body의 총무게 중에서 어떤 원소가 차지한 무게의 상대적 비율을 뜻한다. 피피엠parts per million은 원소 존재비의 농도를 백만분율로 나타내는 단위다.

이 미미한 존재가 지구에 근본적인 변화를 일으킬 리가 없다며 지구 온난화를 부정하는 목소리도 작지 않았다. 하지만 인류가 지금 이 순간에도 대기 중에 매연을 배출하고 있다는 사실에는 의심할 여지가 없다. 인류 문명이라는 자동차는 산업혁명이 달아준 가속 페달 덕분에 더 빨리 달릴 수 있게 되었지만 이 브레이크 없는 자동차로 위기에 처했을 때 대처할 방법을 우리는 아직도 모른다.

2015년 11월 30일, 150여 개국 정상과 지도자가 지금까지 열린 기후변화 관련 회의 중 규모가 가장 큰 제21차 유엔 기후변화협약 당사국 총회 개막식에 참여하기 위해 프랑스 파리에 모였다. 그 후 10여 일간 논의한 끝에 〈파리기후변화협약Paris Climate Change Accord〉이 12월 12일에 만장일치로 채택되었다. 이 협정은 지구 평균 기온 상승을 산업화 이전 대비 섭씨 2도 아래로 억제하는 동시에 최대 섭씨 1.5도로 제한하자는 명확한 목표를 내걸었고, 모든 국가가 2021년부터 함께 장기전에 돌입하자는 약속을 담았다. 환경 문제 해결이라는 절대 물러설 수 없는 전쟁에 돌입한 것이다.

끝없는 인류의 욕망이
지옥의 문을 열고 있다

오늘날의 고층 빌딩은 태풍이나 홍수뿐 아니라 지진도 이겨낼 만큼 인류 역사상 그 어떤 건축물보다도 튼튼해 보이지만 실내에 다양한 총휘발성유기화합물, 곧 실내 TVOC를 배출해 우리의 건강을 위협한다. 런던의 스모그나로스앤젤레스의 광화학 스모그처럼 육안으로 보고 코로 냄새를 맡을 수 있는 도시 오염물과 달리 형태와 색깔이 없는 것은 물론, 아무 냄새도 나지 않는 실내 TVOC는 조용히 집 안에 숨어 있다. 성가시게도 실내 유해 유기물의 출처를 알아내는 것은 도시 오염물의 출처를 알아내는 것보다 더 어렵다.

실내 TVOC에 속하는 톨루엔toluene이 바로 그 예다. 단순한 분자 구조로 이뤄진 이 유해물질은 현대식 공법으로 지은 집이라면 농도의 차이만 있을 뿐 없는 집이 절대 없다. 흔히 쓰는 실내 건축자재부터가 톨루엔으로 뒤범벅되어 있다. 톨루엔은 다른 물질을 녹이는 성질이 뛰어나 페인트의 용매로 사용되는 경우가 많다. 또한 여러 접착제와 목제 광택제로도 널리 사용된다. 요즘에는 가구를 고를 때 합판 가구에서 폼알데하이드formaldehyde를 비롯한 유해 유기물이 기준치를 초과할 정도로 방출된다는 점을 알고 원목 가구를 고르는 사람이 많아졌지만, 원목 가구를 전통 방식으로 제작할 때도 톨루엔을 포함한 유기물을 쓰지 않을 수 없다. 원목 가구를 제작할 때, 접착제 대신 장붓구멍과 장부를 끼워 만드는 방법을 사용하고 합성 왁스 대신 물리적으로 목재를 갈아서 윤을 내더라도 방수, 방충, 착색 효과 강화 등을 하려면 유기물을 쓸 수밖에 없다. 톨루엔이 자주 모습을 드러내는 또 다른 인테리어 용품으로 카펫이 있다. 물리적·화학적 성질이 우수한 화학섬유 카펫은 내마모성, 미관, 방충, 방화 등 다양한 기능을 갖추고 있어 전통적인 실크 카펫에 비해 훨씬 장점이 많다. 이처럼 뛰어난 기능을 갖추려면 섬유 기능을 살려주는 섬유 가공제로 범벅할 수밖에 없다. 카펫을 바닥에 고정할 때 사용하는 카펫 타일 접착제도 그야말로 톨루엔덩어리라고 할 수 있다. 이외에 어린이 장난감, 책, 옷, 수정 펜, 매니큐어 등에서도 톨루엔이 계속 검출되고 있다.

다윈의 자연선택설 이론에 따르면 우리 인간은 기나긴 진화 과정을 거치면서 이익이 되는 것은 따르고 해가 되는 것은 피하는 인식 체계를 갖췄다. 어떤 물질이 유해하다고 판단되면 우리 몸은 이 물질에 민감하게 반응하고, 뇌는 위험을 피하라는 지시를 내린다. 이 때문에 우리가 유쾌하다고 느끼는 냄새는 대부분 무해하고, 불편하다고 느끼는 냄새는 반대로 유해하다. 그런데 인공 유기물이 인간과 함께한 역사는 겨우 180년밖에 되지 않았다. 다시 말해 인공 유기물은 본능적으로 정확한 판단을 내릴 수 없을 정도로 낯선 물질이라서 유해성이 발견되기 전이나 돌이킬 수 없는 피해를 주기 전까지 오랜 시간 동안 우리 곁에서 제 정체를 감춘 채 지낼 수 있다. 따지고 보면 모두 인간의 생활 양식 때문에 벌어진 상황이므로 유기물을 탓할 일은 아니다.

지난 세월 동안 우리는 끊임없이 거주 환경을 개선해왔다. 진흙을 다져 만든 바닥이 너무 더러워서 시멘트 바닥으로 바꿨고, 시멘트 바닥이 예쁘지 않아서 대리석 바닥으로 바꿨으며, 미끈거리는 대리석 바닥은 나무 바닥으로 바꿨고, 그렇게 바꾼 나무 바닥은 불편해서 또 카펫을 깔았다. 하지만 카펫으로 부족하면 이제 무엇을 더 해야 할까? 아마 이 질문에 대답할 수 있는 사람은 없을 것이다. 한 단계, 한 단계씩 커지는 소비 욕구는 언제쯤 끝에 다다를까? 어쩌면 아예 끝이 없을지도 모른다. 엄청난 양의 탄소를 배출할 수밖에 없게 만드는 고탄소 생활 양식은 탐욕적이고 방탕하다.

지구상의 각종 원소는 모두 유한하며, 공기의 용량도 유한하다. 따라서 우리의 사리사욕을 채우려고 지구를 속속들이 개발하고, 우리 마음대로 폐기물을 공기 중에 배출해서는 안 된다. 줄어들 줄 모르고 늘어나기만 하는 수요를 맞추기 위해서 언젠가 인류는 광년光年이라는 단위로만 설명할 수 있을 정도로 까마득히 먼 행성을 개발해야 하겠지만, 그전에 먼저 인간이 배출해내는 물질의 양이 지구가 감당할 수 있는 정도를 넘어서지 않도록 해야 한다.

우리가 사는 집 곳곳에서 튀어나오는 탄소 원소는 이제 인간에게 선택해야 할 시간이 닥쳤음을 알려주고 있다. "우리 앞에 모든 것이 있었고, 우리 앞에 아무것도 없었다. 모두 천국으로 향하는 길을 걷고 있었고, 모두 지옥의 문으로 들어가고 있었다"라는 디킨스의 문장처럼 말이다.

16.
탄소가
미래를 열고 있다

'고탄소'의 반대말인 '저탄소'라는 말을 들으면 사람들 머릿속에 가장 먼저 떠오르는 것은 아마도 교통수단일 것이다. 자동차는 주로 석유에서 추출한 휘발유와 경유를 사용하기 때문에 탄소에 대한 의존도가 높을 수밖에 없다. 고탄소 생활 양식을 대표하는 물건이자 현대 사회에서 꼭 필요한 교통수단인 자동차를 포기하지 않고도 저탄소를 실현할 방법은 없을까? 결자해지라는 말처럼 탄소가 바로 문제 해결의 열쇠를 쥐고 있다.

휘발유와 경유를 포함한 여러 종류의 연료유는 대부분 탄소와 수소로 이루어진 유기화합물인 탄화수소에 속한다. 탄화수소가 공기와 접촉해 산화하면 수소 원자는 물로 바뀌고 탄소 원자는 이산화탄소로 바뀐다. 그러나 이러한 화학반응은 중학교 화학 교과서에나 등장할 법한 이상적인 사례에 불과하며, 실제로는 이보다 훨씬 더 복잡한 과정을 거친다. 휘발유의 경우 분자 한 개가 완전히 산화하려면 산소 분자 열둘 또는 열세 개가 필요하다. 동일한 조건에서 기체의 부피는 분자의 개수와 정비례하므로 기화한 휘발유가 내연 기관에 들어간 뒤 완전연소하려면 최소 열 배의 산소가 필요하지만 공기 중의 산소 농도는 겨우 21퍼센트밖에 되지 않으므로 결국 공기의 부피가 50~60배는 되어야 휘발유가 완전연소한다.

들어오는 공기가 부족해도 수소는 물로 바뀔 수 있지만 일부 탄소는 일산화탄소로 바뀐다. 일산화탄소의 또 다른 이름이 '가스gas'이며, 색깔도 냄새도 없는 독극물이라는 점을 감안하면 이는 결코 좋은 일이라 할 수 없다. 특히 자동차 엔진이 충분히 가동되지 않는 공회전 상태에서는 휘발유가 완전연소하기 어려우므로 일산화탄소 생성량이 급격히 상승하는데, 이때 차 내의 공기가 원활하게 순환되지 않으면 실내 일산화탄소 농도가 평소보다 수십 배나 더 높아지며 승객들은 그 어떤 흔적도 남기지 않는 일산화탄소의 칼날에 목숨을 잃게 될 수도 있다. 실제로 정차 중에 시동을 끄지 않아 차 안에 있던 사람들이 일산화탄소에 중독된 사건이 흔히 발생한다.

하루가 멀다 하고 일어나는 도시의 교통 체증으로 자동차가 가다 서기를 반복하며 연소가 충분히 이뤄지지 않으면 어떻게 될까? 이때 탄소 원자는 일산화탄소로 변하는 일조차 귀찮아해서 아예 카본블랙carbon black이 되어버린다. 카본블랙은 자동차의 배기가스를 따라서 나오거나 배기가스 파이프 내벽에 들러붙어 생기는 그을음으로, 온 세상에 자동차가 매연 배출의 주범임을 알리는 표지 역할을 한다.

본래 일산화탄소와 카본블랙은 자동차가 동력을 더 많이 생성하도록 도와줘야 하는 물질이지만 불완전연소라는 반응을 거치면 환경의 적이 되어버린다. 이러한 사태를 미연에 방지하고자 엔진에 공기를 더 많이 주입해 연료가 완전연소하도록 도와주는 기계인 터보차저turbocharger 같은 다양한 보조 장치가 자동차에 추가되어 있다. 하지만 본질적인 문제가 해결되지 않으므로 악순환의 고리를 완전히 끊으려면 연료부터 손봐야 한다.

자동차 연료부터
바꿔야 한다

엄청난 발열량을 자랑하며 강력한 동력을 제공해주는 탄화수소화합물은 의심의 여지 없이 인류가 찾아낸 이상적인 연료 중 하나다. 하지만 얻는 것이 있으면 잃는 것도 있다. 높은 발열량 뒤에는 항상 불안정한 연소라는 위험이 따라오며 이 때문에 가볍게 폭발하는 분자도 있다. 이러한 현상을 '이상폭발knocking'이라고 부르는데, 자동차에 이상폭발이 일어나면 운동 에너지 손실, 휘발유 낭비, 기계적 손상 등 결코 얕잡아 볼 수 없는 문제가 생긴다.

그런데 이상폭발을 연구하던 중에 휘발유에서 이상폭발에 대한 저항성을 뜻하는 내폭성이 낮은 노말헵테인normal heptane이라는 물질과 반대로 내폭성이 높은 아이소옥테인isooctane이라는 물질이 공통으로 나타나는 현상을 발견하게 되었다. 사람들은 이 두 물질을 이상폭발에 대한 저항성을 나타내는 기준으로 사용하고 '옥테인값octane rating'(옥탄가)이라는 이름을 붙였으며, 노말헵테인과 아이소옥테인의 옥테인값을 각각 0과 100으로 정했다. 이러한 기준이 생긴 덕분에 휘발유의 내폭성 정도를 알아볼 때 이 두 물질과 비교한 후 0~100 사이의 숫자로 나타낼 수 있게 되었다. 널리 쓰는 휘발유의 옥테인값은 90 이상이다.

　사람들은 여기서 그치지 않고 내폭성을 향상하기 위해 또 다른 유기물을 활용했다. 바로 테트라에틸납tetraethyllead이다. 이 물질은 토머스 미즐리Thomas Midgley에 의해 자동차에 활용되었다. 제너럴 모터스에 입사한 미즐리는 기계공학을 전공했지만 1916년에 우연한 계기로 휘발유 이상폭발 방지 대책 수립 책임자로 임명되었다. 정통 화학 교육을 받은 화학자들도 이상폭발의 원인을 알지 못해 막막해하던 중에 미즐리는 늦깎이 화학도가 되어 본격적으로 화학 공부에 매진하기 시작했다. 어느 날 주기율표를 들여다보며 탄소 아래에 있는 규소, 저마늄, 주석, 납 등의 원소 이름을 쭉 읽어나가던 미즐리의 머릿속에 갑자기 어떤 생각이 스쳐 지나갔다. 만약 분자의 탄소 원자 한 개를 동족 원소의 원자로 바꾸면 어떤 효과가 일어날까?

　이러한 아이디어를 바탕으로 물질을 찾아 나선 결과, 1921년에 그는 테트라에틸납이라는 뛰어난 내폭성을 지닌 물질을 발견했다. 하지만 테트라에틸납에 함유된 '납'의 유독성이 널리 알려진 상태였다. 이 새로운 물질을 대중이 쉽게 받아들이지 않으리라 판단한 미즐리는 연구 결과를 보고할 때는 납에 대해 대략적으로만 설명하고, 세상에 선보일 때는 '테트라에틸납'을 간략하게 줄인 '에틸ethyl'이라는 상품명을 붙여 내폭제 상업화에 성공했다. 이듬해에 미즐리는 내폭제를 발명한 공로를 인정받아 미국화학회로부터 니콜스상Nichols Award을 받았다.

　진실은 드러나게 마련이다. 얼마 지나지 않아 에틸이 문제를 일으켰다. 에틸을 생산하던 인부들에게서 심각한 중독 현상이 나타났고, 몇몇 사람은 목숨을 잃었다. 하지만 에틸의 안전성을 증명하겠다며 미즐리가 공개 석상에서 1분 동안 테트라에틸납을 흡입했고, 이 사건은 곧 흐지부지되었다. 비록 언론의 공격은 막았지만 겨우 1분간 흡입한 연기로 인해 미즐리는 1년 동안이나 정상적으로 일할 수 없을 정도로 건강에 심각한 타격을 입었다. 간신히 건강을 회복하자마자 미즐리는 냉장고 냉매 개발에 착수했고, 연구 능력이 뛰어난 그는 단 며칠 만에 프레온freon이라는 이름의 새로운 상품을 개발해냈다. 오존층을 파괴하는 범인 중 하나인 그 가스다.

프레온이 눈에 보이는 피해를 줬다면, 테트라에틸납은 은밀하게 환경을 파괴했다. 자동차 배기가스와 함께 대기 중으로 배출되는 테트라에틸납은 밀도가 공기의 열한 배나 높은 탓에 대기 상층부로 올라가지 못하고 지면 근처에 쌓여서 생물권에 직접적으로 피해를 입힌다. 게다가 몇 년이 지나서야 증상이 겨우 드러나므로 병의 원인을 확실하게 진단받았을 때는 손쓸 수 없을 만큼 늦은 경우가 많았다. 일찍부터 사람들은 테트라에틸납의 인체 유해성을 의심했지만, 자동차 배기가스에서 배출된 납이 공기 중에 있는 납의 90퍼센트를 차지할 정도로 상황이 심각했던 1980년대에 들어서야 납이 함유된 '유연휘발유(에틸가솔린)'는 역사의 쓰레기통에 버려졌다.

전설적인 테트라에틸납이 무대에서 퇴장할 즈음, 피해를 본 사람들의 분노는 이 물질을 발명한 미즐리에게 옮겨갔고 그를 비난하는 과정에서 그의 기구한 운명도 세상에 알려졌다. 미즐리의 천부적인 재능은 전 세계뿐 아니라 자기 자신도 기만했다. 오랫동안 미즐리와 함께해온 납이 두 다리를 거의 마비시키고 뼈에 이상을 일으킬 만큼 건강을 악화시켰던 것이다. 엄청난 질병의 고통에 시달리던 미즐리는 전공인 기계공학 기술을 활용해 장애인이 몸을 쉽게 뒤집을 수 있도록 보조해주는 장치를 만들고, 이번에도 솔

선수범해서 생애 마지막까지 발명품을 사용했다. 안타깝게도 그의 전설적인 발명품인 테트라에틸납과 달리 성능은 뛰어났지만 안전성이 떨어진 이 기계는 금방 고장을 일으켰고 미즐리는 줄에 목이 감겨 구조를 요청하기도 전에 유명을 달리하고 말았다.

슬프게도 미즐리에게는 테트라에틸납 말고도 다른 선택지가 있었다. 바로 에탄올ethanol이다. 일반적으로 알코올이라고 불리는 에탄올은 탄소 원자 두 개와 수소 원자 여섯 개, 산소 원자 한 개로 이뤄진 단순한 구조의 유기 분자다. 산소 원자가 들어 있는 탓에 같은 부피의 휘발유에 비해 발열량이 3분의 2 정도밖에 되지 않아 낮은 편에 속하지만, 휘발유의 품질을 크게 향상하고 이상폭발이 덜 일어나게 도와줄 수 있다.

미즐리가 에탄올을 선택하지 않은 이유는 혼화성miscibility, 곧 다른 액체와 섞이는 능력이 약하고 자동차 부품을 부식시키기 때문이었다. 하지만 그가 테트라에틸납이라는 물질을 선택했다는 결과만 놓고 봤을 때, 에탄올의 단점이라고 거론된 이유는 그저 핑계에 불과했으며 진짜 이유는 아마 낮은 경제성으로 보인다. 에탄올은 별다른 기술력이 없어도 누구나 생산할 수 있으므로 생산자가 시장을 독점할 수 없을 뿐 아니라, 에탄올을 발견한 정도로는 미즐리도 명성을 얻을 수 없었을 것이다.

오랜 세월이 흘러 납이 없는 무연휘발유 시대가 된 오늘날, 에탄올은 신재생에너지라는 새로운 신분증을 발급받고 사람들로부터 재평가받고 있다. 자연의 화석 에너지로부터 만들어지는 휘발유와 달리 에탄올은 생물권이 만들어낸 걸작이다. 식물은 광합성을 통해 포도당을 생산하고 셀 수 없을 정도로 다양한 생물에게 영양분을 공급한다. 여기서 산소가 없어도 포도

탄소 | 탄소 생명체의 고탄소 생활사

당 대사가 가능한 효모와 같은 진균은 받아들인 포도당 분자를 에탄올 분자 두 개와 이산화탄소 두 개로 바꿔놓는다. 에탄올 농도가 높으면 효모도 번식을 중단하고 사멸하기 때문에 상당히 위험한 대사 방식이지만 이러한 대사 과정을 거쳐서 만들어지는 유혹적인 에탄올 향기를 이기지 못한 인류는 막걸리나 차조와 수수를 넣고 만든 황주, 맥주, 포도주, 백주 등 다양한 알코올 음료를 탄생시켰다.

에탄올은 발열량이 높지 않지만 완전연소가 가능하므로 휘발유에 조금 첨가하는 정도로는 자동차 동력에 큰 영향을 끼치지 않는다. 더군다나 현대의 자동차는 순수한 에탄올 연료만 사용해도 부식되지 않을 정도로 기술력이 좋아졌고, 이상폭발 없이 부드럽게 연소하는 에탄올은 오히려 엔진의 수명을 늘리는 데 도움이 된다. 무엇보다 에탄올을 이용하면 온실가스나 폐기물 배출이 없는 '무배출zero emission'을 실현할 수 있다. 식물은 태양광만 있으면 매년 많은 양의 포도당을 생성하고 공기 중의 이산화탄소도 흡수할 수 있다. 따라서 이론적으로는 식물을 통해 생성되는 포도당을 몽땅 에탄올 연료로 가공해도 연소로 발생하는 이산화탄소의 최대치는 식물이 흡수할 수 있는 양을 넘지 않는다.

저탄소 자동차 시대의
시작

인류는 3차 전지에 해당하는 연료 전지fuel cell를 개발하기 시작했다. 연료 전지는 메탄올methanol이나 에탄올을 연료로 사용하지만 직접 연소하는 것이 아니라 충전식 전지처럼 전극 표면에서 산화시켜 전기를 생성한다. 곧 전기 에너지를 동력원으로 사용하므로 에탄올의 낮은 발열량이라는 단점도 자동차에 문제가 되지 않는다.

그렇다면 전기로 달리는 자동차를 만들면 어떨까? 최근 10여 년 동안 눈부시게 발전해온 전기 자동차야말로 저탄소 배출을 실현할 열쇠가 될 것이라고 믿는 사람이 많다. 다만 이는 차체 무게를 가볍게 하지 않고서는 불가능하다. 탄생 초기만 해도 자동차는 강철로 만든 괴물이라고 할 정도로 철이 많이 사용되어 매우 무거웠다. 뉴턴의 고전역학에 따르면 자동차의 에너지 소모는 주로 공기 저항과 지면 마찰력에 의해 일어나며, 공기 저항은 자동차의 형태와 밀접한 관계가 있고 마찰력은 바퀴와 차체 무게의 영향을 받는다. 무작정 무게를 줄이면 차량의 안전성이 낮아진다. 하지만 에너지 절감뿐 아니라 자동차의 속도와 성능을 향상하기 위해서라도 자동차 경량화가 필요하다. 한때 자동차 경량화는 밀도가 철의 3분의 1에 불과한 알루미늄 합금이 등장하면서 가능할 것 같았지만 밀도가 낮은 만큼 강도도 떨어지는 탓에 한계가 있었다.

실질적으로 자동차 경량화의 가능성을 열어준 것은 복합재료composite material다. 복합재료란 여러 종류의 소재를 조합해서 만든 신소재 중에서도 유기 고분자 소재를 바탕으로 만들어진 물질을 가리킨다. 그중 알루미늄 합금의 절반도 되지 않을 정도로 밀도가 낮지만 강도는 철강을 능가하는 복합재료가 있다. 바로 탄소섬유carbon fiber다. 일찍이 에디슨의 전구에서 필라멘트로 사용된 탄소섬유는 최근에 와서야 최첨단 소재로 새롭게 주목받고 있다. 대나무를 고온에서 탈수시키면 주로 탄소로 이뤄진 섬유 형태의 탄소 필라멘트, 곧 대나무 숯을 얻게 된다. 하지만 대나무 숯은 TVOC를 흡착하는 용도로는 쓸 수 있어도 어떤 물건을 가공하는 소재로 사용하기에는 적합하지 않다. 1950년대에 들어서야 아크릴섬유 역시 고온에 노출되면 탄화 반응에 의해 탄소 필라멘트가 된다는 흥미로운 사실이 발견되면서 재료공학자들은 이제 철강처럼 단단한 신소재를 개발할 수 있게 되었다며 뛸 듯이 기뻐했다.

일반적으로 자연계의 탄소는 부드러운 흑연과 지금까지 알려진 물질 중에서 가장 단단한 물질인 금강석이라는 두 가지 형태로 존재한다. 금강석은 탄소와 탄소 사이의 결합력이 외력으로 떼어낼 수 없을 만큼 강하기 때문에 단단하다. 그렇다면 흑연도 금강석과 똑같이 탄소 원자로 구성된 물질인데 왜 연필심으로 쓸 수 있을 만큼 무를까? 흑연은 결합체를 무한대로 늘려 벌집 모양의 육각형 평면 그물망을 만들 수 있는데, 이렇게 만들어진 흑연 그물망은 금강석보다 견고하지만 그물망과 그물망 사이의 결합력이 약하다. 그래서 우리가 연필로 글씨를 쓸 때 흑연이 한 꺼풀씩 떨어지지만 육각형 그물은 본 모습 그대로 아무 손상 없이 유지된다.

이 그물망을 엇갈리게 짜면 어떨까? 이러한 아이디어를 바탕으로 철강 강도 수준의 탄소섬유가 탄생했다. 1981년에 열린 F1 경주장에서 영국 자동차 브랜드 매클레런McLaren이 차체 대부분을 탄소섬유로 제작해 중량을 획기적으로 줄인 신형 경주용 차량 'MP4-1'을 선보였다. 이 덕분에 매클레런팀은 1980년대 내내 레이싱계를 호령한 최강자로 자리 잡았으며, 1992년에는 F1 경주장에서 영감을 받아 도로 주행용 슈퍼카이자 최초의 양산형 탄소섬유 자동차인 '매클레런 F1' 모델을 출시했다. 차체 전체를 탄소 섬유로 만든 매클레런의 경주용 차량 모델은 생산이 중단된 2005년까지 줄곧 경이로운 속도로 새로운 신화를 써나갔고, 지금까지도 자동차 애호가들 사이에서 전설로 꼽힌다. 유기 복합소재로 철강을 대체하는 것이 더 이상 꿈이 아니라는 점을 보여줬다는 점에서 재료공학적으로 매우 큰 의미가 있는 자동차였다.

탄소를 타고
우주 너머로

모든 유기물이 탄소를 뼈대로 삼고 있지만 탄소 함량이 95퍼센트나 되는 소재는 탄소섬유 하나밖에 없다. 그동안 저탄소 자동차 시대를 열려고 갖은 방법을 써왔지만 결국 다시 탄소섬유라는 고탄소 소재를 사용하게 될 줄은 아무도 몰랐을 것이다. 의류와 식생활에 사용되는 고탄소 재료는 탄소에 대한 높은 의존도를, 주택에 사용되는 고탄소 건축자재는 높은 탄소 배출량을 뜻한다면, 교통수단에 사용되는 고탄소 소재는 높은 수준의 기술력을 의미하며 지금 우리 현대인의 이동 방식을 새롭게 그려가는 중이다.

아스팔트가 없었더라면 도로가 어떤 모습이었을지 도무지 상상하기가 어렵다. 규산염으로 구성된 시멘트로 도로를 포장했다면 노면을 고르게 만들기 힘들 뿐 아니라 비바람과 눈, 여름의 열기와 겨울의 추위를 이기지 못하고 도로가 부서졌을 것이다. 도로의 지시선에도 탄소가 있다. 지시선은 눈에 잘 띄면서도 잘 닳지 않고 열과 물에도 견딜 수 있도록 탄소를 첨가한 특수한 페인트로 그린다. 가드레일과 같은 도로 안전시설에도 탄소가 있다. 사시사철 자연에 노출되는 시설물에는 물이 닿아도 쉽게 부식하지 않도록 탄소로 만든 방부 도료를 도포한다.

기차를 타고 여행길에 나설 때도 탄소의 눈부신 모습과 조우할 수 있다. 현대를 상징하는 철도 교통시설인 고속철도에도 탄소 복합재료가 빠지지 않는다. 우선 차체를 만드는 데 복합재료가 사용된다. 또 레일 아래에 있는 자갈이나 흙으로 만든 노반이 빗물에 침식당하지 않도록 철도 표면에 겹겹이 페인트를 발라주는데, 그중 가장 겉면에 바르는 페인트는 방수 기능뿐 아니라 햇빛과 추위를 이겨낼 정도로 단단하고 잘 닳지 않기로 이름난 폴리우레아 페인트polyurea paint다. 만약 휴가를 가서 비행기나 요트를 탄다면 더더욱 탄소 복합재료의 영향권에서 벗어나지 못한다. 비행기와 요트 같은 교통수단에는 가볍고 내부식성이 높은 탄소 복합재료가 필수다.

언젠가 우주선을 타고 여행을 가게 될 때에도 탄소를 빼놓고는 갈 수 없다. 2019년 1월 11일, 세계 최초로 달의 뒷면에 착륙한 중국 무인 탐사선 '창어嫦娥 4호'와 탐사선에서 분리된 탐사로봇 '위투玉兔 2호'는 서로의 모습을 사진으로 찍었다. 그리고 탐사로봇의 가슴에 달린 국기가 선명하게 보이는 사진이 지구로 전송됐다. 대기가 존재하지 않을 뿐 아니라 낮에는 기온이 섭씨 200도까지 올라가는 데 반해 밤에는 영하 200도까지 뚝 떨어져 일교차가 매우 큰 혹독한 달 환경에서도 선명한 사진을 찍을 수 있었던 것은 바로 이 국기가 폴리이미드polyimide로 만들어졌기 때문이다. 극단적인 환경에서도 기계적 성능을 잘 유지하는 신기한 고분자 물질인 폴리이미드는 아폴로 11호가 달 착륙에 성공한 이래로 줄곧 보이지 않는 곳에서 인류의 달 탐험 프로젝트를 뒷받침해줬다. 탄소는 우리의 현재뿐 아니라 미래를 열어주는 원소다.

잠깐, 미래를 향해 나아가기 전에 잊지 말고 기억해야 할 원소가 하나 더 있다. 우리에게 놀라운 기쁨을 가져다줄 이 원소의 정체가 궁금하다면 다음 페이지를 펼쳐보라.

5부

타이타늄
불가능을 현실로 바꾸는 최강의 금속

맑은 바람 타고 하늘 위에 있는 아름다운 옥으로 만든 궁궐로
돌아가고 싶지만 저 높은 곳에 가면 추울까 봐 두렵네.
그래도 일어나 달그림자와 더불어 춤을 추니,
인간 세상에 이런 곳이 또 있겠는가.

— 송나라 시인, 소식蘇軾

17.

타이타늄,
인간의 날개가 되다

오래전부터 할리우드는 스크린을 통해 우리에게 다양한 미래를 제시해왔다. 세계 전쟁, 지구 종말, 지질 재해, 기후 온난화까지. 그중 항상 〈트랜스포머Transformers〉〈슈퍼맨Superman〉 같은 가상 세계에서 인간은 훨씬 앞선 과학기술을 가진 외계 생명체와 맞닥뜨릴 때마다 크나큰 대가를 치른다.

인간은 왜 이처럼 두려운 존재인 외계인을 만나고 싶어할까? 1977년 9월 5일, 미국 항공우주국NASA은 탐사선 '보이저Voyager 1호'를 발사했다. 이 탐사선에는 지구의 위치, 인류라는 종의 외형, 55개 언어로 녹음된 인사말 등 인류 문명에 관한 정보가 담긴 금박 LP판을 실었으며, LP판을 재생하는 방법을 친절하게도 덮개에 그림으로 설명해두었다. 이 LP판은 인류가 광활한 우주에 보낸 표류병인 것이다.

수만 년의 세월이 흐른 어느 날, 금박 LP판은 어쩌면 태양계로부터 가장 가까운 항성계 근처에 있는 '프록시마 센타우리Proxima Centauri'(지구에서 가장 가까운 항성'이라는 뜻), 곧 '외계인의 고향'에 도착할지도 모른다. 실제로 이미 태양계를 빠져나간 보이저 1호는 2036년쯤에 지구와의 교신도 끊긴 채 혼자 우주를 떠돌아야 한다. 이때 보이저 1호에게 남은 마지막 임무는 '외계인에게 발견되기'다. 어느 별의 주인이 LP판을 발견하고 그 안의 비밀을 해독해 인류에게 연락해주는 날이 오기를 인류는 손꼽아 기다린다. 비록 보이저 1호에 실린 금박 LP판은 상징적인 의미가 더 크지만 세상을 바꾸는 나비의 날갯짓이 될지 또 누가 알겠는가?

달 탐사의 이정표를 세운
일등 공신

당나라 시인 이백李白이 "외로이 사는 항아는 누구와 이웃해 있을까" "푸른 하늘에 올라 달을 잡고 싶네"라고 노래했듯이, 지난 수천 년간 인류는 끊임없이 달 착륙을 꿈꿨다. 1969년, 나사NASA가 발사한 '아폴로Apollo 11호'가 인류 최초로 달 착륙에 성공했으며, 이 우주선에 타고 있던 우주인 닐 암스트롱Neil Armstrong은 달 표면에 첫발을 내디디며 "한 인간에게는 작은 한 걸음이지만 인류에게는 위대한 도약이다"라는 명언을 남겼다. 이와 동시에 암스트롱과 동료들은 달은 항아도, 궁전도 없는 불모지라는 사실을 두 눈으로 똑똑히 확인했다.

그렇다면 우리가 직접 '달나라로 날아가 신이 된 항아' 신화를 현실로 만들면 어떨까? 중국은 2004년에 정식으로 달 탐사 계획을 수립하고, 이 계

그림 5-1. 암스트롱의 동료 우주인 버즈 올드린Buzz Aldrin이 달 표면에 남긴 발자국

획에 달의 여신 항아의 중국어 발음인 '창어嫦娥'를 붙여 '창어 프로젝트'라 이름 지었다. 그 후 3년에 한 번씩 탐사위성인 창어 1, 2, 3호를 순차적으로 발사했으며 세 탐사위성은 성공적으로 임무를 수행했다.

2018년 12월 8일, 드디어 창어 4호가 달로 가는 원정길에 올랐다. 창어 4호 탐사선의 목표는 인류가 한 번도 간 적이 없는 달의 뒷면에 가는 것이었다. 공전과 자전 주기가 같은 동주기 자전행성인 달은 지구에 한쪽 면만 보여준다. 그래서 지구에서 관찰할 수 있는 달의 부분을 앞면이라고 하고 반대편은 뒷면이라고 부른다. 달의 뒷면에 어떤 세계가 있는지 전혀 알 길이 없었기에 인류는 달의 뒷면에 외계인 기지가 있을지도 모른다고 추측하기도 했다.

2019년 1월 3일, 26일간의 기나긴 여행을 마치고 창어 4호가 목표 지점에 안전하게 착륙한 순간, 달의 뒷면에서 정말로 '외계인'이 튀어나왔다. 탐측 임무를 수행하기 위해 만든 스마트 탐사로봇 '위투(옥토끼라는 뜻) 2호'가 착륙선의 경사로를 타고 내려온 것이다.

위투 2호의 설계 속도는 시속 200미터다. '킬로미터'가 아니라 '미터'에 불과하지만 고속도로도, 전임자들이 남기고 간 자동차 바퀴 자국도 거의 없는 달의 뒷면을 달리기에는 대단히 빠른 속도다. 또한 달의 토양 곳곳에 널려 있는 바위와 운석 때문에 탐사로봇은 빠르게 움직일 수도 없다. 오히려 빨리 달릴수록 바퀴에 흙과 돌이 더 많이 딸려 들어가 로봇을 망가뜨릴 수 있다. 게다가 달 뒷면에 있었기 때문에 위투 2호가 어떤 문제에 부딪히더라도 통신 중계 위성 '췌차오鵲橋'를 거쳐야만 연구원들이 상황을 확인하고 제어 신호를 보낼 수 있었다. 명령을 보내 탐사로봇을 움직이는 데 몇 초나 걸리기 때문에 달에서 자동차 레이싱을 한다는 것은 절대 있을 수 없는 일이다.

위투 2호보다 먼저 달 착륙에 성공한 위투 1호가 최대한 조심히 달렸는데도 겨우 114.8미터밖에 움직이지 못하고 멈춰버린 것과 달리, 위투 2호는 2년 동안 600미터를 이동하며 우주 탐험사에 위대한 이정표를 세웠다. 이 역사적 현장에서 위투 2호와 창어 4호 탐사선이 서로 사진을 찍어주다가 탐사로봇의 바퀴가 선명하게 찍혔다. 위투 1호와는 완연하게 다른 바퀴였다.

위투 1호와 마찬가지로 위투 2호의 바퀴도 상하이우주항공시스템엔지니어링연구소上海宇航系統工程研究所 (항공우주원805연구소航天院805所)에서 만들었다. 위투 2호는 '6륜 독립식 서스펜션suspension*'을 차용했다. 다시 말해 주휠의 움직임을 조절하는 주 서스펜션 암과 부 서스펜션 암에 차동식 장치를 추가한 독립식 서스펜션을 탑재해 바퀴 여섯 개 모두 동력을 받아 방향을 바꾸는 4륜 조향이 가능하다는 뜻이다. 탐사로봇의 바퀴가 굴러다니는 바퀴뿐 아니라 자유자재로 걸어 다니는 다리의 기능도 갖춘 것이다. 인류의 짧은 우주 탐험사에 미뤄보면 독립식 서스펜션 시스템을 차용한 탐사로봇이 장애물을 뛰어넘는 능력이나 주행 능력 측면에서 가장 성능이 좋았다. 특히 독립식 서스펜션을 사용하면 장애물을 뛰어넘을 때도 차체가 안전하게 유지되었으며 차체 무게도 탱크에 사용하는 무한궤도처럼 무거워지지 않는다.

타이어와 노면의 밀착성을 뜻하는 접지력이 자동차 타이어 성능을 좌우하듯이 탐사로봇 바퀴 역시 접지력이 제일 중요하다. 정교하게 설계한 탐사로봇의 기능은 바퀴와 지면이 맞닿는 순간에 결정된다. 위투 2호의 바퀴 중 지면에 맞닿는 부분의 양쪽 측면과 정면에는 톱니바퀴 래칫ratchet과 여과망filter이 각각 달려 있다. 착륙선에서 해체될 때 탐사로봇은 착륙선에서 풀쩍 뛰어내리지 않고 경사진 레일을 타고 천천히 미끄러지듯 내려와야 하기 때문에 탐사로봇 설계자들은 알루미늄 합금 래칫을 장착해 착륙선 레일과 탐사선 바퀴가 서로 꼭 맞물리도록 했다. 이로써 탐사로봇은 3차원 공간에서도 제 몸을 잘 통제하는 것은 물론, 레일을 내려가다가 중간에 멈추는 상황이 생겨도 안정적으로 서 있을 수 있었다. 여과망 역시 탐사선이 안정

★　차의 받침장치로서 노면에서 오는 충격을 흡수한다.

적으로 움직이는 데 최대 공신이다. 여과망은 바퀴가 달의 부드러운 흙 속에 빠지거나 큰 암석 사이에 끼이지 않고 앞으로 나아갈 수 있도록 접지 면적을 넓혀주고, 움직일 때마다 딸려 들어오는 자그마한 돌멩이도 걸러준다. 무엇보다 이 여과망은 영원히 변형되지 않는다.

대개 금속 재료는 약간의 연성이 있기 때문에 외부의 힘을 받으면 변형되게 마련이다. 일반적인 물질과 달리 금속 내부는 분자 수준의 물질 없이 원자로만 겹겹이 쌓여 있다. 금속 원자들은 앞서 말한 금강석, 단결정 규소와 달리 그 어떤 결합 명령도 받지 않고 자유롭게 이동한다. 또한 모든 원자가 마치 대나무 통 속에 꽉 들어찬 콩처럼 서로 긴밀히 맞닿아 있어 밀도가 높은데, 외력이 가해지면 원자들의 상대적 위치가 바뀌면서 금속이 구부러지고 틀어지고 꼬이는 등의 변형 현상이 일어난다. 세상에서 제일 단단한 물질인 금강석은 내부의 탄소 원자가 화학 결합에 구속된 상태이기 때문에 변형이 생길 만큼 외력이 가해지면 산산조각이 나고 만다.

한편 자동차의 타이어는 울퉁불퉁한 노면을 달릴 때 발생하는 진동을 흡수하도록 어느 정도 변형되어야 하므로 지구에서 사용되는 자동차에는 대부분 고무 타이어가 장착된다. 고무가 발견되기 전에는 마차도, 18세기 말에 등장한 자전거도 덜컹거리는 나무 바퀴를 써야 했다. 그런데 타이어는 어느 정도 이상 변형되면 내구력이 떨어져 고무가 늘어나 다시는 본래 모습으로 회복되지 않는다. 특히 도로 경계석에 부딪히는 등의 외력이 가해지면 가장 힘이 약한 타이어 측면 부분이 불룩 튀어나오는 코드절상cord break up 현상이 일어나는데, 그대로 방치하다가는 타이어가 터질 수도 있기 때문에 운전 경험이 풍부한 자동차 운전자라면 대부분 타이어를 교체한다. 고무와 마찬가지로 대다수의 합금 역시 심하게 변형되면 원래 상태로 회복하지 못하고 영구적으로 변형된다. 그런데 탐사로봇의 바퀴가 그러다면 치명적인 단점일 수밖에 없다. 둥그런 바퀴가 달 위에서 몇 번 구르지도 못하고 금방 찌그러지거나 바위 사이에 끼어 오가지도 못할 수 있기 때문이다.

이러한 문제를 인식한 위투 2호의 설계자들은 타이타늄과 몰리브데넘molybdenum, Mo을 섞은 형상기억합금shape memory alloy으로 여과망을 만들었다. 형상기억 효과란 금속에 변형이 발생해도 외부의 힘이 사라지면 원래 형태로 되돌아가는 것을 뜻한다. 이러한 특성 덕분에 위투 2호의 여과망은 둥그런 형태를 영구적으로 유지할 수 있었다. 이로써 직경 300밀리미터, 폭 150밀리미터 크기의 위투 2호 바퀴가 탄생했다. 매우 복잡한 구조의 물질로 만들어졌지만 총질량이 보통의 책 한 권 무게 정도밖에 안 되는 735그램에 불과해 타이타늄은 우주의 금속이라는 영예로운 칭호를 얻게 됐다.

창어 4호는 달에 착륙한 후 여러 관측 임무를 수행해야 했으므로 '눈'에 해당하는 촬영용 카메라 렌즈가 아주 중요했다. 달의 광학적 환경은 지구와 달라서 색깔이 다르게 보이고, 많은 양의 고에너지 입자가 사방으로 방출되며 낮과 밤의 온도 차이가 크다. 이러한 환경에 맞춰 탐사선의 렌즈는 특수 유리로 만든다.

물론 렌즈를 특수 제작하는 것만으로는 충분하지 않으므로 대물렌즈와 접안렌즈의 거리를 일정한 길이로 유지하는 경통도 특수 제작한다. 물질은 더우면 팽창하고 추우면 수축하므로 온도 차이 역시 물질을 변형시키는데, 경통에 사용된 소재의 수축도가 렌즈의 수축도와 다르다면 렌즈가 파손될 위험성이 생긴다. 일반적으로 금속은 유리보다 수축도가 훨씬 높으

타이타늄 | 불가능을 현실로 바꾸는 최강의 금속

므로 탐사선 렌즈의 눈구멍 역할을 맡기에는 적합하지 않은 소재지만 타이타늄 합금은 예외적으로 유리와 수축도가 비슷해 우주 탐험사의 이정표를 세우는 데 또다시 함께할 수 있었다.[*] 우주산업이 카메라에 타이타늄이 쓰인 최초의 영역은 아니다. 1978년에 북극을 방문한 일본 탐험대가 기온이 섭씨 영하 40도 이하로 떨어지는 환경에서 상판, 하판, 전면, 후면 커버를 전부 타이타늄 합금으로 만든 카메라로 예상을 뛰어넘게 활약한 것이 그 시작이었다.

하늘의 시한폭탄이
되어버린 비행기

타이타늄이 없었더라면 고성능 초음속 비행기 제작도 불가능했으리라. 타이타늄 합금은 가볍지만 단단해서 비행기 동체 표면, 날개 골격, 날개 표면, 착륙 장치, 꼬리 날개 보호덮개, 수직 꼬리날개 부품, 앵커 볼트, 베어링부터 좌석 간격 조절을 위해 사용되는 좌석 가이드 레일까지 비행기의 거의 모든 부분에 사용할 수 있다. 그중에서도 엔진에 타이타늄이 사용되면서 비행기 산업은 한 단계 도약할 수 있었다. 대략적으로 비행기 엔진 질량이 1킬로그램 낮아질 때마다 220~400달러의 운영비용을 절감할 수 있고 비행 속도는

---

[*] 2024년, 창어 6호가 세계 최초로 달의 뒷면 남극 에이켄 분지에서 토양 샘플을 채취하는 데 성공했다. ─옮긴이 주

빨라진다.

비행기는 뉴턴의 운동 제3법칙인 '작용 반작용의 법칙law of action and reaction'에 따라 움직인다. A라는 물체가 B라는 물체에 힘을 가할 때, A 역시 B로부터 동일한 크기의 힘을 받지만 그 방향은 서로 반대가 된다. 영국의 엔지니어 프랭크 휘틀Frank Whittle은 뉴턴의 운동 제3법칙에서 착안해 공기 중의 기체를 전부 모아들인 다음에 강하게 방출하면 비행기가 더 빠른 속도로 날아간다는 기발한 아이디어를 냈다. 10여 년 후 휘틀의 기발한 아이디어는 제트기가 되어 전쟁터에서 실현되었고, 제2차 세계대전 동안 독일군과 연합군이 앞서거니 뒤서거니 하며 신형 제트기를 개발해 실전에 투입하면서 제트기의 성능은 피스톤 엔진을 사용한 재래식 비행기를 순식간에 앞섰다.

전쟁이 종식된 후, 제트기 사랑이 유별났던 영국은 독일 기술까지 도입해 1949년에 세계 최초의 상업용 제트 여객기인 '코메트Comet' 여객기를 출시했고, 이를 기점으로 인류는 제트기 여행 시대에 들어서게 되었다. 혜성이라는 뜻의 코메트 여객기는 비행 고도가 1만 2,000미터, 시속이 8,000미터에 달해 당시 운행하던 그 어떤 민간 여객기도 코메트의 속도를 따라오지 못했다.

1952년 5월 2일, 영국 항공사 BOACThe British Overseas Airways Corporation가 코메트 여객기를 영국과 요하네스버그를 오가는 대륙 간 노선 운행에 투입하며 큰 사회적 반향을 일으켰다. 코메트에 탑승했던 승객들은 기내에서 물을 마실 수 있을 정도로 조용하고 부드럽게 비행하면서도 빠르기는 어찌나 빠른지 목적지에 도착했을 때 손목시계가 고장 난 게 아닌지 의심했

타이타늄 | 불가능을 현실로 바꾸는 최강의 금속

고, 수천 미터 높이의 상공에서 지구를 바라보는 느낌이 환상적이었다며 제트 여객기에 대한 칭찬을 줄줄이 늘어놨다. 비슷한 시기에 보잉The Boeing Company도 2년간에 걸친 시장 조사를 끝내고 미국인의 손으로 제트기를 만들자는 최종 전략 목표를 수립했다. 하지만 연구 경비를 댈 여력이 도저히 없었던 보잉은 연방정부에 지원을 신청하고, 비행기 엔진 제조사인 프랫앤드휘트니Pratt & Whitney(P&W)로부터 거액을 차입해 겨우 발등의 불을 껐다.

하지만 최초의 여객용 제트기 코메트는 그 후 2년 동안 최악의 시기를 보냈다. 신규 취항 1주년을 맞은 1953년 5월 2일, 인도 델리에서 코메트 여객기가 이륙하자마자 공중에서 산산조각 나며 추락했다. 대류 불안정으로 인한 기상 악화가 사고 원인으로 지목되었고, 각 항공사는 이 사건을 반면교사로 삼아 비행 수칙을 수정하기도 했다. 1954년 1월 10일, 이번에는 이탈리아 로마 상공에서 코메트 여객기가 공중분해되었다. 이 사건 이후 모든 코메트 여객기에 운항 중단 조치가 내려졌고, 사고 조사도 개시되었다. 엎친 데 덮친 격으로 운항이 재개된 지 얼마 되지 않은 1954년 4월 8일에 코메트 여객기가 나폴리 상공에서 폭발해 분해되는 사건이 또 벌어지자 설계에 문제가 있다고 확신하는 사람이 늘어나면서 제트 여객기의 안전성에 대한 우려도 일파만파로 퍼져나갔다. 한편 비극적인 소식을 들은 보잉의 신형 제트기 개발팀은 보잉도 코메트의 전철을 밟게 되는 것은 아닐까 하는 생각에 만감이 교차했다.

철저한 조사를 거친 끝에 코메트의 아킬레스건이 드러났다. 바로 금속피로metal fatigue가 원인이었다. 금속피로는 오랫동안 금속을 사용하는 과정에서 내부에 보이지 않는 미세한 균열이 생겨 강도가 떨어지는 현상이다.

가령 가느다란 철사 한 줄을 반으로 끊어야 한다고 해보자. 이때 양쪽 끄트머리를 잡고 서로 반대 방향으로 비틀면 철사가 끊어지는데, 바로 금속피로의 원리 때문이다. 비행기같이 육중한 물체에 금속피로는 치명적인 손상을 끼칠 수 있다. 단단한 제방도 개미구멍 하나 때문에 무너질 수 있다는 속담처럼 비행기 표면에 난 가느다란 실금에 예상치 못한 외력이 작용하면 비행기가 통째로 부서져버릴 수 있는 것이다.

특히 고공에서 고속으로 움직이는 제트기에는 그 어떤 물체보다 강한 금속피로 현상이 일어나는데, 바로 '고압'과 '고온'이라는 요인 때문이다. 터빈 엔진이 공기를 빨아들여 제트 연료와 공기가 반응해 많은 양의 이산화탄소와 수증기가 만들어지면 엔진은 다시 이 기체를 뒤쪽으로 빠르게 뿜어내면서 강한 추진력을 형성한다. 이때 비행기가 수천 도에 이르는 고온의 기체를 배출해 비행기 주위로 고온의 환경이 만들어진다. 이와 같은 고온의 환경은 끊임없이 움직여야 하는 엔진에 너무나 혹독한 환경이다.

코메트는 대부분 강철과 알루미늄으로 비행기 동체를 만들던 제2차 세계대전 시기의 비행기 소재 조합 방식을 그대로 따랐지만 고속으로 비행하는 제트기는 동체가 가벼워야 하므로 알루미늄의 비율을 높였다. 바로 이 점 때문에 코메트는 심각한 곤경에 처하게 되었다. 알루미늄의 금속피로 저항력은 고온의 조건에서 전혀 발휘되지 않기 때문이다. 코메트 여객기는 하늘로 날아오르는 그 순간부터 시한폭탄이나 다름없었다. 슬프게도 1954년에 이 폭탄은 완전히 폭발해 혜성을 뜻하는 코메트라는 이름이 무색하게 추락해버렸다.

전체 민간 항공산업에서 1954년은 셀 수 없이 많은 성과를 얻은 뜻깊은 해다. 코메트의 실패를 교훈으로 삼은 보잉은 침착하게 제트기를 개발했고, 1954년 5월 15일에 드디어 조립을 마친 첫 제트기를 세상에 선보였다. 대중에게 공개되기 전까지 이 제트기는 세상의 이목을 끌지 않으려고 보잉의 프로펠러 비행기 모델번호 명명 방식을 그대로 사용해 367-80(Dash-80)이라고 불렸다. 경쟁자들은 보잉이 두 달 후 첫 시험비행을 할 때까지 이 비행기가 제트기라는 사실을 몰랐다. 코메트의 교훈을 받아들여서인지 367-80은 바로 민간 여객기 시장에 투입되지 않고, 우선 KC-135라는 모델명을 받아 군용 공중 급유기로 사용되었다. 공중 급유기 임무를 훌륭히 수행하며 보잉 제트기의 성능을 널리 알린 KC-135는 보잉 707이라는 이름으로 재탄생해 민간 여객기 시장의 전설이 되었다. 이 제트기는 미국 대통령의 전용기인 '에어포스원Air Force One'으로 지정되기도 했다.

1958년 보잉은 보잉 707 동체 전체에 81.6킬로그램의 타이타늄 합금을 사용해 타이타늄 합금 비행기 제작에 성공했다. 타이타늄 합금은 가벼운 무게를 자랑하는 것은 물론 고온의 환경에서도 금속피로를 잘 견디므로 강철과 알루미늄보다 훨씬 더 적합한 비행기 동체 소재다. 이후 항공 엔지니어들이 타이타늄 합금 가공 기술을 개발함에 따라 점점 더 많은 타이타늄 합금 부품이 비행기에 사용되기 시작했다. 최초의 제트 여객기인 코메트가 세 번이나 추락 사고를 일으켰는데도 제트기에 대한 사람들의 인내심이 흔들리지 않았던 것은 모두 타이타늄 합금 덕분이다.

타이타늄으로 열린
새로운 하늘길

이후 비행기에 타이타늄을 얼마나 많이 사용했는지가 기술력을 판단하는 중요한 기준으로 자리 잡았다. 보잉 707로 성공을 거둔 보잉은 1962년에 새로운 여객기 보잉 727을 제작할 때 타이타늄 합금 사용량을 590킬로그램으로 대폭 늘렸고, 보잉 777을 생산할 때는 5,896.7킬로그램까지 끌어올려 기체의 11퍼센트를 타이타늄으로 만들었다. 여객기보다 성능에 민감한 군용기에는 타이타늄을 더 많이 사용했다. 현재 미국 최고의 전투기인 F-22 랩터Raptor는 양쪽 엔진에만 5톤의 타이타늄이 사용되며, 기체의 41퍼센트가 타이타늄으로 이루어져 있을 정도다. 1960년대에 미국은 런던에서 로스앤젤레스까지 2시간 만에 도착한 것으로도 유명한 사상 최초의 마하 3* 급 정찰기 SR-71 블랙버드Blackbird를 제작했는데, 이 정찰기는 기체의 95퍼센트가 타이타늄으로 만들어졌다. 이 정찰기를 쫓아올 만큼 빠른 무기는 이 세상에 존재하지 않았기에 퇴역 전까지 SR-71 블랙버드는 단 한 대도 격추된 적이 없다. 다만 워낙 유지비가 많이 드는 탓에 퇴역 후 재생산되지는 못했다.

타이타늄과 비행기 제조업계는 지금도 함께 노력하며 인류의 항공사를 새로 써 내려가는 중이며, 이 과정에서 탄생할 새로운 기술을 통해 인류는

---

* 마하 3이란 비행 속도가 음속의 세 배에 달한다는 뜻이며, 이 정찰기의 실제 비행 속도는 시속 3,500킬로미터에 달했다.

지구보다 훨씬 더 먼 우주에서 자유롭게 날아다닐 수 있을 것이다. 결국 실패로 돌아갔지만 제트기의 선구자이며 인류 역사의 새로운 장을 연 코메트에게 고맙다는 말을 전하고 싶다.

1958년 코메트는 활동을 재개했다. 1958년 10월 4일, 대서양 횡단 노선을 놓고 여러 항공사가 경합을 벌이던 중에 BOAC가 가장 먼저 '코메트-4호'를 도입해 런던-뉴욕 노선을 최초로 개항하는 위업을 달성했다. 이때 BOAC의 두 대표가 각각 탑승한 비행기 두 대가 런던과 뉴욕에서 동시에 출발했는데, 무엇을 위해 그들이 탑승했는지는 누가 봐도 자명했다. 코메트는 대서양 횡단 노선 취항이라는 고별 공연을 마친 후 역사의 뒤안길로 사라졌다. 보잉 707의 경쟁 상대가 될 수 없었기 때문이다. 결국 대서양 횡단 노선 최초 취항이라는 위업을 달성한 그다음 해에 코메트를 생산하던 드 하빌랜드De Havilland가 타사에 합병되었고 이제 더 이상 우리는 하늘을 날아다니는 코메트를 볼 수 없게 되었다. 그러나 코메트라는 혜성이 지나간 자리에 남은 빛은 미래를 향해 끊임없이 날갯짓하는 인류를 밝게 비추어줄 것이다.

18.
우주의 금속이
바다의 금속이 되기까지

영국과 미국이 앞서거니 뒤서거니 하면서 제트기를 개발 중일 때, 미국과 소련으로 대표되는 두 세력의 냉전이 전개되며 세계 평화는 미묘한 상태에 빠져 있었다.

군용기는 국가의 중요한 자산이다. 냉전으로 다투는 중에도 소련은 군용기 개발을 소홀히 하지 않고 미국과 영국의 항공 기술을 따라잡으려고 연구팀을 운영하며 신기술 개발에 매진했지만 여러 가지 사정으로 여객기 분야만큼은 이렇다 할 만한 성과를 내지 못하고 있었다. 항공 분야의 냉전은 점차 우주 분야로 확대되기 시작했다. 특히 소련이 1957년에 인류 최초의 위성을 발사하고 1961년에 우주인 유리 가가린Yuri Gagarin이 우주 비행을 성공적으로 마치는 사건이 벌어지자, 이에 질세라 미국은 아폴로 계획을 수립하고 8년 후에 역전승까지 거두면서 미국과 소련 사이의 우주 냉전은 더욱 고조되어 갔다. 미국과 소련의 조선소가 신형 선박 건조에 전력을 다하기 시작한 것도 바로 이 시기의 일이다.

바다의 염분을
이겨라

전 세계 바다의 평균 염도는 3.5퍼밀로, 대개 1리터에 약 35그램의 염분이 녹아 있다. 바닷물의 염분은 주로 우리가 먹는 식염, 곧 염화나트륨sodium chloride, NaCl으로 이루어져 있고 그 외에도 칼슘calcium, Ca, 마그네슘magnesium, Mg, 칼륨potassium, K 등의 이온이 들어 있어 바닷물은 짜고 떫은맛이 난다. 염분으로 가득해 전도성이 뛰어난 바닷물은 그야말로 천혜의 전해질 용액이기 때문에 바닷물에 닿은 대부분의 금속은 전해질 용액에 노출된 전극과 같은 상태가 되므로 얼마 못 가 부식된다. 바닷물에는 산소도 많이 녹아 있다. 바다에서 사는 생물에게는 당연히 없으면 안 되는 분자이지만 금속에게 산소의 공격은 엎친 데 덮친 격이라 할 수 있다.

따라서 1년 내내 바다를 항해해야 하는 대형 선박에게 가장 중요한 문제는 선체의 강철이 녹슬지 않도록 하는 것이었다. 보통 선박의 부식을 방지하는 방법은 두 가지다. 하나는 전지의 원리를 이용해 선체에 화학반응성이 더 높은 아연 등의 금속을 용접해 선체를 보호하는 방법이다. 또 다른 방법은 페인트를 선박에 분사하는 방식으로 조금 까다롭다. 배수량이 수천 톤, 수만 톤에 이르는 거대한 선체에 페인트를 분사하기가 쉽지 않은 데다, 선체를 튼튼하게 유지하기 위해서는 한 번만 분사하는 게 아니라 배를 수리

시설인 건선거로 끌고 와 새로 페인트를 수시로 분사해야 하기 때문이다.

일반 선박이 이러한데 물속에 잠긴 채로 항해하는 잠수함을 녹슬지 않게 하기란 얼마나 어려울까? 항공모함 건조에 뛰어난 미국과 달리 자국 국방 환경에 맞춰 원자력 잠수함, 특히 공격형 원자력 잠수함을 적극적으로 개발하기로 한 소련은 당시 함체의 부식을 방지하기 위해 타이타늄 합금을 사용해 세베로드빈스크의 건조장에서 원자력 잠수함을 건조하는 중이었다. 타이타늄 합금은 바닷물의 공격을 이겨낼 수 있는 귀한 금속이다. 산소와 반응한 타이타늄은 두께가 10억 분의 1미터에 해당하는 1나노미터 밖에 되지 않아 기체 분자도 통과할 수 없을 정도로 촘촘한 산화물 박막薄膜을 만든다. 실제로 어떤 사람이 타이타늄을 녹여 만든 잉곳을 바닷물에 넣어두고 5년 후 건져 올렸더니 마치 새것처럼 빛이 났다. 산화물 박막이 보호막 역할을 한 덕분이었다.

무엇보다 바닷물을 이겨내는 금속 중에서 타이타늄만 유일하게 선박 제조에 사용할 수 있다. 지구 지각 내 원소 존재비가 아홉 번째에 이르는 타이타늄은 주변에서 흔히 볼 수 있는 납, 아연, 구리보다 양이 많다. 타이타늄보다 매장량이 많으면서 동시에 금속으로 제련해 사용할 수 있는 철, 알루미늄, 마그네슘은 바닷물에 저항력이 없다. 바닷물에 닿아도 부식되지 않는 금속인 백금, 이리듐, 금은 너무 귀하다. 전 세계 모든 나라의 중앙은행에 비축된 금을 모아 봐야 볼품없는 크기의 순금 배 한 척을 겨우 만들 수 있을 정도다. 게다가 비행기에 사용하는 타이타늄 합금이 몇 킬로그램 단위라면 선박에 사용하는 타이타늄의 양은 톤 단위인데, 소련은 중국 다음갈 정도로 풍부한 타이타늄 매장량을 자랑하는 나라였으므로 타이타늄 합금으로 함선

타이타늄 | 불가능을 현실로 바꾸는 최강의 금속

을 건조할 자원이 충분했다.

냉전의 균형이
깨질 뻔하다

1968년 12월 21일에 소련은 세계 최초의 타이타늄 합금 원자력 잠수함인 '661형 미사일 적재 원자력 잠수함'*을 공식적으로 진수했다. 전 세계의 이목이 661형 원자력 잠수함에 집중되었다. 순항 속력 44노트에 이르는 이 원자력 잠수함은 당시 세계에서 가장 빠른 작전 함선이자, 냉전 중이던 두 진영 사이의 균형을 깨트리는 무기였다. 30년간 세계의 바다를 누볐지만 단한 차례의 사고도 일으키지 않은 661형 원자력 잠수함은 2008년에야 해체되었다.

1969년, 레닌그라드Leningrad의 조선소에서 진수된 타이타늄 합금 잠수함은 적대 진영에서도 시대를 앞선 원자력 잠수함이라고 칭찬을 아끼지 않을 정도로 대단해서 661형 원자력 잠수함보다 더 큰 파장을 몰고 왔다. 이 원자력 잠수함의 이름은 '705형 공격형 원자력 잠수함'**으로 항속은 661형 원자력 잠수함에 버금가는 42노트였으며 최대 수심 900미터까지 내려갈 수있었다. 705형 원자력 잠수함에는 3,000톤에 이르는 타이타늄이 사용되었

---

* 나토NATO가 적국의 무기에 붙이던 코드명인 '나토 코드명' 분류에 따라 파파급Papa-Class 잠수함 또는 약칭 'P급 잠수함'이라 불린다.
** 나토 코드명 알파급Alfa-class 또는 약칭 'A급 잠수함'.

는데, 타이타늄은 밀도가 낮기 때문에 육중한 무게의 강철 함선보다 바다 깊은 곳에서도 빠른 기동력을 자랑했다.

1979년, 미국의 한 함선이 바닷속에서 705형 원자력 잠수함과 정면으로 마주치는 사건이 발생했다. 수심 900미터 아래에서 전송되는 705형 원자력 잠수함의 신호를 탐지한 미군은 그 자리에서 얼어붙고 말았다. 만약 705형 원자력 잠수함이 공격해온다면 미군은 막아낼 수가 없었다. 수심 깊은 곳에 있는 목표물을 정밀하게 타격하는 어뢰나 폭탄이 없었고, 설령 폭뢰를 발사한다고 해도 705형 원자력 잠수함은 기동력이 좋아 얼마든지 피할 수 있었다. 무엇보다 타이타늄 합금은 자성이 없으므로 자성을 이용해 목표물을 찾아내는 방식의 공격 무기를 무력화할 수 있었다. 다행히 705형 원자력 잠수함은 수중에서 심한 소음을 내기 때문에 은폐 기능이 떨어져 대부분 705형 원자력 잠수함이 공격해오기 전에 미리 존재를 알아차리고 도망칠 수 있었다.

705형 원자력 잠수함은 시대를 앞서갔지만 선배 잠수함인 661형 원자력 잠수함에 비해 안정성이 크게 떨어졌다. 결국 총 열한 척을 건조할 계획과 달리 실제 진수한 705형 원자력 잠수함은 일곱 척에 불과했고, 항간에는 선체 건조 시설인 조선대에서 작업하던 중에 심각한 결함이 발견되어 두 척의 잠수함을 폐기했다는 소문도 있다. 또 진수에 성공한 일곱 대의 잠수함도 틈만 나면 고장을 일으켜 마지막 잠수함이 진수해 취역한 지 10여 년 만에 차례로 퇴역하고 말았다.

타이타늄 합금 함선 건조에 성공하며 점점 자신감이 생긴 소련은 더 큰 함선에도 타이타늄 합금을 사용하기 시작했다. 705형 원자력 잠수함의 뒤를 이어 탄생한 것이 바로 '685형 공격형 원자력 잠수함'*이다. 최대 잠항 후 항해하는 심도가 1,250미터에 이르는 이 잠수함의 기록은 지금까지도 깨지지 않았다. 한편 한 척당 무려 9,000여 톤의 타이타늄 합금을 사용한 '941형 유도탄 원자력 잠수함'**은 소련의 잠수함 제조 기술이 집대성된 걸작으로 배수량이 3만 3,800톤에 달해 지금까지도 세계에서 가장 큰 잠수함이라는 기록을 보유하고 있다.

일촉즉발의 긴장감이 감돈 냉전시대였지만 소련의 원자력 잠수함이 활약할 기회가 달리 없었으므로 실전 능력을 정확히 아는 사람은 없었다. 어느 날 충돌 사고가 발생하기 전까지는 말이다.

1992년 2월 11일, 미국 로스앤젤레스급 원자력 잠수함 '배턴루지Baton Rouge'는 갓 출항한 소련의 '945형 공격형 원자력 잠수함'***을 추적하면서 조용히 북극권에 있는 소련의 무르만스크항에 접근하는 중이었다. 잠수함 성능만 보면 이 두 원자력 잠수함에 큰 차이가 없었다. 로스앤젤레스급 원자력 잠수함에 대응하기 위해 개발된 잠수함이 바로 945형 원자력 잠수함이었기 때문이다. 유일한 차이점은 945형 원자력 잠수함에 타이타늄 합금을 사용했다는 점이다. 945형 원자력 잠수함은 미국이 추적한다는 사실을 인지하자마자 수중 신호 교신 절차 따위는 생략한 채 전속력으로 달려 뱃머리로 배턴루지를 들이받아버렸다. 충돌 사고가 벌어진 후 찰과상 정도의 손상만 입은 945형 원자력 잠수함은 간단한 수리를 받고 곧장 현역으로 복귀

---

* 나토 코드명 마이크급Mike-class 또는 약칭 'M급 잠수함'.
** 나토 코드명 타이푼급Typhoon-class 또는 약칭 'T급 잠수함'.
*** 나토 코드명 시에라급Sierra-class 또는 약칭 'S급 잠수함'.

했지만 배턴루지는 여러 차례 대대적인 수리를 거치고도 정상 성능을 되찾지 못해 결국 퇴역했다. 이는 지금까지 공개된 타이타늄 합금 잠수함의 실전 전적에 관한 유일한 기록이지만 타이타늄 합금 잠수함이 일방적인 승리를 거둔 것을 본 사람들은 그 위력을 인정하게 되었다.

하지만 강력한 타이타늄 합금 원자력 잠수함도 소련의 해체를 늦추지는 못했다. 강한 군사력이 곧 단단한 결속력을 뜻하지는 않기 때문이다. 오히려 어마어마한 개발 비용이 소요되는 타이타늄 합금 원자력 잠수함은 넉넉지 않은 소련의 국고를 더 빠르게 고갈시켜 소련의 붕괴를 앞당겼다. 결국 무르만스크항 잠수함 충돌 사건이 발생하기 한 달여쯤 전에 그동안 쌓일 대로 쌓인 병폐로 소련이라는 거대한 체제가 갑자기 붕괴해 10여 개 국가로 흩어지면서 미처 준비할 겨를도 없이 냉전이 종식되었고, 그 후 소련의 타이타늄 합금 원자력 잠수함 기술은 러시아에 전수되었다.

인류의 새로운 싸움을 해결하라

유엔 식량농업기구FAO가 2015년에 발표한 데이터에 따르면 전 세계 인구의 40퍼센트가 물 부족 문제에 시달리고 있으며, 앞으로 물 부족이 가속화되면 2050년에는 전 세계 3분의 2에 해당하는 인구가 물 사용에 어려움을 겪게 될 것이다. 그렇다면 바닷물로 담수를 생산할 수 있다면 어떨까? 식견이 좁은 사람은 포부가 큰 사람의 마음을 헤아릴 수 없다는 뜻으로 쓰이는 '바닷물은 말로 잴 수 없다'라는 중국 속담처럼 육지의 담수는 부족하지만 바닷물의 양은 담수의 30여 배에 달할 정도로 많다. 단지 염도가 높은 탓에 바닷물을 그대로 사용할 수 없으므로 바닷물로 담수를 생산할 수만 있다면 물 부족 문제도 해결할 수 있을 것이다.

사면이 바다로 둘러싸인 지리적 특성상 해양 자원 이용에 적극적일 수밖에 없는 일본은 일찍이 1950년대부터 해수 담수화 기술을 연구할 정도로 관련 사업에 심혈을 기울였다. 1967년에는 대규모 해수 담수화 생산 라인을 가동하여 매일 2,650톤의 담수를 생산하며 자국 기술과 설비의 실용성을 만천하에 입증했지만 이 생산 시설은 걸핏하면 사고를 일으키는 골칫덩이기도 했다.

사고의 원인은 쉽게 찾을 수 있었다. 당시에는 열에너지로 바닷물 온도를 올려 바닷물 속에서 도망치는 물 분자가 생기면 이를 냉각해 담수로 만들고 염분만 그대로 바닷물 속에 남겨두는 증발 원리를 이용해 해수를 담수로 만들었다. 그러자면 열 교환 과정의 효율성을 확보해야 했다. 만약 열이 제때 교환되지 않으면 바닷물에 열에너지가 전달되기도 전에 물 분자가 공기 중으로 흩어져버리므로 꽤 큰 손실이 발생하고 만다. 이를 위해 일본은 전도성이 뛰어나면서도 바닷물에 잘 부식되지 않는 구리로 해수 담수화 설비의 전열관과 냉동 응축기를 만들었다.

얼마 지나지 않아 엔지니어들이 바닷물의 힘을 얕잡아 보았다는 것이 드러났다. 구리는 바닷물 속 염화나트륨의 영향을 덜 받지만 염소의 가까운 친척인 브로민^{bromine, Br}에 취약하다. 문제는, 지구 지각에 분포한 브로민의 양은 극히 적지만 바다에 용해된 브로민의 양이 전 지구 총량의 99퍼센트에 달한다는 사실이었다. 결국 일본이 만든 해수 담수화 설비에 쓰인 구리로 만든 각종 부품은 브로민의 공격을 이기지 못하고 속속 백기를 들었으며, 설비는 고철 덩어리로 전락하고 말았다.

일본 엔지니어들은 미국과 소련의 적극적인 연구 덕분에 '우주의 금속' 뿐 아니라 '바다의 금속'이라는 별칭까지 얻은 타이타늄을 해수 담수화 설비에 적용해보기로 했다. 애초에 일본 엔지니어들은 전도성이 낮다는 이유로 타이타늄 합금을 선택하지 않았다. 순수한 타이타늄의 전도성은 순수한 구리의 29분의 1에 불과하며, 해수 담수화 설비에 주로 사용되는 백동과 비교해도 그의 3분의 1 정도로 낮았다.

하지만 그동안의 걱정은 기우에 불과했다. 보통 부식을 방지하기 위한 구리 튜브는 1밀리미터 이상의 두께로 만들지만 타이타늄 튜브는 0.5밀리미터 두께로만 만들어도 내구성이 충분했으며 전도성도 예상보다 많이 떨어지지 않았다. 구리보다 타이타늄 합금이 비쌌지만 자재 사용량을 절감할 수 있었으므로 구리를 사용하든 타이타늄을 사용하든 해수 담수화 설비에 드는 총비용에는 큰 차이가 없었다.

타이타늄의 장점에 눈뜬 일본 제련산업계는 박판 타이타늄 튜브 기술을 적극적으로 개발해 해당 분야의 선두 주자로 발돋움했다. 그러자 물 부족 문제로 시달려온 중동 국가들도 일본의 기술에 주목하게 되었고, 사우디아라비아는 1978년에 일본산 타이타늄 합금 튜브 2,000톤을 한꺼번에 구매하고 그중 절반을 해수 담수화 설비에 사용했다.

타이타늄과 함께 떠나는
해저탐사

바닷속에는 상당한 양의 석유와 천연가스가 매장되어 있다. 바다의 평평한 밑바닥인 대륙붕에 숨어 있는 석유와 천연가스는 지금까지 확인된 매장량만 해도 1,500억 톤에 달한다. 그렇다면 심해에는 얼마나 많은 자원이 매장되어 있을까?

타이타늄 합금은 대륙붕에서 광물 자원을 캐는 기계의 부품으로 쓰기에 안성맞춤이다. 타이타늄 합금은 산에 닿아도 부식되지 않는 내산성과 변형되더라도 다시 본래 형태로 돌아오는 형상기억 특성이 있어서 파이프라인, 오일펌프, 밸브 등에서 제 역할을 톡톡히 하는 것은 물론, 파도의 응력을 받아도 변형되지 않는다. 무엇보다 조석 간만의 차를 이용하는 조력 에너지, 파도의 상하 에너지를 이용하는 파력 에너지, 해류의 순환을 이용하는 해류 에너지, 염분차 에너지* 등 훗날 바다가 만들어내는 여러 에너지를 직접 이용할 수 있는 시대가 되면 우리는 바다로부터 풍부한 에너지를 얻을 뿐 아니라 온실가스를 대기 중에 배출하지 않아도 된다. 언젠가 이 모든 것이 실현된다면 타이타늄 합금이 분명 일등 공신일 것이다. 실제로 태평양 섬나라 나우루는 바다로부터 최대 출력 120킬로와트의 에너지를 얻을 수 있는 발전소를 건설했는데, 이 발전소의 전열관 튜브를 전부 타이타늄 합금

---

* 각기 다른 염도의 바닷물 사이에 존재하는 위치 에너지 차이를 이용해 얻는 것으로, 바닷물이 혼합될 때 열에너지가 방출되므로 적절한 설비를 이용하면 전지의 양극처럼 만들어 인간이 필요로 하는 에너지를 생산할 수 있다.

18. 우주의 금속이 바다의 금속이 되기까지

으로 만들었다.

　바다를 탐사하고자 하는 인류의 발걸음은 계속되고 있다. 바다는 각종 자원을 품은 장소이자 지구 면적의 70퍼센트에 해당하는 또 다른 미지의 세계다. 그 미지의 세계를 탐사하는 것이야말로 바다 탐사의 진정한 목적이다.

　바다에 매료된 프랑스 작가 쥘 베른Jules Verne은 잠수함 '노틸러스Nautilus'를 타고 해저 세계를 탐험하고 싶다는 상상을 토대로 탄생시킨 불후의 공상과학 소설 《해저 2만리Vingt mille lieues sous les mers》에서 '바다 괴물' 네모 선장의 입을 빌려 "제가 안내자가 되어 이 지구라는 행성의 바다 밑에 감춰진 비밀을 보여드리겠습니다"라고 호언장담한 바 있다. 그 후 겨우 1세기 만에 쥘 베른의 호언장담은 정말로 현실이 되었다. 바다 괴물은 더 이상 환상 속 존재가 아니라 인류의 정체성을 담은 또 다른 존재가 된 것이다.

　2012년 6월 27일, 중국이 개발한 유인 해저탐사선 '자오룽蛟龍호'가 세계 다섯 번째로 해저 7,000미터까지 내려가는 데 성공했다. 이전에도 마리아나 해구에서 해저 1만 1,000미터까지 내려간 적은 있지만 탐사가 아니라 탐험에 불과했으므로 잠시 그 장소에 왔다 갔다는 흔적조차 남기지 못했다. 해저 7,000미터 탐사 성공은 이제 인류가 전 세계 바다의 99.8퍼센트에 해당하는 해저 세계를 자유로이 오갈 수 있게 되었음을 의미한다.

　해저 수압은 10미터를 내려갈 때마다 1기압씩 증가한다. 따라서 7,000미터를 내려간다는 것은 곧 700기압을 견뎌야 한다는 뜻인데 이는 두 손으로 여덟 량의 기차를 떠받치는 것과 마찬가지다. 고대 그리스 신화에 등장하는 '티탄Titan'이라면 모를까, 보통의 강판은 이처럼 높은 해저의 수압을 버틸 수 없다. 다행히 인류에게는 티탄이 있었다. 현재 해저 1,000미터 탐사에 성공한 유인 해저탐사선은 열 척에 불과한데, 이들에게는 한 가지 공통점이 있다. 바로 선체 내부의 캐빈을 타이타늄 합금으로 만들었다는 점이다. 러시아의 타이타늄 합금 압력 선체 제작 기술, 미국의 타이타늄 합금 로봇 팔 제작 기술 등 다른 나라의 선진 기술 덕분에 자오룽호는 2012년에 자체 동력을 갖추고 탐사가 가능한 유인잠수정 중에서는 최초로 해저 7,062.68미터 잠항이라는 신기록을 세웠다. 사실 타이타늄이라는 원소 이름은 바로 그리스 신화의 티탄에서 따온 것이다. 그 이름만 보더라도 인류가 이 원소에 얼마나 큰 기대를 걸고 있는지 알 수 있다.

7,000미터라는 극단적인 환경에서 자오룽호는 여러 탐사 임무를 수행해야 했는데, 이 역시 쉽지 않은 도전이었다. 해저 세계에서도 바닷물은 공기처럼 한 자리에 머물러 있지 않고 불규칙하게 움직이며 해류도 흔하게 일어나는데, 바닷물의 밀도는 공기보다 700배나 높기 때문에 자그마한 해류라도 태풍과 다름없는 위력을 지닌다. 그러나 그 무엇도 우리를 주눅 들게 하지 못한다. 6,000여 년 전 《구약성서Old Testament》의 〈전도서Ecclesiastes〉를 통해 우리는 우리 자신에게 "누가 심연의 가장 깊은 곳으로 들어갈 수 있는가?"라고 물었으며, 직접 이 질문에 대한 답을 찾으려고 고군분투해왔다. 그 결과 2020년 10월 27일, 해저탐사선 '펀더우저奮鬥者'는 타이타늄이라는 인류의 충실한 벗과 함께 대양에서 가장 깊은 해저인 마리아나 해구 바닥까지 내려가는 데 성공했다.

18. 우주의 금속이 바다의 금속이 되기까지

19.
한 건물로 시작된
중국의 타이타늄 혁명

1998년 말, 방금 파리로 돌아온 프랑스 건축가 폴 앙드뢰Paul Andreu는 거침 없이 샤를드골공항의 통로를 빠져나가는 중이었다. 공항 내 이정표에 눈길 한번 주지 않고도 길을 훤히 아는 이유는 그가 바로 스물아홉 살이던 해에 샤를드골공항 제1여객터미널을 설계한 장본인이었기 때문이다. 그 후 앙 드뢰는 건축 설계 분야의 떠오르는 샛별이 되었으며, 제2여객 터미널 설계 도 맡으면서 샤를드골공항은 그에게 그야말로 자식 같은 존재였다. 이외에 도 앙드뢰는 이집트 카이로부터 탄자니아의 옛 수도인 다르에스살람, 인도 네시아 자카르타까지 전 세계를 돌아다니며 50여 개의 공항을 설계한 베테 랑 건축가였다. 얼마 전 그가 설계한 또 하나의 공항이 샤를드골공항에 전 혀 뒤지지 않는 상하이 푸둥공항이었다. 이처럼 그의 명성은 전 세계 곳곳 에 알려지지 않은 곳이 없었다.

그런 그가 세계적인 공항을 감상할 여유도 없는 듯 무거운 표정으로 공항을 빠져나갔다. 때로 명성은 문제를 해결하는 보이지 않는 열쇠가 되어주지만 대부분은 풀리지 않는 족쇄처럼 사람을 옭아맨다. 방금 파리로 돌아온 환갑의 앙드뢰가 무력감을 느낀 이유도 바로 명성 때문이었다.

한 국가의
상징을 지어라

그해에 중국에서는 세기의 프로젝트라 불리는 사업이 시작되었다. 40년을 기다려 복합 공연장 '국가대극원國家大劇院'을 짓는 사업이었다. 일찍이 베이징은 1958년에 1년 뒤 맞이하게 될 중화인민공화국 건국 10주년을 축하하기 위해 국가대극원을 포함해 대형 건물 총 열 개를 짓기로 했다.

  공연장이란 희곡의 본산이다. 독자적으로 전통 희곡을 발전시킨 몇 안 되는 나라 중 하나인 중국은 지난 2,000여 년 동안 혼란과 부침을 겪으면서도 전통 희곡을 지켜왔다. 당나라 때부터 도시의 번화가는 희곡 무대에서 울리는 징과 북소리로 가득했고, 북송의 수도 변경에는 무려 50여 개의 공연장이 있었을 정도다. 원나라 이후로도 많은 문인과 작가가 희곡을 창작해 희곡의 예술성은 한층 더 깊어졌다. 이러한 과정을 거쳐 중국 전통 희곡은 갈수록 무르익었으며, 중국에서 가장 오래된 희곡 장르이자 섬세한 무대 의상, 심금을 울리는 가락, 유연한 몸동작과 고상한 가사가 특징인 곤곡昆曲이 탄생했다. 600여 년이 넘은 오늘날에도 곤곡은 여전히 무대에 올라 사랑받는 것은 물론, 2001년에는 중국 문화를 대표하여 제1회 유네스코UNESCO 인류구전 및 무형유산 걸작으로 선정되기도 했다. 이후 곤곡의 뒤를 이어 중국 전역에서 360여 종의 희곡 장르가 탄생했고, 그중에서도 청나라 때 만들어진 경극京劇은 이제 중국을 대표하는 문화가 되었다.

국가 탄생 10주년을 맞이해 국가대극원을 짓겠다는 계획은 중앙정부와 전 국민의 지지를 받았으며, 희곡 애호가인 저우언라이 총리까지 참여한 건설부지 선정 작업을 거쳐 중국의 국립 회의당인 인민대회당 서쪽에 국가대극원을 짓기로 최종 결정되었다. 하지만 철거와 이전 작업까지 마친 상태에서 중앙정부는 건설 중단을 선언했다. 공연장은 기능성을 갖춰야 하는 공간이다. 건물 디자인뿐 아니라 빛, 소리, 전기와 관련된 설비를 어떻게 들여놓을 것인가를 잘 따져야 하는데, 당시 중국은 이를 해낼 만한 기술력이 없었고 설령 이를 수행할 전문가를 초빙한다고 해도 비싼 건설비를 감당할 수 없었다. 이러한 이유로 건설부지는 그대로 방치되었고 그렇게 40년이라는 세월이 흘러갔다.

1990년대가 되자 국가대극원 건설은 시급하고 중요한 프로젝트로 부상했다. '황금홀'이라는 별칭으로 불릴 정도로 우아한 빈의 무지크페라인이나 세련된 시드니 오페라하우스가 전 세계 예술가들을 초청하는 마당에 누가 베이징의 낡아빠진 무대에 공연하러 오겠냐는 목소리가 높아지기 시작한 것이다. 국가대극원 건설 프로젝트는 바로 이러한 사회 분위기 속에서 1998년 초에 재개되었다. 중국은 전 세계 건축가들을 대상으로 국가대극원 건설 설계안을 공모했다.

어느 토요일 오전, 푸둥공항 건설 현장을 지휘하기 위해 상하이에 머물던 폴 앙드뢰는 뷔페에서 아침을 먹으며 여느 때와 달리 여유롭게 영자 신

타이타늄 | 불가능을 현실로 바꾸는 최강의 금속

문을 보고 있었다. 그의 눈에 국가대극원 설계안 공모 공고가 들어왔다. 그는 흥분을 감추지 못한 채 떨리는 손으로 공고 부분을 가위로 잘라냈다. 이윽고 그의 협력 파트너이자 통지대학교에서 교편을 잡고 있는 중국인 건축가들이 도착하자 앙드뢰는 그들에게 국가대극원 프로젝트에 응찰하고 싶다는 의사를 밝혔다. 푸둥공항을 함께 지으면서 서로를 뼛속까지 잘 알게 된 그 사람들 역시 한 치의 망설임 없이 그의 제안을 받아들여 한 팀으로 공모에 참여하기로 결정했다. 몇 년이 지나 앙드뢰는 당시의 상황을 회상하며 "아마도 나는 베이징 국가대극원과 샤를드골공항 제1여객터미널 사이에 있는 어떤 알 수 없는 끈끈한 연관성에 사로잡혔던 것 같다"라는 말을 남겼다.

앙드뢰에게 국가대극원 건설 프로젝트는 건축가로서 한 계단 더 올라갈 수 있는 기회였다. 지금껏 앙드뢰의 작업은 공항에 치중해 있었다. 그의 포트폴리오에서 문화적 의미가 있는 랜드마크나 박물관은 파리의 신개선문, 일본 오사카의 해양박물관인 코스모스퀘어 등 극소수였다. 그는 '공항 전문 건축가'라는 세간의 인식에서 벗어나고 싶었지만 대부분의 서구 선진국 대도시에는 그 지역만의 특별한 랜드마크가 이미 존재하는 상황이었다. 더군다나 랜드마크 건설 사업은 착공부터 완공까지 10년 이상이 소요되는데, 당시 그는 60세가 넘은 나이였다. 어쩌면 국가대극원 건설 프로젝트는 경력을 전환할 수 있는 마지막 기회일지도 몰랐다.

1998년 7월까지 총 44개 작품이 1차 평가에 제출되었고, 중국과 외국의 걸출한 건축 전문가와 문화예술 분야의 학자로 구성된 열한 명을 비롯해 중국과학원과 중국공정원의 학술위원인 우량융吳良鏞이 심사위원 단장으로서 작품을 하나씩 심사했다. 1차 평가 작품과 마주한 심사위원들은 크게 실망했다. 국내외 대형 설계소에서 제출한 작품 중 그 어느 것 하나 심사위원들 눈에 들어오는 작품이 없었던 것이다. 심사위원들이 너무 까다로운 탓이 아니었다.

국가대극원은 본래 선정된 부지인 인민대회당의 서쪽에 지어야 했다. 이 부지는 천안문天安門에서 수백여 미터밖에 떨어지지 않은 곳으로 베이징의 중심부이자, 더 나아가 나라의 심장이라 할 수 있는 자리다. 국가대극원이 보는 즐거움과 듣는 즐거움을 모두 주면서도 중국의 문화를 대표하고, 수도 한복판에 지어질 건물이라는 점을 고려해야 했다. 그 자리에 실패작을 세웠다간 수십억 명의 사람이 비난을 퍼부을 것이 뻔했으므로 심사위원들도 신중에 신중을 기할 수밖에 없었다. 결국 과반수의 심사위원으로부터 합격점을 받은 작품은 앙드뢰가 제출한 설계 초안을 포함해 다섯 점에 불과했다.

한편 앙드뢰는 자신이 제출한 직사각형의 국가대극원 건물 설계 초안을 탐탁지 않게 생각했다. 이는 그가 건축가가 된 이래 처음으로 그린 직사각형 건물 설계안으로, 협소한 부지 때문에 어쩔 수 없이 내놓은 절충안이었다. 주변 건물과 강하고 힘이 넘치는 직사각형의 대극원이 조화를 이룰 수 있을지는 몰라도 개성이라고는 전혀 찾아볼 수 없었다. 앙드뢰는 2차 평가에도 설계 초안을 조금 손본 직사각형 건물 설계안을 제출했다. 2차 평가에는 1차 평가를 통과한 다섯 점의 작품 외에 초청받은 또 다른 설계소의 작품도 제출되었지만 1차 평가와 마찬가지로 앙드뢰의 작품을 포함해 다섯 점의 작품만 최종 합격했다.

1998년 11월에 국가대극원 설계안 심사가 종료되었고, 심의를 받기 위해 최고 행정기관인 국무원에 심사 보고서가 제출되었다. 심사위원들마저 베이징을 속속 떠나면서 앙드뢰는 최종 결과를 기다리는 것 말고는 할 일이 없었다. 마냥 기다리기만 할 수는 없었던 그는 중국을 떠나 일본으로 갔다. 중국에서 오는 중요한 연락을 놓칠까 봐 걱정된 그는 중국 측에 일본 파트너의 전화번호를 남겼다.

일본에 도착한 다음 날 밤에 중국에서 전화가 왔다. 기대에 가득 차 전화를 받은 앙드뢰에게 좋은 소식 하나와 나쁜 소식 하나가 전달되었다. 나쁜 소식은 그가 탈락했다는 것이었고, 좋은 소식은 합격자가 나오지 않았으므로 아직 기회가 있다는 것이었다. 낙담한 앙드뢰는 그날 밤 잠들지 못했고, 그 후로 멍한 일주일을 보냈다. 결국 영혼이 가출한 상태가 된 앙드뢰는 면도도 하지 않아 수염을 덥수룩하게 기른 초췌한 모습으로 건축가로서의 삶을 시작했던 프랑스로 돌아갔다. 샤를드골공항에 도착한 그는 발걸음을 멈추고 자기가 설계한 공항을 둘러볼 마음이 들지 않았다. 누구의 질문도 받지 않고 서둘러 집으로 돌아가 숨고 싶었다.

얼마 후 그는 차라리 이 프로젝트를 포기하는 것이 낫겠다고 생각했다. 스스로도 만족하지 못하는 작품으로 어떻게 수많은 사람의 마음을 사로잡을 수 있겠는가? 1999년 초에 그는 중국을 방문해 사의를 표명하고 싶다는 의견을 전달했다. 그러나 이 프로젝트는 앙드뢰 개인만의 일이 아니었다. 그의 동료들뿐 아니라 심지어 주중 프랑스대사까지 나서서 싸워보지도 않고 후퇴하면 프랑스의 체면은 뭐가 되느냐며 포기하면 안 된다고 그를 말렸다. 별다른 방도가 없었던 앙드뢰는 피곤한 몸을 이끌고 프랑스로 돌아왔다. 어떻게든 영감을 얻으려고 공항, 지하철역, 루브르박물관, 파리 오페라

극장까지 두루 돌아다녔지만 모든 디자인이 그의 마음을 설레게 하는 동시에 실망감을 안겼다. 결국 혼란스러운 마음을 안은 채 그는 한 화가 친구의 집을 방문했다.

프랑스 건축가와
타이타늄의 인연

친구 집에서 앙드뢰는 자신의 과거 작품을 전부 찬찬히 되돌아봤다. 우선 초기에 작업했던 아랍에미리트의 아부다비공항을 떠올렸다. 당시 여러 아부다비공항 설계안을 놓고 논의하는 자리에서 앙드뢰는 건축에 문외한인 아랍에미리트의 장관에게 보수적이지만 사막에 적합하게 실용성을 강조한 건축 설계안을 추천했다. 그러자 장관은 바로 그의 말을 자르며 "다른 공항과 다를 바 없다면 어떻게 아부다비를 대표할 수 있겠습니까?"라고 되물었다. 결국 아랍에미리트 정부가 더 파격적인 설계안을 선택한 덕분에 세계적으로 앞선 디자인의 공항이 탄생했고, 이후 아부다비공항은 단순한 공항이 아니라 관광명소로 대접받았다. 이처럼 인기가 높은 아부다비공항이 세계 최초의 타이타늄 합금으로 지은 공항이며 바닥부터 지붕까지 총 800톤의 타이타늄이 사용되었다는 사실을 아는 사람은 거의 없다.

그의 생각은 곧 오사카로 이어졌다. 간사이국제공항을 설계한 인연으로 '프랑스와 일본의 우호 관계'를 상징하는 랜드마크를 지어달라는 요청을 받아 설계한 건물이 바로 오사카의 코스모스퀘어였다. 코스모스퀘어는 자

그림 5-2. 건축가의 구상이 완벽히 반영되지 못한 오사카의 코스모스퀘어

그마했지만 아무나 쉽게 지을 수 없는 건물이었다. 반구형 건물 전체가 유리로 덮여 있어 박물관 실내 구석구석까지 빛이 환히 들어오고, 바다 한가운데에 떠 있어서 해저에 만든 긴 복도를 따라 지상층으로 올라가야만 건물 내부로 들어갈 수 있으며, 건물 밖에서 보면 출입문이 하나도 보이지 않는다. 특히 코스모스퀘어의 긴 복도는 시드니 오페라하우스를 설계한 덴마크 건축가 예른 웃손Jørn Utzon이 남긴 "공연장에 걸어 들어갈 때는 특별한 의식을 치른다고 느끼게 해야 한다"라는 말을 실현한 장치였다. 하지만 건물을 설계하고 준공하는 과정을 통해 이처럼 특별한 건물을 만들 수 있다는 것을 알게 되었다는 점 빼고는 앙드뢰에게 아쉬움만 가득 남긴 작품이었다. 기술은 미숙했고 건물의 기능은 단조로웠으며 심지어 기존 설계안보다 더 작게 만들라는 요구사항 때문에 프랑스와 일본의 문화를 잇는 가교 역할을 전혀 하지 못했다. 결국 이 놀라운 디자인의 건물은 인기를 얻기는커녕 찾아오는 사람의 발길마저 뜸한 곳이 되었다.

물, 빛, 반구형. 앙드뢰는 갑자기 자신이 건물에 어떤 효과를 주고 싶은 지를 깨달았다. 아무리 생각해도 코스모스퀘어 같은 형태의 건물은 베이징 한가운데에 있는 천안문 근처에 지어야 잘 어울릴 것 같았다. 하지만 중국 적인 느낌이 하나도 없고 주변 건물과 전혀 어울리지 않는다는 이유로 중국 측이 거절할까 봐 걱정스러웠다. 앙드뢰는 혹시라도 반대에 부딪히면 "국 가대극원에 중국적인 느낌이 있을까요? 네, 있습니다! 중국에서만 지을 수 있는 건물이니까요!"라고 대답하리라 다짐하며 코스모스퀘어를 닮은 반타 원형의 거대한 건물 설계안을 그려 나갔다. 장축 226미터, 단축 146미터에 높이 46미터에 이르는 건물을 3만 6,000제곱미터 규모의 인공호수로 둘러 싸고, 관람객이 호수 아래 복도를 통과해 공연장 내부로 들어가도록 지하 40미터 깊이에 공연장 내부로 이어지는 100미터 길이의 복도를 만들기로 했다. 그렇게 완벽한 포스트모던 스타일의 건물 설계안이 그려졌다.

그의 설계안은 중국 국무원으로 보내진 후, 1997년 7월에 공식적으로 채택되었다. 하지만 심사위원단장을 맡았던 우량용 원사와 48명의 전문가 가 설계안에 문제가 있다는 내용의 공동 서한을 중국 정부에 보냈으며, 어 떤 사람은 내실 없는 형식주의 설계안이라며 비판의 목소리를 높였다. 중 국계 미국인 건축가 이오 밍 페이^{Ieoh Ming Pei}는 현재 설계안대로라면 천안문 광장에 서서 국가대극원 쪽을 바라볼 때 반구형 건물이 툭 튀어나와 이질적 인 느낌이 들 수 있다고 우려를 표했다. 그러자 앙드뢰는 멀리서 국가대극 원을 바라보았을 때의 시각적 충격을 줄이기 위해 돔 모양이 보일 듯 말 듯 하게 드러나도록 녹지 면적을 늘리는 대신, 가까이 다가가서 보면 건물을 둘러싼 인공호수 수면에 반구형 건물이 반사되어 완전한 달걀 형태로 보이도록 시각적 효과를 극대화한 설계안으로 고쳤다.

앙드뢰는 설계 초기부터 큰 수정 작업을 여러 번 한 상태였다. 그에게 영감을 준 둥그런 유리 돔의 코스모스퀘어는 채광이 일품이었지만 건물 외면을 모두 유리로 마무리한 유리 커튼월 구조의 건물보다 청소하기가 어려웠다. 보통 유리 건물의 외벽 청소는 스파이더맨 같은 전문 작업자가 담당하지만 앙드뢰는 이를 비인도적이고 위험한 작업이라 생각해 꺼렸다. 또 건물 전체를 유리로 마감하면 실내 온도를 조절하기 위해 많은 설비가 필요하므로 에너지 효율 측면에서 봐도 마뜩잖았다. 계속해서 설계안을 개선해 나간 끝에 앙드뢰는 국가대극원의 거대한 돔 지붕을 세 부분으로 나눠서 중간만 유리 커튼월 구조로 만들고, 나머지 양쪽은 아부다비공항을 건설할 때 사용해본 경험을 살려 타이타늄 금속판을 덮어 마무리하기로 했다.

타이타늄의
건축학적 가치

타이타늄 지붕 판재는 장점이 많은 건축 자재다. 우선 밀도가 낮고 강도가 높아 구조물 전체의 무게는 가벼워지지만 각종 응력을 잘 이겨낸다. 실제로 3만여 제곱미터의 국가대극원 지붕을 덮기 위해 2만 개의 타이타늄 지붕 판재가 사용되었지만 총중량은 160톤에 불과하다. 또 산성비나 다른 오염 물질에 강한 뛰어난 내부식성 덕분에 오랫동안 금속의 광택을 유지할 수 있는데, 특수 표면처리 기술까지 적용하면 자정 기능까지 갖추게 된다. 보통

1~2개월에 한 번 청소해줘야 하는 유리 커튼월과 달리 타이타늄 판은 6개월 이상 청소하지 않아도 깨끗하고, 설령 더러워진다고 해도 물로 씻어내고 나면 다시 새것처럼 빛난다. 타이타늄의 낮은 열전도율도 판재로 사용할 때는 오히려 장점으로 작용한다. 햇볕이 아무리 강하게 내리쫴도 전부 타이타늄 판에 반사되어버리니 자연스럽게 에너지 절감 효과를 얻을 수 있다.

국가대극원은 오페라 공연장, 음악 공연장, 희곡 공연장 등 지붕이 있는 세 개의 공연장이 이어진 형태라서 건물 외부에 별도로 큰 돔을 만들어 공연장 세 개를 전부 덮어야 할 실질적 이유는 없었다. 그러나 앙드뢰는 건축 설계안의 핵심이 바로 돔에 있다며 물러서지 않았고, 전통만 모방하고 미래를 보여주지 못하는 건물이야말로 실패한 건물이라고 일침을 가했다. 앙드뢰는 이오 밍 페이가 루브르박물관 앞에 유리 피라미드를 지을 때 모든 프랑스인이 비난했지만 수년이 지난 지금 유리 피라미드가 루브르박물관의 새로운 상징물이 된 것처럼 20년 후에는 국가대극원에 대한 평가가 지금과 달라질 것이라고 믿어 의심치 않았다.

국가대극원의 돔은 평면 구조가 아니라 곡선 구조다. 따라서 제각각 모양이 다른 타이타늄 지붕 판재를 만들기가 여간 어려운 일이 아니었다. 또한 당시 중국은 타이타늄을 많이 생산했지만 가공 기술 수준은 낮은 편이었다. 중국의 타이타늄 판 공급업체들은 앙드뢰에게 적합한 제품을 공급하기 위해 타이타늄 합금 성능을 개선했고, 이 덕분에 후일 진행된 해양 탐사와 우주 탐사 프로젝트에서 타이타늄이 제대로 위력을 발휘할 수 있었다.

국가대극원 건설을 통해 타이타늄 합금의 장점이 성공적으로 입증되자 많은 건축 프로젝트에 타이타늄 합금이 사용되기 시작했다. 실제로 국가대

타이타늄 | 불가능을 현실로 바꾸는 최강의 금속

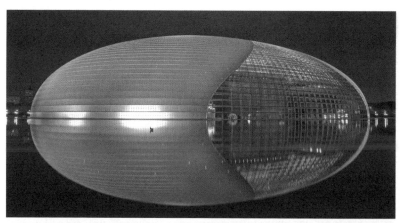

그림 5-3. 완공된 중국 국가대극원

극원에 타이타늄 합금을 사용하는 설계안이 확정되자마자 항저우시에 위치한 항저우대극원도 국가대극원을 따라 타이타늄을 사용했다. 그런데 국가대극원보다 공사 기간이 훨씬 짧은 항저우대극원이 먼저 완공되는 바람에 중국 최초의 타이타늄 건물이라는 명예는 항저우대극원에 돌아갔다.

정교하게 가공된 타이타늄 합금은 주변 경관을 한층 더 아름답게 만들어줬다. 타이타늄 합금의 표면에는 보호 능력이 있는 산화막이 있는데, 이 산화막이 형성되는 조건을 바꿔 화학 구조를 변형하면 햇빛이 닿았을 때 타이타늄 판 표면에서 다채로운 빛이 뿜어져 나오도록 만들 수 있다. 더군다나 이 산화막은 갈라지거나 떨어지지 않아 유성 페인트를 바르는 것보다 훨씬 오래간다. 요즘에는 타이타늄 합금의 주요 생산지 중 하나인 산시성 바오지시를 비롯한 중국의 여러 도시가 광장을 장식하는 조형물을 타이타늄 합금으로 만든다. 대규모 생산을 통해 가격도 저렴해지면서 일반 가정집에도 타이타늄 합금으로 만든 문과 창문을 설치하는 것이 유행했다. 국가대극원 건물은 중국에서 타이타늄 합금 혁명을 일으켰다.

앙드뢰는 어전히 논란이 한가운데에 서 있었다. 공식적으로 국가대극원 시공이 시작된 2002년부터 그의 설계안을 비난하는 목소리는 줄어들기는커녕 계속 커져갔다. 엎친 데 덮친 격으로 2년 후 앙드뢰는 인생에서 가장 힘든 시기를 맞았다. 샤를드골공항 제2여객터미널의 E동 건물이 무너지면서 네 명이 사망했는데, 설계 결함으로 인한 사고라는 지적이 나오면서 앙드뢰는 끝없는 재판의 소용돌이에 휩쓸리고 말았다. 이와 동시에 프랑스와 중국의 유명 인사들이 국가대극원 사업과 관련해 앙드뢰와 그의 팀에 대해 입찰 부정 의혹을 줄기차게 제기하고 나섰다. 최종적으로 샤를드골공항 사고와 입찰 부정 의혹은 조사 결과 모두 한 치의 오점도 없는 것으로 드러났지만, 예순을 넘은 앙드뢰는 국가대극원 건설 현장을 지휘하는 동시에 재판 때문에 프랑스와 중국을 쉴 새 없이 오가면서 기력이 많이 쇠하고 말았다.

2007년 9월 5일, 드디어 마무리 단계에 들어선 국가대극원을 위해 앙드뢰는 마지막 설계도를 그렸다. 그가 첫 번째 설계도를 완성한 지 무려 9년 5개월 만의 일이었다. 개관 후 첫 공연 관객으로 초청받아 국가대극원에 도착한 앙드뢰는 감개무량한 표정으로 건물을 둘러보았다. 그렇게 시간이 흘러 2019년 2월 8일, 음력 설을 맞이해 세 공연장에서 동시에 시작될 공연을 위해 국가대극원 곳곳의 조명이 환하게 켜졌다. 1,000여 년의 역사를 지닌 경극 〈홍낭紅娘〉이 상연될 예정인 희곡 공연장 밖에서 머리가 하얗게 센 노인부터 어린아이까지 입장을 기다리는 사람들이 입은 색색의 설빔이 국가대극원의 나무무늬 천장 마감재 색깔과 어우러져 아름다운 조화를 이루었다.

앙드뢰가 호언장담한 지 정확히 20년이 흐른 지금, 중국인에게 국가대극원은 자랑스러운 문화재가 되었다. 타이타늄 합금 기와로 덮은 지붕과 거대한 섬 형태의 독특한 건물은 현대와 미래를 모두 상징하며, 당초 우려와 달리 전통을 파괴하기는커녕 오히려 수천여 년의 문화가 계속 빛날 수 있도록 지켜주고 있다. 하지만 이 모든 것을 가능케 한 사람은 그 현장을 지켜보지 못했다. 2018년 10월 11일, 건축의 거장 폴 앙드뢰는 향년 80세로 프랑스에서 눈을 감았고, 그렇게 이 시대를 대표하는 큰 별이 졌다. 그가 일생을 바친 건축물들은 이제 그의 삶에 관한 노래를 우리에게 들려주고 있다. 그의 건축 인생에서 타이타늄은 아마도 가장 아름다운 마침표였으리라.

20.
탄소 생명체가 타이타늄 생명체로
바뀌는 날이 올까?

영원불멸한 사람은 없다. 우리의 몸은 우리의 이름보다 빨리 사라진다. 몸에서 가장 딱딱한 치아도 자연에 노출되어 햇볕에 그을리고 비에 젖고 풍화되며 수만 년의 세월을 거치면 온데간데없이 사라진다. 지금껏 발견된 네안데르탈인의 뼈 화석으로도 그들의 체격을 어렴풋이 가늠하는 정도 수준의 정보만 얻을 뿐, 정확한 정보는 캐내지 못했다.

하지만 머지않은 미래에는 이 자연의 법칙이 적용되지 않을 수도 있다. 1만 년 후의 우리 후손들은 현재를 사는 우리 몸에 관한 정확한 데이터를 글도 영상도 아닌 물건, 그것도 인공으로 제조한 재료를 통해 얻게 될 것이다. 바로 의수나 의족과 같은 의지義肢에서 몸무게를 지탱하는 커넥터나 인공관절에 사용되는 타이타늄 합금 말이다. 뛰어난 형상기억 능력과 방부식성을 지닌 타이타늄 합금은 의지를 사용하던 주인이 '재는 재로, 먼지는 먼지로' 돌아가더라도 썩지 않고 그대로 남아 후손에게 정보를 제공해주는 역할을 할 것이다.

2009년의 어느 날, 상하이자오퉁대학교 부속 제9런민병원의 다이커룽戴克戎 교수는 여느 때와 마찬가지로 회진을 돌던 중 네이멍구 지역에서 한 모녀가 찾아왔다는 이야기를 들었다. 전국에서 손꼽히는 정형외과 전문가인 다이커룽 교수에게 난치병 환자가 찾아오는 일이 흔했지만 교수는 직접 환자를 마주한 후 놀라 숨을 들이켤 수밖에 없었다. 너무나 희소한 질병이었기 때문이다.

환자는 딸이었다. 겨우 열아홉 살이었는데 한 살 때부터 왼쪽 다리에 혹이 자라나 18년간 병마에 시달렸다고 했다. 다리의 혹은 양성 종양이라 생명을 위협하지는 않았지만 뼈가 자라지 못하도록 성장을 방해한 탓에 무릎 관절이 심하게 변형되면서 무릎 아래부터 종아리까지가 완전히 뒤로 꺾여 있었고, 그로 인해 환자는 정상적으로 걸을 수 없어 한쪽 발로 뛰어서 이동해야 했다. 환자를 간단히 진찰한 후 다이커룽 교수는 의족을 착용하면 보통 사람처럼 걷게 될 것이라고 모녀에게 장담했다. 다이커룽 교수의 말에는 한 점의 거짓도 없었다. 오늘날 의지 기술은 그 어느 때보다 발달했기 때문이다.

타이타늄 합금이 만든
세계 기록

1996년에 개최된 애틀랜타 패럴림픽에서 미국 육상선수 에이미 멀린스Aimee Mullins가 100미터 달리기와 멀리뛰기 두 종목에서 세계 신기록을 세워 전 세계 사람들을 깜짝 놀라게 했다. 1975년 펜실베이니아주의 한 평범한 가정에서 태어난 멀린스는 선천적으로 종아리뼈가 없었다. 한 살 때 의사의 제안에 따라 양쪽 무릎 아래 부위를 절단하고 의족을 착용했다. 플라스틱과 나무로 만들고 안쪽에 양모를 덧대 충격을 흡수하는 단순한 형태의 의족을 착용했지만 멀린스는 이에 전혀 개의치 않았으며 비장애인보다 더 뛰어난 운동 능력을 보여줬다.

어느 날 장애인 육상경기를 접한 뒤 육상에 도전하고 싶어진 멀린스는 단거리 육상 경기에 선수로 출전해 뛰어난 달리기 실력을 자랑하며 단번에 1등을 차지하는 동시에 미국 패럴림픽 단거리 최고 기록까지 경신했다. 그날 이후로 멀린스의 인생은 달라졌다. 단거리 육상 경기에 선수로 출전해달라는 요청이 줄지어 들어온 덕분에 전문 트레이닝도 받게 되었다. 하지만 죽마竹馬 같은 의족 때문에 자신의 능력을 전부 발휘할 수 없음을 깨달았다. 심지어 어떤 경기에서는 의족이 갑자기 떨어지는 바람에 그 자리에 엎어지는 사건이 벌어졌고, 너무 낙심한 나머지 운동을 포기하려고도 했다.

인간의 다리는 근육, 힘줄, 뼈, 관절, 신경 등의 조직으로 구성된 복잡한 체계다. 복잡한 다리 구조 덕분에 우리는 에너지를 효율적으로 사용해 달리기를 할 수 있다. 발을 내디딜 때 발바닥과 지면이 닿는 시간은 0.1초에 불과하지만 그 짧은 순간에도 다리에 모여 있던 위치 에너지가 폭발하면서 앞으로 나아가기 위해 필요한 운동 에너지로 전환된다. 원시시대의 인간이 지치지 않고 달려서 먼 지방으로 이동하며 전쟁을 벌이고 각종 동물을 사냥할 수 있었던 것도 전부 다리와 발의 정교한 구조 덕분이다.

그러나 대부분의 의족이 이러한 다리의 기능을 현저히 떨어뜨린다. 흔히 볼 수 있는 나무 소재 의족은 흡수한 운동 에너지의 3분의 1, 심지어 5분의 1도 방출하지 못한다. 게다가 나무 의족을 착용한 채로 운동하면 거추장스럽고 툭 하면 의족이 빠져버린다. 멀린스는 열아홉 살 때부터 다른 선수들처럼 스스로 '전투화'를 업그레이드하기 시작했다. 두 발에 신는 운동화만 개선하면 되는 다른 선수들과 달리 멀린스는 무릎 아래 전체를 개선해야 했다. 2년 후, 멀린스는 다리에 'J' 형태의 운동용 의족을 착용하고 패럴림픽 경기에 출전했다.

멀린스가 착용한 운동용 의족은 '치타Cheetah'라는 상품명의 에너지 저장형 의족이다. 1980년대에 개발된 이 의족은 동물 치타의 뒷다리를 본떠서 설계되었으며 본체는 가볍고 튼튼한 탄소섬유로, 커넥터는 잘 끊어지지 않는 타이타늄 합금으로 만들었다. 그렇다, 타이타늄이 의족에도 활용되었다! 특히 일반적인 기둥 형태의 의족과 달리 멀린스의 운동용 의족은 운동 능력 향상을 위해 측면에서 보면 알파벳 J처럼 보여서 'J'라는 별명이 붙었지만, 칼날처럼 생겼다는 의미에서 '블레이드blade'라고 불리기도 한다. 멀린스는 흡수한 에너지의 95퍼센트를 재방출할 정도로 성능이 뛰어난 의족 덕분에 마음껏 기량을 발휘할 수 있었다.

패럴림픽에서 뛰어난 성적을 기록한 후 멀린스는 연기자와 모델로 변신해 무대를 누볐고, 그녀의 이야기는 널리 퍼져 많은 사람에게 영감을 줬다. 다양한 행사에 참여하게 된 멀린스는 20여 종의 의족을 구비했는데, 그중에서도 패션쇼에 설 때 착용하는 의족은 인공피부까지 덧씌워 얼핏 보면 일반인의 다리와 다름없을 만큼 감쪽같다.

에이미 멀린스 이후로도 2008년 베이징 패럴림픽에 출전한 남아프리카공화국의 육상선수 오스카 피스토리우스Oscar Pistorius가 한층 개선된 블레이드를 착용하고 육상 남자 100미터, 200미터, 400미터 달리기 부문에서 연속해 금메달을 따내는 동시에 100미터 달리기에서 건강한 두 다리를 가진 사람들도 세우기 어려운 11초 17이라는 세계 기록을 세우며 전 세계 사람들을 놀라게 했다. 피스토리우스는 4년 후 런던 올림픽에서 절단 장애를 가진 육상선수 중 최초로 일반 올림픽에 출전한 선수가 되었다.

3D 프린팅과
타이타늄의 만남

피스토리우스가 착용한 블레이드의 가격은 20만 위안(약 3,860만 원)이다. 에이미 멀린스의 첨단 블레이드 역시 가격이 어마어마하다. 다이커룽 교수는 간절히 치료를 원하는 모녀에게 현실적인 방안을 제시했지만 모녀는 단칼에 거절했다. 그들은 자기 다리와 발로 땅을 걷게 해달라고 부탁했다. 다이커룽 교수는 다시 환자를 진찰한 후 종양을 제거하고 체내에 새로운 인공무릎 관절을 이식하는 다소 모험적인 수술 방법을 조심스레 제안했다.

베테랑인 다이커룽 교수와 그의 팀원들은 수술이 성공할 것이라고 확신하지 못했다. 아무리 검사를 해도 도무지 하지 장애를 일으킨 원인을 찾아낼 수가 없었고 구체적인 수술 방법을 결정하기는 더 어려웠다. 하는 수 없이 다이커룽 교수는 모녀와 다시 논의한 끝에 수술 도중에 사고가 발생하면 그 즉시 다리를 절단하기로 결정했다.

환자의 동의를 얻은 후에 다이커룽 교수는 3D 프린팅 기술을 활용해 수술 계획을 수립하고 수술 시뮬레이션을 했다. 재료를 한 층씩 겹겹이 쌓아 구조물을 만드는 3차원 입체 프린팅, 곧 3D 프린팅은 과학 용어로 풀이하면 '적층가공additive manufacturing' 공법이다. 일반적으로 기계로 물건을 제조할 때는 원본을 본뜬 모형을 만든 후 원본과 비교해 다른 부분을 제거해 완제품을 만드는데, 이처럼 계속 갈고 다듬고 제거하는 과정을 거쳐야 하는 제조 공법을 '절삭가공subtractive manufacturing'이라고 부른다. 적층가공은 절삭가공과 반대로 재료가 부족한 부분을 찾아서 그 부분을 더 채워 완제품을 만드는 방식으로 무無에서 각양각색의 물건을 제조해낼 수 있다.

적층가공과 동일한 원리인 3D 프린팅의 핵심은 물건을 만들어내는 원료인 필라멘트를 담은 카트리지와 연결된 노즐이다. 물건을 만들기 위해 3D 프린터를 구동하면 열을 받아 녹은 필라멘트가 노즐을 통해 밖으로 나오면서 순식간에 굳는데, 노즐이 한 층씩 필라멘트를 분사해서 쌓아 올릴 때마다 필라멘트가 굳어 물체가 두꺼워지면서 완제품이 만들어진다. 그래서 2차원 인쇄물만 만들 수 있는 일반 프린터와 달리 적층가공법으로는 3차원의 완제품을 만들 수 있으며, 프로그램을 통해 편집만 하면 모형을 따로 제작하지 않아도 편하게 완제품을 찍어내서 굉장히 편리하다. 20센티미터 크기의 작은 조각상을 절삭가공법으로 만들려면 며칠씩 걸리지만 3D 프린팅 기술을 이용하면 한두 시간 내에 금방 만들 수 있다. 한 치의 오차도 없이 재료를 사용하므로 낭비가 줄어들고, 생산 비용 절감 효과도 있다.

정형외과에서 수술 계획을 수립할 때도 3D 프린팅은 큰 역할을 한다.

사람의 뼈는 모두 다르게 생겼으므로 뼈 모양에 맞는 맞춤형 수술을 해야 한다. 그렇다면 손상된 특정 부위의 뼈 모형을 미리 만들어 체외에서 수술 계획을 시뮬레이션해보면 되지 않을까? 절삭가공법으로만 모형을 만들 수 있었던 시절에는 수술 계획을 사전에 시뮬레이션할 수가 없었다. 오랜 시간을 들여 석고를 갈고 다듬어 모형을 만들어야 하므로 힘든 데다가 성공률도 낮았으며, 긴급한 환자는 이 과정을 기다릴 시간적 여유도 없었다. 하지만 3D 프린팅은 이 모든 단점을 단번에 해소한다. 일단 엑스레이로 뼈의 형태를 스캔한 다음 컴퓨터에 수치를 입력하기만 하면 3D 프린터로 환자와 똑같은 모양의 뼈 모형을 만들 수 있다.

다이커룽 교수는 이식 수술을 집도하기 전에 타이타늄 합금 관절도 마련해두었다. 1978년에 참석한 한 강좌에서 항공·우주 분야에 응용되고 있는 타이타늄 합금에 대한 정보를 접했을 때 다이커룽 교수는 인공관절 치환술에 타이타늄 합금을 쓰면 안성맞춤이겠다고 생각한 적이 있었다. 형상기억 능력을 갖춘 금속이니만큼 체내 이식 후에도 변형될 일이 거의 없고 일반적인 운동 응력을 감당할 만큼 강도가 높은 데다가 다른 신체 조직에 의해 부식될 염려도 없었다. 무엇보다 이 금속은 거부반응을 일으키지 않았다.

이물질이 침입하면 우리의 몸은 면역 체계를 활성화한다. 세균이 혈액에 침입했을 때 백혈구가 나서서 세균을 먹어 치우는 것은 가장 흔히 볼 수 있는 면역 체계 활성화 현상이다. 이 과정에서 체온이 상승하기도 하는데, 세균에 감염되었을 때 함께 나타나는 발열 현상은 면역 체계가 제 역할을 잘하고 있다는 증거다. 하지만 우리 몸을 보호하는 이 체계가 다른 사람의 장기나 조직을 이식받을 때는 문제를 일으킬 수 있다. 모든 장기이식 후 거부반응이 일어나면 단순히 열이 나는 수준에 그치지 않고 생명이 위험해지기도 한다. 인공장기나 인공조직도 거부반응을 일으킬 수 있으므로 이식 전에 '생체 적합성 평가'를 통해 안전성 여부를 검증받아야 하는데, 타이타늄 합금은 생체 적합성이 월등히 뛰어난 것으로 드러났다.

다이커룽 교수는 세심한 준비를 거쳐 성공적으로 수술을 끝냈다. 수술한 지 한 달 만에 환자는 목발을 짚고 두 발로 서서 걸을 수 있었으며, 1년도 채 되지 않아 목발 없이 두 발로 걷게 되었다. 하지만 다이커룽 교수는 아쉬움이 들었다. 인공무릎 관절은 우리가 신는 신발처럼 대량으로 생산하는 탓에 사이즈 선택의 폭이 좁다. 신발이야 자기 발보다 크거나 작은 것을 신어 착용감이 나빠도 발이 불편한 정도에 그치지만 인공관절의 크기와 뼈가 맞지 않았을 때 생기는 문제는 발이 배기는 정도에서 끝나지 않는다.

그렇다면 3D 프린팅으로 인공관절을 직접 가공하면 구석구석까지 정확한 맞춤형 관절을 만들 수 있지 않을까? 3D 프린팅에도 단점은 있다. 바로 소재가 매우 제한적이라는 점이다. 필라멘트로 사용할 수 있는 소재는 몇 가지 열가소성 수지와 금속밖에 없다. 타이타늄은 필라멘트로 사용할 수 있는 금속 중 하나지만 열을 가해 노즐로 뽑아내는 3D 프린팅 방식을 적용할 수 없다. 반면에 분말을 도포해 굳히는 3D 프린팅 가공 방식은 사용할 수 있었다. 우선 작업대에 해당하는 3D 프린터의 프린트 베드에 타이타늄 분말을 평평하게 깔아준 후 레이저를 조사하면 레이저에 닿은 분말이 녹으면서 굳기 시작한다. 연소하지 않고 열 전도성도 떨어지는 물질인 타이타늄 합금은 레이저가 닿은 부분만 녹으므로 타이타늄 분말과 레이저를 이용한 3D 프린팅 기술을 통해 정밀하게 물건을 만들 수 있다.

다이커룽 교수는 이 기술을 바로 임상에 적용했다. 이듬해 3월에 멀리 허난성에 사는 46세 환자가 찾아왔는데, 그는 지난 2년 동안 다리 통증으로 고생했지만 형편이 좋지 않아 치료를 미루다가 도저히 참을 수 없을 정도가 되어 병원에 왔다고 했다. 환자를 진찰한 다이커룽 교수는 아연실색했다. 골반에서 자란 악성 종양이 이미 그 주변까지 퍼져 종양을 절제해버렸다간 환자가 반신불수가 될 수도 있었다. 다이커룽 교수는 이 환자의 수술 계획이 잡히자마자 3D 프린터를 구동했고, 20여 시간 후에 환자의 골반과 똑같이 생긴 타이타늄 인공골반이 다이커룽 교수의 책상에 도착했다. 비용도 환자가 감당할 수 있는 정도의 수준이었다. 다이커룽 교수는 타이타늄 합금으로 만든 인공골반을 순조롭게 환자의 몸에 삽입했다. 3주 후, 환자는 두 발로 자유롭게 걸어다녔다. 이처럼 오늘날에는 매년 수백만 톤의 타이타늄이 인체 삽입물로 가공될 정도로 타이타늄 합금 인공관절 치환술은 매우 흔한 수술 방법이 되었다.

인류의
새로운 정의

3D 프린팅 덕분에 타이타늄은 특별한 분야에 진출하게 되었다. 2016년 5월, 광저우동물원은 짝짓기 시즌을 맞이해 짝을 찾으려는 동물들로 시끌벅적했다. 그런데 두루미 한 마리가 짝을 차지하려고 다른 두루미와 싸우던 중에 부리가 부러지는 사건이 발생했다. 두루미는 동물원에서 접합 수술을

받았지만 감염으로 인해 부리가 완전히 괴사해버리고 말았다. 계속 이 상태로 방치했다가는 얼마 지나지 않아 목숨을 잃을 것 같았다. 걱정된 동물원 직원들은 두루미를 위해 백방으로 명의를 수소문했고, 마침내 한 동물병원으로부터 3D 프린터로 타이타늄 합금 부리를 만들어주겠다는 희소식을 받았다. 7월 10일, 두루미 부리 수술은 예정대로 진행돼 성공적으로 끝났다. 이는 타이타늄 합금 3D 프린터로 만든 인공 삽입물을 동물에게 이식한 중국 최초의 사례다.

인공관절 치환술이 보편화되자 윤리 문제를 우려하는 사람들이 생겼다. 온몸의 뼈를 전부 인공뼈로 바꾼 인간을 인간이라고 할 수 있을까? 인공 장기를 이식해서 더 강한 신체 능력을 가질 수 있게 된다면 이를 탐내 일부러 몸을 개조하는 사람이 생기지 않을까? 피스토리우스가 경기장에 모습을 드러냈을 때 관중은 장애가 있어도 강인한 모습을 잃지 않는 이 선수를 보고 감탄을 금치 못했다. 곧이어 그가 전 세계적으로 유명한 육상선수들을 전부 제치고 400미터 예선 조별 경기에서 승리를 거머쥐며 준결승까지 진출하자, 사람들은 블레이드 의족 덕분에 피스토리우스가 특별한 능력을 얻은 것이 아니냐며 의심의 눈길을 보냈다.

실제로 탄소섬유로 만든 의족은 일반인의 다리에 비해 무게가 훨씬 가볍기 때문에 피스토리우스는 더 빠르게 발을 내디딜 수 있었다. 뉴턴의 법칙에 따라 일반인보다 20퍼센트 적은 힘만으로도 가속에 필요한 힘을 충분히 얻을 수 있을 뿐 아니라, 특수한 형태의 의족 덕분에 일반인 다리의 세 배에 이르는 반작용력을 얻을 수 있었으므로 페어플레이의 원칙에 어긋나는 것은 사실이었다. 당시 국제올림픽위원회IOC도 도핑 문제보다 피스토리우스의 올림픽 출전 허가 여부를 둘러싼 문제로 골치를 앓았다.

우리는 지난 수천만 년 동안 피로 얼룩진 야만적이 황금 약탈의 시대를 거쳐 찬란히 빛났던 청동기시대를 지나 지금도 끊임없이 이야기를 써 내려가고 있는 규소가 남겨놓은 기록을 읽고, 우리를 갉아먹어도 여전히 버리지 못하는 고탄소 생활 양식을 돌아보았다. 그리고 이제 타이타늄이 선사할 미래를 상상하며 꿈꾸고 있다. 인류가 준비되었든 그렇지 않든 인공장기 이식 시대가 점점 더 가까워지고 있다. 인공장기는 인류의 미래를 더 풍요롭게 만들까? 아니면 인류를 나락에 빠뜨릴까? 중요한 것은 피할 수 없는 미래를 대비하고 침착하게 마주할 준비를 해야 한다는 점이다. 수억만 년 이후에도 여전히 인류가 존재한다면, 그 인류는 아마 선조들이 남긴 타이타늄 합금 관절을 보고 "와, 인류 문명은 인공장기 덕분에 지금까지 살아남을 수 있었구나!"라고 말할지도 모른다.

6부

원소의 노래

과학자는 본인 한 사람의 생각에만 의존하는 것이 아니라
수천 명의 지혜를 종합해낼 줄 알아야 한다.

— 영국 물리학자, 어니스트 러더퍼드

21.
전주곡

1875년 3월, 프랑스 고전 음악가 조르주 비제Georges Bizet는 막 초연 무대에 오른 자신의 오페라 작품 〈카르멘Carmen〉을 흐뭇한 표정으로 보고 있었다. 위대한 작품을 남기는 것을 인생의 사명으로 삼은 그는 이 작품이야말로 그동안 염원하던 역작이라 생각했다.

하지만 〈카르멘〉은 그다지 좋은 평을 듣지 못했다. 다른 사람에게 지기 싫어하는 자부심 강한 프랑스 천재 작곡가는 결국 충격을 이겨내지 못하고 질병을 앓다가 〈카르멘〉을 초연한 지 3개월 만에 파리 교외에서 서른일곱 살에 세상을 떠났다.

동명의 사실주의 소설을 바탕으로 비제가 창작한 불후의 작품 〈카르멘〉은 생생한 인물 묘사와 장엄한 음악으로 유명하며, 지금도 전 세계적으로 사랑받는 작품이자 특별한 문화 아이콘이기도 하다. 그러나 이 모든 것은 그가 세상을 떠난 후의 일이며 비제 본인은 살아생전에 〈카르멘〉의 성공을 지켜보지 못했다.

　무대와 음악이 어우러지고 과학과 멜로디가 충돌하던 19세기의 유럽은 고전음악과 고전화학의 최전성기였다. 〈카르멘〉이 무대에 오른 바로 그해 10월에 또 다른 위대한 작품이 파리에서 막을 올렸다. 음악가가 아니라 과학자가 연출을 맡고 극장이 아니라 프랑스과학원에서 상영된 이 작품은 〈카르멘〉 초연 무대와 달리 과학자 생전에 대단한 호평을 받으며 세계 과학사를 새로 쓴 위대한 작품으로 기록되었다. 이 위대한 작품을 창조한 과학자 드미트리 멘델레예프Dmitrii Mendeleev는 파리가 아니라 저 멀리 러시아 상트페테르부르크에서 연구에 매진하고 있었다. 이번 이야기는 바로 이 초연 무대에서 시작된다.

22.

제1악장,
중세의 그림자에서 벗어나다

러시아 화학자 멘델레예프는 1869년에 빈칸을 채우는 식으로 원소의 노래의 '악보'를 완성해두었다. 라틴어 원소 기호를 음표로 삼아 써 내려간 그 작품의 제목은 다름 아닌 '주기율표'였다. 멘델레예프는 세상에 존재하는 모든 원소를 이 표의 빈칸에 써넣으면 아름답고 조화로운 선율이 울려 퍼지리라 굳게 믿었다.

하지만 주기율표는 작품으로 대접받기는커녕 스승마저도 멘델레예프가 본업을 소홀히 하고 황당한 일을 저질렀다고 생각할 정도로 냉담한 반응에 부딪혔다. 주기율표에 관심 있는 사람이 별로 없는 상황에서 이런 문제까지 등장하자 얼마 안 되는 멘델레예프의 추종자들마저도 어리둥절하여 갈피를 잡지 못했다.

이에 멘델레예프는 작품을 다시 손보고 빈칸 네 개를 남겨둔 '주기율표 개정판'을 발표했다. 이때 그는 자신이 남겨둔 실마리를 따라가면 빈칸 네 개를 채워줄 세상에 아직 알려지지 않은 네 가지 원소의 정체를 밝힐 수 있으며, 종국에는 원소의 노래가 가진 비밀 열쇠를 찾아 그 음악을 들을 수 있으리라고 공언했다. 프랑스과학원에서 열린 1875년의 초연은 바로 이런 배경에서 이뤄졌다. 그야말로 전대미문의 공연이었다.

예측된
악보의 빈칸

멘델레예프가 첫 주기율표를 발표하기 바로 전, 새로운 원소가 연이어 발견되면서 유럽 화학계는 전성기를 맞이했다. 1869년까지 63종(정확히는 62종이다. 당시 원소로 포함된 '다이디뮴didymium'은 순물질이 아니라 희토류원소의 혼합물이다)에 이르는 원소를 발견했을 정도다. 오늘날까지 발견된 원소가 118종이라는 점을 고려하면 당시에 여전히 많은 원소의 정체가 베일에 싸인 채 밝혀지지 않았지만 재래식 방법으로는 새로운 원소를 더 이상 발견할 수 없는 상황이었다.

처음에는 멘델레예프도 63종의 원소를 음표로 삼아 주기율표를 작곡했다. 그런데 예리한 감각의 소유자였던 그는 곡을 써 내려가는 과정에서 어떤 음표와 음표 사이에서 무엇인가 빠져버려 어긋난 소리가 난다는 것을 알아차렸다. 아직 발견되지 않은 원소가 있기 때문이라고 생각한 멘델레예프는 새로 발견될 원소들을 위해 악보의 칸을 비워두었다. 최초로 이 문제를 발견한 사람은 멘델레예프가 아니었지만 최초로 빈칸에 들어갈 원소를 예

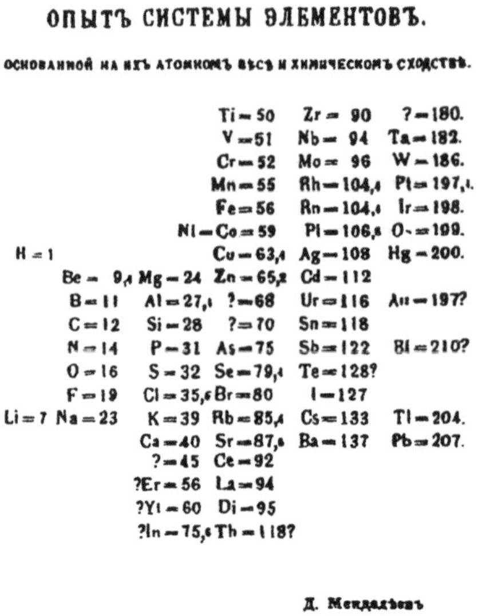

ОПЫТЪ СИСТЕМЫ ЭЛЕМЕНТОВЪ.

ОСНОВАННОЙ НА ИХЪ АТОМНОМЪ ВѢСѢ И ХИМИЧЕСКОМЪ СХОДСТВѢ.

			Ti=50	Zr=90	?=180.
			V=51	Nb=94	Ta=182.
			Cr=52	Mo=96	W=186.
			Mn=55	Rh=104,4	Pt=197,4.
			Fe=56	Rn=104,4	Ir=198.
			Ni=Co=59	Pl=106,6	O-=199.
H=1			Cu=63,4	Ag=108	Hg=200.
	Be=9,4	Mg=24	Zn=65,2	Cd=112	
	B=11	Al=27,4	?=68	Ur=116	Au=197?
	C=12	Si=28	?=70	Sn=118	
	N=14	P=31	As=75	Sb=122	Bi=210?
	O=16	S=32	Se=79,4	Te=128?	
	F=19	Cl=35,5	Br=80	I=127	
Li=7	Na=23	K=39	Rb=85,4	Cs=133	Tl=204.
		Ca=40	Sr=87,6	Ba=137	Pb=207.
		?=45	Ce=92		
		?Er=56	La=94		
		?Yt=60	Di=95		
		?In=75,6	Th=118?		

Д. Менделѣевъ

그림 6-1. 멘델레예프가 주기율표에 남긴 수수께끼

측한 사람은 그였다. 이처럼 미지의 원소를 예측할 수 있었던 것은 그가 원소 주기성의 법칙periodic law을 굳게 믿었기 때문이다.

악보에는 음조의 높낮이에 따라 '도-레-미'가 순서대로 기록되고 음 열두 개가 하나의 옥타브가 되는 주기성이 있듯이, 여러 원소 사이의 변화에도 일정한 주기성을 띠는 법칙이 있다. 멘델레예프는 원소에 이러한 주기성의 법칙이 있다고 봤다. 그래서 멘델레예프는 앞으로 알루미늄, 붕소, 규소, 망가니즈의 화학적 성질과 유사한 네 가지 원소가 새롭게 발견되리라 예측하고 미지의 원소 네 개에 각각 산스크리트어에서 1을 의미하는 단어인 'eka'를 붙여 에카알루미늄eka-aluminium, 에카붕소eka-boron, 에카규소eka-silicon, 에카망가니즈eka-manganese라는 이름을 지어준 후, 각 원소의 상대 원자 질량, 무게, 녹는점 등의 수치도 제시했다. 주기율표라는 작품 속에 남겨

둔 수수께끼가 바로 이 네 가지 원소였던 것이다. 따라서 이 수수께끼를 풀고 새로운 원소를 발견하기만 하면 원소 주기성의 법칙이 옳다는 것을 증명하는 동시에 원소의 노래도 세상에 울려 퍼질 수 있다는 뜻이 된다.

우연하게도 주기율표 개정판을 내놓았을 때 멘델레예프의 나이는 서른일곱 살에 세상을 등진 오페라 〈카르멘〉의 작곡가 비제와 같았다. 〈카르멘〉 초연을 본 사람들과 멘델레예프의 주기율표를 본 사람들의 반응도 비슷했다. 사람들은 그의 작품을 거들떠보지도 않는 것은 물론 그가 남긴 수수께끼를 음모론으로 여겼다. 하지만 멘델레예프는 이에 전혀 개의치 않았다. 자기 작품을 그 무엇과도 비견할 수 없는 걸작이라 확신하며 누군가 뜻있는 사람이 수수께끼를 풀어줄 것이라고 믿었다.

세월이 흘러 1875년에 드디어 원소의 노래가 초연의 막을 올렸다. 멘델레예프가 남긴 네 가지 수수께끼 중 하나인 에카알루미늄에 해당하는 새로운 원소를 프랑스과학원 소속 화학자 폴에밀 드부아보드랑Paul-Émile de Boisbaudran이 발견한 것이다. 드부아보드랑은 이 원소에 프랑스의 옛 이름인 갈리아Gallia를 따서 '갈륨gallium, Ga'이라는 이름을 붙이고, 갈륨의 여러 수치도 성공적으로 측정해냈다. 멘델레예프의 예측과 거의 비슷하게 갈륨의 수치와 성질을 측정했고, "에카알루미늄은 분광법을 통해 발견될 것이다"라는 멘델레예프의 예언이 사실임을 입증했다. 하지만 드부아보드랑이 발견한 음표에서는 상당히 귀에 거슬리는 소리가 났다. 멘델레예프는 갈륨의 밀도를 5.9~6.0그램퍼 1세제곱센티미터로 예측했지만 드부아보드랑이 측정한 밀도는 4.7그램퍼 1세제곱센티미터로 크게 차이가 났기 때문이다.

멘델레예프는 드부아보드랑에게 편지를 보내 시료 순도에 문제가 있을 수 있다며 시료를 처음부터 다시 정제해 측정해보라고 제안했다. 그의 편지를 받은 드부아보드랑은 콧방귀를 뀌었다. 나야말로 원소 주기성의 법칙을 처음 무대에 올린 사람인데 현장에 있지도 않던 멘델레예프가 연주를 실수했다고 판단할 수 있단 말인가? 그러나 무언가 이상한 것은 확실했다. 과학에 대한 집념에 불타오른 드부아보드랑은 다시 원료 표본을 정제하고 측정했다. 그러자 기적처럼 멘델레예프가 예측했던 구간에 딱 들어맞는 5.941그램퍼 1세제곱센티미터라는 수치가 나왔다.

이제 멘델레예프에게는 드부아보드랑이라는 열렬한 추종자가 생겼고 지금껏 외면당했던 주기율표도 과학계의 시선을 한 몸에 받았다. 그의 예측대로 새로운 원소가 발견되었다는 것은 '원소에는 주기성 법칙이 존재한다'와 '예측한 수치를 바탕으로 새로운 원소만 콕 집어 찾아볼 수 있다'라는 두 가지 교훈을 시사했다.

양자역학이 등장하기 전까지 대부분의 과학자는 원소 사이에 객관적인 법칙이 존재한다는 것을 믿지 않았다. 근대 화학이 중세 연금술에서 탄생했기 때문이다. 미신에 가까운 원시 과학이었던 중세 연금술은 물질을 이성적이고 객관적으로 인식할 줄 몰랐고, 현자의 돌을 찾아 돌을 금으로 바꾸겠다는 허무맹랑한 꿈을 실현하고자 했다. 이 헛된 생각을 믿고 미지의 힘으로 원소가 만들어지고 화학반응이 일어난다고 생각하는 사람들은 멘델레예프가 살던 시대에도 여전히 있었다. 이러한 시대에 멘델레예프는 '미지의 힘'은 신의 힘이 아니라 객관적으로 존재하고 인식할 수 있는 법칙이라는 점을 세상에 알렸을 뿐 아니라 법칙을 이용해 지금껏 본 적도 없는 세상을 탐험할 수 있다는 가르침을 줬다.

이후 엥겔스가 나서서 주기율표는 해왕성 발견에 필적한다며 칭찬을 아끼지 않을 정도로 멘델레예프의 예측은 화학의 위상을 공고히 하는 데 크게 기여했다. 과거 갈릴레이가 수차례나 무시했던 해왕성은 1864년에야 겨우 발견되었는데, 우연이 아니라 천문학자들이 수학적 단서를 좇아 열심히 계산한 끝에 거둔 성취였다. 이 과학적 발견은 태양계의 족보를 바꿨을 뿐 아니라 새로운 눈으로 과학을 바라보도록 하는 데 크게 기여했다.

르네상스시대 초기에는 과학자들, 그중에서도 특히 천문학자들을 박해했으므로 과학은 더디게 발전할 수밖에 없었다. 당시 과학의 힘이 약했기 때문에 벌어진 일이기도 하다. 신처럼 세상 사람들에게 예언을 제공해주는 것도 아니니 과학을 믿어 봐야 쓸모가 없다고 생각했기 때문이다. 그러니 누가 과학을 믿으려 하겠는가? 그러나 19세기 중반에 이르자 과학도 변하기 시작했다. 하늘 어딘가에서 큰 행성을 발견할 수 있다는 과학의 가르침에 따라 쌍안경을 들어 하늘을 보면 정말로 큰 행성의 아리따운 모습과 마주할 수 있었다. 또 어떤 광물에 무슨 원소가 있는지 알려주는 과학을 믿고 광물을 분리하면 손쉽게 원소를 골라낼 수 있었다. 당신이라면 직접 실험하며 진위를 가려낼 수 있는 과학과 눈에 보이지 않는 신 중에서 어느 쪽의 예언을 더 믿고 싶을까?

멘델레예프의 예언이 사실로 입증되자 원소는 완전히 과학자들의 손에 들어갔고, 이제 그 누구도 현자의 돌을 믿지 않았다. 그렇게 연금술사들의 마지막 환상은 멘델레예프에 의해 산산이 조각났다.

법칙이
연이어 입증되다

드부아보드랑이 첫 번째 수수께끼의 정답을 찾아낸 후 다른 화학자들도 앞다투어 남은 수수께끼를 풀려고 시도했다. 그렇게 또 4년의 세월이 흘러갔다. 1879년은 영국의 작사가 윌리엄 길버트William Gilbert와 작곡가 아서 설리번Arthur Sullivan이 오페레타 〈펜잰스의 해적The Pirates of Penzance〉을 선보인 해이자, 클래식 음악이 여전히 유럽 대륙에서 창작의 전성기를 구가하던 해다.

이때는 멘델레예프에게도 작품의 서막이 한 번 더 올라간 특별한 해였다. '에카붕소', 곧 '스칸듐'이라는 화학명을 가진 금속이 새롭게 발견되었기 때문이다. 이번에 원소의 노래를 연주한 사람은 스웨덴 화학자 라르스 닐손Lars Nilson이었다. 드부아보드랑이 우연한 행운 덕에 원소 주기성의 법칙을 입증했다면, 닐손은 원소 주기성의 법칙을 계획적으로 입증한 과학자였다.

스칸듐은 희토류원소다. 희토류원소 가족에는 스칸듐, 이트륨과 15종의 란타넘까지 합쳐 총 17종의 식구가 있는데, 그중에서 스칸듐은 원자번호가 21번으로 가장 작다. 이 원소 17종은 서로 뭉쳐 다니는데, 중국 네이멍구 자치구에 속한 바이윈어보 같은 광산 지역이나 스웨덴 같은 특정한 곳에 몰려 있다. 화학적 성질이 비슷하고 분리하기도 어려워서 대부분 상당히 뒤늦게 발견되었다. 이런 특성 탓에 한때 사람들은 희소한 원소라는 뜻에서 '희토류원소'라고 이름을 붙였지만 점차 시간이 흐르면서 그렇지만은 않다는 사실을 알게 되었다.

19세기 후반 유럽에서 희토류 연구 열풍이 불었을 때 스웨덴 과학자들은 희토류원소가 몰려 있는 스웨덴의 지리적 이점을 십분 활용했다. 원소 주기성 법칙의 독실한 신자였던 닐손 역시 자신이 태어난 스웨덴의 탄탄한 희토류 연구 환경을 이용해 원소의 주기성을 검증하기로 마음먹고 광물의 성질을 정확히 측정하는 연구에 매진하고 있었다. 어느 날 희토류원소인 이터븀ytterbium, Yb의 동위원소를 분석하던 닐손은 이터븀을 발견한 스위스 화학자 장 드마리냐크Jean de Marignac가 측정한 상대 원자 질량 172.5보다 훨씬 낮은 167.46이라는 측정값을 얻었다. 닐손은 잠시 의아했지만 원소 주기성의 법칙을 잘 이해하고 있었기에 가벼운 원소가 그 속에 섞여 있기 때문이라는 것을 금세 깨달았다.

그 후 닐손은 정제 작업을 끊임없이 한 끝에 스칸듐만 분리해내는 데 성공했으며, 절친한 친구 페르 클레베Per Cleve의 도움을 받아 성질도 측정해냈다. 이러한 연구 내용을 담은 자신의 논문에서 닐손은 멘델레예프에게 최고의 찬사를 보냈다. 멘델레예프가 스칸듐의 출현을 완벽하게 예언했을 뿐 아니라 상대 원자 질량, 밀도 및 산성·알칼리성까지 실제 측정값과 매우 근접하게 예측했기 때문이다. 놀랍게도 멘델레예프는 에카붕소, 곧 스칸듐을 분광법으로 발견할 수 없다고도 예견했다. 갈륨과 더불어 그의 예언이 두 번이나 완벽하게 적중했으므로 이제 멘델레예프가 제시한 원소 주기성의 법칙을 의심하는 사람은 아무도 없었다.

흥미진진한 공연과도 같은 과정을 거쳐 풀린 두 개의 수수께끼와 달리 세 번째 수수께끼는 싱겁게 풀렸다. 에카실리콘은 독일의 분석화학자 클레멘스 빙클러Clemens Winkler가 1886년에 발견했으며, 빙클러의 모국인 독일의 라틴명인 '저마니아Germania'를 따서 저마늄이라 이름 붙여졌다. 닐손처럼 세심하게 저마늄을 측량한 빙클러는 '에카실리콘'과 저마늄이 완전히 같은 원소라는 점을 입증하는 데 성공했고, 멘델레예프에게 편지를 보내 예측이 또 한 번 적중했음을 축하했다. 이때는 멘델레예프가 처음으로 수수께끼를 낸 지 15년이 지난 시점이었다.

어쩌면 멘델레예프에게 지난 15년은 몇 통의 축하 편지를 받은 해 정도로만 기억될지도 모르지만 과학계에는 그 어느 때보다 특별한 15년이었다. 1887년에 영국 물리학자 조지프 톰슨Joseph Thomson이 전자의 존재를 밝혔으며, 그로부터 10년 후 러더퍼드가 정확한 원자모형까지 제시했다. 원소주기율표는 물론 원자의 미시 구조까지 들여다보는 현대와 달리 멘델레예프가 원소 주기성의 법칙을 제시했던 시대에는 원자의 구조는 고사하고 원자가 더 쪼개질 수 있는 물질이라는 점도 몰랐으며, 심지어 동시대 과학자 중에는 원자가 실제로 존재하지 않는다고 생각한 사람도 많았다. 그들은 눈으로 볼 수 없는 물질의 구조를 설명한다는 것은 여러 맹인이 코끼리를 만진 후 자기가 알고 있는 부분만 말했다는 '맹인모상盲人摸象' 이야기나 마찬가지라고 생각했다. 이런 사회 분위기에서 멘델레예프라는 '맹인'은 코끼리의 대략적인 형태를 설명한 것은 물론, 코끼리가 어디서 와서 어디로 가는지도 정확히 예측하며 코끼리의 운동 법칙까지 찾아내는 데 성공했다.

아쉬운 점도 있었다. 멘델레예프가 제시한 수수께끼 네 개 중 에카망가니즈는 그가 세상을 떠날 때까지 찾지 못했다. 상대 원자 질량이 99 정도에 화학적 성질이 망가니즈와 비슷한 원소가 몰리브데넘과 루테늄 사이에 분명히 존재한다고 모두 굳게 믿었다. 하지만 예상과 다르게 모든 노력은 물거품이 되었다. 흔히 실패는 성공의 어머니라고 하지만 에카망가니즈를 찾는 과정에는 이 말이 적용되지 않고 하나의 실패가 또 다른 실패를 불러왔다. 혹시 멘델레예프가 실수한 건 아닐까?

정체를 알 수 없었던 에카망가니즈는 원소주기율표의 43번 자리에 있는 테크네튬technetium, Tc이다. 보통의 주기율표에는 이 원소가 붉은색으로 표기되어 있는데, 테크네튬이 방사성을 지녔기 때문이다. 그렇다, 지금껏 에카망가니즈를 찾지 못했던 이유는 바로 자연계에 에카망가니즈가 존재하지 않았기 때문이다. 그동안 수많은 과학계의 천재가 방사성의 장난에 놀아나는 바람에 에카망가니즈를 찾으러 떠났다가 번번이 빈손으로 돌아오고 말았다.

무시무시한 방사성을 지닌 원소 테크네튬은 멘델레예프가 세상을 떠난 지 30년이 지난 1937년에야 인공 합성을 통해 만들어졌다. 최초의 인공원소라는 점에 착안해 '인공'을 뜻하는 그리스어 'technetos'에서 이름을 따왔다. 테크네튬이 등장한 이후로 혹시나 멘델레예프가 실수하지 않았을까 노심초사하던 사람들은 그제야 마음을 놓았다. 그런데 너무 많은 가짜 테크네튬을 만난 사람들이 계속 진위를 의심한 탓에 이 원소는 자그마치 발견된 지 10년 후에야 국제순수·응용화학연합IUPAC에서 새로운 원소로 인정받았다.

'자연계에 존재하지 않는 원소 테크네튬'이라는 명제는 얼마 후 완전히 뒤집혔다. 테크네튬은 방사성 물질이 방출하는 방사능의 양이 절반으로 줄어들 때까지 걸리는 기간을 뜻하는 반감기가 짧은 편이다. 테크네튬의 동위원소 중에서 질량수가 98로 가장 안정적인 테크네튬-98^{Tc-98}은 반감기가 겨우 420만 년에 불과하다. 46억 살에 이르는 지구에 비하면 찰나에 불과하므로 지구가 생성될 때 만들어진 테크네튬은 오래전에 흔적도 없이 사라진 것이다. 그런데 자연계에서 테크네튬을 얻는 방법이 있다. 바로 우라늄uranium, U이나 라듐radium, Ra처럼 불안정한 방사성 원소가 붕괴할 때 나오는 부산물에서 얻는 것이다. 송나라 문인 신기질辛棄疾이 〈청옥안青玉案·원석元夕〉에서 "군중 속에서 수천 번이나 찾아 헤맨 그녀이건만 문득 고개를 돌려보니 그녀가 흐릿한 등불이 비추는 그곳에 있음을 알게 되었네"라고 노래한 것처럼 에카망가니즈는 방사선이 비추는 곳에 있었다.

멘델레예프의
실수

사실 멘델레예프를 애태운 문제는 따로 있었기에 그에게 에카망가니즈의 존재 여부는 별로 중요하지 않았다. 세상을 떠나기 한 해 전인 1906년, 일생을 원소주기율표에 바친 멘델레예프는 신중에 신중을 기해 인위적으로 수치를 수정해가며 표를 다시 작성하는 중이었다.

이 이야기는 주기율표 맨 끝에 있는 18족에서 시작한다. 19세기 말 영국 화학자 윌리엄 램지William Ramsay가 비활성기체를 발견하면서 원소주기율표는 새로운 가족을 맞이했고, 이후 램지는 1904년에 과학계에 경사스러운 소식을 가져다준 공로로 노벨 화학상을 받았다.

새롭게 발견된 비활성기체를 주기율표에 추가하려던 멘델레예프는 큰 문제에 부딪혔다. 기체인 아르곤의 상대 원자 질량이 칼륨보다 컸던 것이다! 아직 과학이 고도로 발전하지 않았던 당시에는 상대 원자 질량을 원소의 특징을 나타내는 지표로 사용했으므로 멘델레예프 역시 상대 원자 질량이 작은 원소부터 큰 원소 순으로 원소주기율표를 정리했다. 이 원리에 따라 원소를 나열하면 칼륨은 아르곤보다 앞에 위치해야 옳다. 반면에 원소의 성질에 따라 주기율표를 정리하면 칼륨과 원자번호 11번 나트륨이 같은 족에 속하고, 아르곤과 원자번호 10번 네온이 같은 족에 속하므로 칼륨은 아르곤 뒤에 와야 한다. 이처럼 모순된 상황을 마주한 멘델레예프는 아르곤을 염소와 칼륨 사이에 넣기로 했다. 멘델레예프는 램지가 아르곤의 원자량을 38인데 40으로 잘못 측정했다고 생각했으며, 주기율표가 조화로워지려면 원자량 35.45인 염소와 39인 칼륨 사이에 아르곤을 끼워 넣어야 한다고 생각했다. 사실 멘델레예프가 수정한 원소는 무려 두 개나 더 있었다. 이전에도 상대 원자 질량에 따라 원소를 오름차순으로 정리하려고 니켈과 텔루륨tellurium, Te의 값을 고친 적이 있었다.

원소 주기성의 법칙에 맞추기 위해 억지로 수치를 수정해야 했던 멘델레예프의 심정은 얼마나 참담했을까? 아마도 자기가 작곡한 노래가 듣기에는 좋아도 음악 이론적으로는 틀렸다는 사실을 인정해야 하는 작곡가의 심정과 비슷했을 것이다. 이 시기부터 원소 주기성에 관한 진실이 조금씩 밝혀지는 중이었으므로 고전 작곡가인 멘델레예프도 조금만 더 생각해봤다면 그동안 알고 있던 음악 이론이 시대에 뒤처졌으므로 개선해야 한다는 사실에 눈뜰 수 있었을 것이다.

말 그대로 원자는 더 이상 쪼갤 수 없는 가장 작은 입자를 뜻하지만 당시에도 톰슨을 비롯한 과학자들은 원자를 더 쪼갤 수 있다고 주장했다. 따라서 원자량을 기준으로 원수를 배열하는 과거의 방식이 옳은지를 생각해볼 여지가 있었다. 예를 들어 원자를 어느 학급의 어린이들이라고 가정해보면 멘델레예프는 어린이들을 몸무게순으로 앉힌 셈이다. 그런데 시간이 지나 연구가 더 깊이 진행됨에 따라 어린이의 성장과 발육이 나이와 밀접한 관계가 있음이 밝혀지면서 나이를 기준으로 어린이를 앉혀야 한다고 주상하는 선생님이 등장한 것이다. 일반적으로 어린이의 나이가 많을수록 몸무게가 더 무거우므로 나이와 몸무게 간에 높은 상관관계가 있지만 언제나 예외는 존재한다. 바로 이 예외 때문에 멘델레예프는 아무리 노력해도 문제를 풀지 못했다.

다시 말해 이 문제는 멘델레예프의 이론에 허점이 있기 때문에 생긴 것이었다. 상대 원자 질량은 원소의 주기성을 좌우하는 결정적 요소가 아니라 그저 상관관계가 높은 요소일 뿐이다. 만년의 멘델레예프는 과거와 다름없이 성실한 학자였지만 이 문제를 미리 내다보는 능력은 없었으므로 수치를 수정하는 방법을 통해 어떻게든 노래를 조화롭게 만들고자 했다. 바로 이 작은 생각의 차이로 인해 원소 주기성의 법칙을 둘러싼 고전파와 현대파의 갈등은 시간이 갈수록 더욱 깊어졌다. 한편 멘델레예프가 고전파를 대표하는 인물이기는 하지만, 그가 등장하기 이전에도 수없이 많은 빛나는 별과 같은 과학자가 있었다. 이제 그들에 대해 함께 알아보자.

23.
제2악장,
법칙의 탄생

비록 원자의 신비가 풀리는 날까지 기다리지는 못했지만 멘델레예프는 원자 이론이 현대 과학에 모습을 드러내기 전까지 존재했던 관련 이론을 집대성하는 업적을 남겼다. 멘델레예프가 고전파의 최고봉에 올라설 수 있었던 것은 어깨를 빌려준 많은 '거인'이 있었기 때문이다. 따라서 원소의 노래 이전에 탄생한 다른 작곡가들의 미숙한 작품도 들어야 비로소 멘델레예프가 남긴 명곡을 잘 감상할 수 있다.

원소 주기성의 법칙은 오르골을 열 수 있는 열쇠와 같다. 오르골에서 흘러나오는 음악은 단조롭기 짝이 없다. 전통 오르골의 소리는 음을 열여덟 개밖에 내지 못해 88개의 건반으로 이뤄진 피아노의 풍성한 소리를 따라잡지 못하는 것은 물론, 청동 타악기인 증후을편종의 소리보다도 못하다. 과학자들은 음계가 많을수록 선율이 풍성해지고 더 아름다운 화음이 만들어지는 이치에 따라 원소라는 오르골이 더 아름다운 소리를 낼 수 있도록 점차 음표를 추가해갔다.

2024년까지 우리가 발견한 원소는 118개에 이르지만 최초의 원소는 물, 흙, 공기, 불을 포함한 네 개에 불과하다. 2,000여 년 전에 아리스토텔레스가 음도 맞지 않는 네 개의 원소를 갖고 우주 만물을 주제로 작곡한 소나타를 들어보면 불협화음밖에 들리지 않는다. 4원소란 더 이상 나눌 수 없는 순수한 물질인 원소가 아니다. 4원소 가운데 물, 흙, 공기는 그 속에 여러 종류의 원소를 담고 있는 화합물 또는 혼합물이며, 불은 그저 물질이 끓어오르는 상태에 불과하다. 그래서 아리스토텔레스가 살던 시대에 음정도 맞지 않는 음표 네 개로 만든 원소의 소나타들을 들어보면 제각각 다른 소리가 나서 하나의 완전한 음악이라고 부를 수 없을 정도다. 닭 우는 소리나 개 짖는 소리가 루트비히 판 베토벤Ludwig van Beethoven의 〈운명 교향곡Symphony no.5〉과 어깨를 겨룰 만하다고 생각하지 않는다면 말이다.

거인들의
노력

이 귀를 찌르는 4원소설은 오랫동안 물질계의 주제곡으로 사용되었다. 오랜 세월 동안 누구도 정확히 '원소란 무엇인가?'라는 질문에 대해 명확한 해답을 내놓지 못했기 때문이다. 원소를 이성적으로 정의한 사람은 1803년 영국 과학자 존 돌턴John Dalton이다. 돌턴은 원자란 더 이상 나눌 수 없는 가장 작은 단위이며 화학반응 중에도 성질이 바뀌지 않는 세상 모든 것의 근본이라고 주장했다. 돌턴이 제시한 이 첫 번째 개념은 고대 그리스 철학자 데모크리토스Democritus*의 원자설을 살짝 발전시킨 수준이다. 하지만 동시에 돌턴은 '원소'란 같은 크기와 성질을 가진 원자의 집합이며, 모든 원소는 고유의 원자량을 가진다는 두 번째 개념도 내놓았다. 돌턴의 두 번째 개념 덕분에 이후 과학자들은 어떤 물질을 원소라고 불러도 되는지를 결정할 수 있었으며, 훗날 원자 이론이라는 위대한 개념을 제시한 돌턴의 업적을 기리기 위해 그의 이름에서 따온 'Da'를 원자 질량 단위의 기호로 쓰게 되었다. 한편 말년의 멘델레예프가 원자량에 대해 완고한 태도를 취한 것은 아마도 돌턴의 영향을 받았기 때문으로 보인다.

이러한 준거가 제시되자 원소를 발견하고 확인하는 작업이 훨씬 수월해졌다. 돌턴은 4원소 대신 원소 스무 개를 음표로 삼아 작곡 이론서를 써 내려갔다. 하지만 후일 그가 사용했던 원소 중 여섯 개가 본인이 내린 원소의 정의에 부합하지 않는다는 사실이 과학적으로 증명되었다. 돌턴은 원자량이란 원소의 특성을 나타내는 고유한 값이라고 생각하고 각 원소의 원자량을 정리해 표로 만들기까지 했지만 수소의 원자량을 1로 정한 것을 제외하면 나머지 열아홉 개 원소 중에 원자량을 맞춘 것이 하나도 없다. 예를 들면 돌턴은 탄소와 질소의 원자량은 각각 5(정확한 원자량은 12와 14), 산소와 인은 7과 9(정확히는 16과 31), 황은 13(정확히는 32)이라고 기록했다.

돌턴이 시대를 앞선 이론을 제시한 위대한 화학자인 것은 맞다. 그렇다

---

* 데모크리토스는 기원 전 5~4세기에 활약한 고대 그리스의 철학자로, 지각과 경험을 있는 그대로의 실재라고 보는 소박실재론素朴實在論을 주장했으며 만물이 더 이상 쪼개지지 않는 원자로 구성되어 있다고 생각했다.

면 '원자량'이라는 원소를 평가하는 기준을 찾아낼 정도로 위대한 과학자가 왜 원자량을 잘못 측정했을까? 사실 원자가 존재한다는 사실도 잘 알지 못했던 당시에 정확한 원자량을 측정하는 것은 불가능했다. 또한 돌턴은 화학자가 아니라 '화학철학자'였다. 대표 저서의 제목이 《화학철학의 새로운 체계New System of Chemical Philosophy》라는 점만 봐도 알 수 있듯이 돌턴은 이성적 사유 능력은 뛰어나지만 실험 실력은 썩 빼어나지 못한 학자였으며, 자기주장을 뒷받침하려고 다른 학자들의 실험 결과를 끌어다 쓰기도 했다. 게다가 선천적 적록색맹인 돌턴에게 화학 실험이란 매우 어려운 일이었다. 적색과 녹색을 구분하지 못하는 이상 증상을 최초로 발견한 사람이 바로 돌턴이라서 적록색맹을 '돌터니즘Daltonism'이라고 부르기도 한다.

화학은 언제나 실험을 중시하는 과학이지만 훗날 원소 주기성의 법칙을 발견할 수 있도록 든든한 토대를 만들어준 돌턴의 사례를 보면 때로는 실험보다 아이디어가 더 중요하다는 점을 깨닫게 된다. 그런데 만약 정치적 회오리에 휘말리지만 않았더라면, 이 영예의 주인공은 돌턴이 아니라 다른 과학자가 될 수도 있었다. 바로 근대 화학의 아버지라고 불리는 앙투안 라부아지에Antoine Lavoisier다.

프랑스 귀족 가문 출신인 라부아지에는 유능한 실험 과학자였고, 철학적으로도 뛰어나 지대한 공적을 많이 남겼다. 산소의 정체를 밝혀냄으로써 물질이 연소할 때 '플로지스톤phlogiston'이라는 것이 빠져나가 연소 후 물질의 질량이 줄어든다는 '플로지스톤설Phlogiston theory'을 뒤집었고, 현대의 도량형 체계를 만들었다. 그의 업적은 여기서 그치지 않는다. 1789년에 라부아지에는 또 한 번 실력을 발휘해 4원소설을 뒤집어엎고, 화학적 방법으로 더 이상 분해할 수 없는 물질이 '원소'라고 규정하며 원소를 새롭게 정의 내렸다. 현대 화학 이론을 아는 사람이라면 라부아지에가 내린 원소의 정의가 홑원소 물질을 뜻한다는 것을 금방 알 수 있다. 이러한 라부아지에의 개념을 정리하고 원소의 본질에 다가서는 위대한 업적을 남긴 과학자가 바로 돌턴이다.

라부아지에도 꾸준한 실험을 통해 결과를 다듬어갈 수 있었지만 급작스럽게 일어난 프랑스대혁명이 그의 계획을 망쳐버렸다. 대혁명 이전까지 라부아지에가 부정행위를 저질렀다는 증거는 없었지만 세금 징수원이라는 그의 신분만으로도 혁명 세력의 반감을 사기에 충분했다. 하필이면 그가 원소론을 세상에 내놓은 바로 그해에 프랑스 국왕 루이 16세가 증세를 지시한 탓에 분노한 하층 노동자들이 바스티유 감옥을 습격하는 사건이 벌어졌다. 그 후 새롭게 세워진 정부에서 라부아지에는 도량형을 통일하는 업무를 맡았으나, 그의 정적 장폴 마라Jean-Paul Marat의 맹렬한 공격을 받게 되었다. 사실 플로지스톤설의 열렬한 추종자인 마라는 이에 관한 논문을 발표했다가 라부아지에에게 신랄한 비평을 당한 적이 있었다. 그래서 프랑스대혁명 기간에 마라는 여러 편의 글을 발표하며 라부아지에의 연구를 비난했고, 둘 사이의 갈등은 날로 격화되었다. 그러던 와중에 1793년 마라가 암살되자 그의 추종자들은 분노의 화살을 라부아지에에게 돌렸고, 이듬해에 라부아지에를 단두대로 끌고 가 처형해버렸다. 그의 동료인 프랑스 수학자 조제프 라그랑주Joseph Lagrange는 라부아지에의 사형이 집행되자 "그의 머리를 베어버리는 데는 몇 초도 걸리지 않았지만 그와 똑같은 두뇌를 만드는 데는 100년도 넘게 걸릴 것이다"라고 말했다. 만약 이런 재앙을 피할 수 있었다면 100년에 한 번 나올까 말까 한 라부아지에의 우수한 두뇌에서 수많은 위대한 아이디어가 탄생했을 수도 있다.

당시에 화학반응의 특별한 정비례 법칙, 곧 '일정성분비의 법칙law of definite proportions'이 발견된 터라 라부아지에와 동시대를 산 과학자들은 화학당량chemical equivalent이라는 개념을 보편적으로 사용하고 있었다. 가령 탄소와 산소가 반응해서 이산화탄소가 만들어지면 탄소 세 개당 산소 여덟 개가 사용되는데, 이를 화학당량으로 풀이하면 탄소의 화학당량은 3이 되고, 화학반응에 참여하는 산소의 화학당량은 8이 된다. 이 비율은 절대 바뀌지 않았다. 이후 돌턴의 원자 개념이 등장하자 사람들은 그 이유를 알게 되었고 수많은 문제의 해답도 찾을 수 있었다. 그러자 돌턴이 수집한 부정확한 수치에 연연하는 사람들도 사라졌다.

몇 년 후 이탈리아의 과학자 아메데오 아보가드로Amedeo Avogadro가 돌턴의 원자설을 바탕으로 한 분자 개념을 세상에 내놓았다. 아보가드로는 분자라는 개념을 통해 화학반응의 본질을 밝혀낸 학자다. 화학반응이란 각기 다른 분자의 원자가 새롭게 배열하고 조합하는 과정이며, 이러한 반응이 일어나는 과정에서 원자는 변하지 않는 가장 기본단위이고 분자는 화학적 성질을 유지하는 가장 작은 단위라는 점을 알아냈다. 화학이란 무엇을 연구하는 학문인지를 정의 내릴 수 있게 분자를 찾아낸 공로로 아보가드로의 이름은 역사에 길이 남았다. 그 밖에도 국제도량형 체계에 따라 물질량 단위인 몰mol의 기본단위로 활용되는 아보가드로 수Avogadro's number는 거시세계와 미시세계를 잇는 다리 역할도 한다.

법칙을 표현할
음계의 탄생

아보가드로가 제시한 분자 이론이 과학계에 받아들여진 것은 그로부터 약 반세기 이후의 일이었고, 그는 살아서 그 영광을 누리지 못했다. 스웨덴의 화학자 왼스 베르셀리우스^{Jöns Berzelius}와 그가 제시한 전기적 이원론이 아보가드로의 분자 이론을 과학계에 발붙이지 못하도록 막았기 때문이다. 이른바 전기적 이원론은 겨울철에 흔히 발생하는 정전기처럼 양전하와 음전하의 상호작용에 따라 원자의 화학 결합이 이뤄진다는 이론이다. 아보가드로는 원자가 분자를 구성할 수 있다고 주장했지만 베르셀리우스는 그의 주장을 전혀 믿지 않았다. 같은 수소 원자 두 개가 결합해 수소 분자를 만든다면 똑같은 원자가 왜 양전하와 음전하로 구분된다는 말인가? 이처럼 당시 과학계는 아보가드로가 제시한 진리를 인정하지 않았다.

원자 이론에 대한 베르셀리우스의 공헌은 이 미숙한 전기적 이원론에 그치지 않았다. 베르셀리우스는 라부아지에에 버금가는 정량적 측정의 고수였다. 원자 이론을 받아들인 이후 어떻게 하면 정확하게 원자량을 측정할 수 있을지 고민했던 베르셀리우스는 평생에 걸쳐 2,000여 종이 넘는 물질의 '분자량'을 측정했다. 비록 그 자신은 분자의 존재를 믿지 않고 이를 '원자량'이라고 불렀지만 말이다. 멘델레예프 역시 베르셀리우스가 측정해둔 정확한 수치 덕분에 주기율표라는 업적을 남길 수 있었다.

베르셀리우스는 기본적으로 라부아지에 시대에 통용되었던 일정성분비의 법칙을 바탕으로 물질을 측정했지만 이와 동시에 돌턴의 원자량 개념을 응용해 한 가지 중요한 개혁을 이뤄냈다. 산소와 화합하는 원소가 많다는 점에 착안하여 산소의 원자량을 100으로 정해 기준으로 삼은 것이다. 베르셀리우스가 기준을 만들어준 덕분에 과학자들은 훨씬 더 수월하게 작업할 수 있게 되었다. 예를 들어 탄소와 산소가 3:8이라는 비율로 화합한다면 탄소의 원자량은 37.5의 배수 또는 약수가 되며, 다른 물질 역시 충분한 데이터만 있으면 이러한 원리로 명확한 결과를 얻을 수 있었다.

베르셀리우스는 다른 학자의 이론이나 실험 방법을 참고하는 데 능했다. 프랑스 과학자 조제프 루이 게이뤼삭Joseph Louis Gay-Lussac은 수소 기체와 산소 기체가 항상 2:1의 부피 비율을 유지하며 화학반응을 일으키듯이 기체와 기체 사이에 일어나는 화학반응에는 부피의 정수비가 존재한다는 점을 발견했다. 게이뤼삭이 발견한 법칙을 접한 베르셀리우스는 재빨리 자신의 원자량 측정 작업에 이를 적용했다. 또 베르셀리우스는 프랑스 과학자 피에르 루이 뒬롱Pierre Louis Dulong과 알렉시스 테레즈 프티Alexis Thérèse Petit가 제시한 원자의 열용량 법칙, 곧 원자량과 열용량은 일반적으로 정비례한다는 '뒬롱-프티의 법칙Dulong-Petit law'을 이용해 원자의 일정성분비의 법칙을 완벽히 증명하기도 했다.

20여 년에 걸쳐 노력한 끝에 베르셀리우스는 총 49개 원소의 원자량을 구했으며, 원자량을 측정하는 과정에서 새로운 원소들을 발견해내는 데 성공했다. 놀랍게도 그가 측정한 원자량은 오늘날의 원자량과 거의 차이가 없다. 또한 베르셀리우스는 전 세계 각국의 언어를 통일된 방법으로 표현할 수 있는 컴퓨터 문자 코드 규약인 유니코드에 해당하는 라틴어 원소 기호법을 창안했으며, 그가 제시한 원소 기호는 현재까지도 사용되고 있다.

그 후에도 과학자들은 원소의 원자량을 꾸준히 측정하고 수정해나갔다. 그런데 무려 반세기 동안 냉대당했던 아보가드로의 분자 가설이 그의 모국인 이탈리아의 과학자 스타니슬라오 칸니차로Stanislao Cannizzaro에 의해 다시 세상에 등장했다. 아보가드로의 가설을 이용하여 원자량과 분자량을 구분하고, 여러 혼란스러운 측정값을 정리한 칸니차로 덕분에 원자와 분자가 존재한다는 이론이 드디어 과학계에서 인정받게 된 것이다.

원소 주기성의 법칙이
완성되기까지

그 후부터 원소 주기성 법칙의 발견을 가로막은 장애물들은 거의 다 사라졌다. 이제 음계에 따라 음표를 배열할 수 있으니, 곧 감미로운 노래를 들을 수 있지 않을까? 볼프강 모차르트Wolfgang Mozart가 몇 안 되는 음표로 〈작은 별 변주곡Oh! Shall I tell you, Mama〉같이 단순하지만 아름다운 노래를 만든 것처럼, 음표의 개수가 몇 개밖에 없어서 좀 단출하기는 해도 음계만 정확히 알면 모차르트처럼 조화로운 멜로디를 만들 수 있지 않을까?

가장 먼저 법칙이 존재한다는 점을 알아차린 사람은 독일의 화학자 요한 되베라이너Johann Döbereiner였다. 돌턴이 원자설을 제시한 이후 많은 과학자가 원자량 측정에 뛰어들었는데, 되베라이너도 그중 한 사람이었다.

되베라이너의 업적에 대해 설명하기 전에 또 다른 위대한 과학자 험프리 데이비Humphry Davy를 먼저 짚고 넘어가야 한다. 그는 전기와 화학반응의 관계를 연구하는 전기화학의 창시자이자 전기분해 실험으로 여러 새로운 원소를 잇달아 발견해낸 화학자다. 데이비에게는 마이클 패러데이Michael Faraday라는, 전자기학의 기틀을 마련하고 화학 분야에서도 큰 성과를 거둔 제자가 있었다. 사실 데이비는 패러데이가 새로운 원소를 발견하는 과정에서 많은 도움을 준 덕분에 업적을 세울 수 있었다. 춘추전국시대에 명마를 알아보는 눈을 가진 백락伯樂이 있었다면, 이 시대에는 패러데이라는 인재를 알아본 데이비가 있었던 셈이다. 데이비 역시 이 제자를 만난 것이야말로 일생일대의 발견이라 생각했지만 패러데이의 명성이 서서히 스승 데이비를 능가할 정도가 되자 두 사람의 관계는 점점 미묘해져 갔다.

현대인들이 보기에는 평범한 건전지를 도선에 연결한 후 물을 전기분해해 수소와 산소를 분리하는 데이비의 전기분해 실험이 단순하기 그지없지만 19세기 초에 전지란 세상에 갓 등장했기 때문에 매우 새롭고 신비로운 물건이었다. 바로 이 전지를 이용해 데이비는 전통적인 화학 실험법으로는 찾아낼 수 없었던 나트륨, 칼륨, 칼슘 등 화학반응성이 매우 높은 금속을 발견했고, 이윽고 이 금속이 홑원소 물질이라는 점도 밝혀내면서 원소 세계에 혁명을 일으켰다. 그 후 데이비가 발견한 독특한 화학적 성질을 지닌 홑원소 물질을 접하면서 과학자들의 시야가 넓어졌고, 되베라이너 역시 이 과정에서 조금씩 원소의 주기성에 관한 실마리를 찾게 되었다.

새로운 원소가 줄기차게 발견되면서 자연스럽게 새로운 원소의 원자량을 측정하려는 흐름이 생겼는데, 되베라이너가 바로 이 흐름을 이끌었다. 1819년, 되베라이너는 칼슘, 스트론튬strontium, Sr, 바륨barium, Ba이라는 세 가지 원소의 산화물로 실험을 하던 중에 이 산화물들의 분자량(아직 아보가드로의 분자 가설을 접하지 않았던 되베라이너는 이를 '원자량'이라고 표현했다)이 등차수열을 이루고 있음을 발견했다. 또한 세 가지 산화물의 분자량에서 산소 원자의 질량을 빼도 원자량이 여전히 등차수열을 이루는 것은 물론, 세 가지 원소가 모두 화학적으로 유사한 성질을 지닌다는 사실을 발견했다!

생각지 않은 등차수열의 규칙을 발견하고 눈이 번쩍 뜨인 되베라이너는 세 개씩 짝지을 수 있는 다른 원소가 또 있는지 찬찬히 찾아보기 시작했다. 그리고 당시 발견된 50여 종의 원소를 그림 퍼즐을 맞추듯이 세 개씩 짝지어준 후, 한 묶음의 원소 집단을 세쌍원소triad라고 부르는 '세쌍원소설'을 탄생시켰다. 그러나 이 규칙을 적용할 수 있는 원소는 거의 없었으므로 그가 찾아낸 원소 묶음은 '리튬lithium, Li–나트륨–칼륨' '칼슘–스트론튬–바륨' '인–비소–안티모니' '황–셀레늄selenium, Se–텔루륨' '염소–브로민–아이오딘iodine, I'까지 겨우 다섯 개에 불과했다. 되베라이너의 이 작업은 어떤 원소들 간에는 필연적인 유사성이 존재한다는 사실을 세상에 알렸다. 되베라이너가 작곡한 원소의 노래는 매우 단순하지만 〈작은 별 변주곡〉처럼 고전이 되어 널리 퍼졌고, 많은 과학자의 관심을 원소의 주기성으로 돌리는 데 성공했다.

원소의 주기성을 찾으려는 여정에 오른 사람은 화학자들뿐이 아니었다. 되베라이너가 세쌍원소설을 발표한 후 얼마 지나지 않아 화학적 지식이 풍부한 독일의 위생학자 막스 페텐코퍼Max Pettenkofer가 마그네슘 원소와 칼슘–스트론튬–바륨 사이에 깊은 관련성이 있다는 점을 밝혀내고, 세쌍원소설의 확장 가능성을 발견했다. 비록 네 개씩 짝지은 원소 묶음에서는 원자량이 등차수열을 이루지 않았지만, 유사한 성질을 지닌 원자들의 원자량이 규칙적으로 변하며 그 뒤에는 마법의 숫자가 숨겨져 있다는 페텐코퍼의 주장은 세쌍원소설보다 더 체계적이었다. 그는 가령 나트륨의 원자량이 리튬보다 16이 크고, 스트론튬의 원자량이 칼슘보다 24가 크니까,[*] 한 묶음의 원소들 사이의 원자량은 8의 배수만큼 차이 나며 다른 원소 묶음들에서도 동일한 결과가 나타난다고 주장했다.

그 뒤를 이어 등장한 영국의 화학자 존 글래드스턴John Gladstone은 등차수열의 관계를 넘어서 거의 비슷한 원자량을 가진 신비로운 세쌍원소들을 발견했다. 예를 들어 '오스뮴-이리듐-백금'과 같은 세쌍원소는 '루테늄-로듐-팔라듐' 묶음과 화학적 성질이 비슷하지만 원자량은 '루테늄-로듐-팔라듐' 묶음보다 약 두 배 높았다(여섯 개의 원소는 모두 귀금속에 속한다). 이 외에도 그는 화학적 성질이 매우 유사하면서 원자량도 비슷한 '크로뮴chromium, Cr-망가니즈-철-코발트-니켈'로 이뤄진 다섯쌍원소도 찾아냈다.

현대 주기율표와 글래드스턴의 원소 묶음을 대조해보면 글래드스턴이 발견한 원소 묶음과 이전의 세쌍원소 묶음은 본질적으로 다르다. 되베라이너나 페텐코퍼가 예로 든 원소 묶음은 세로로 같은 줄에 있는 원소인 동족 원소이지만 글래드스턴이 찾아낸 원소 묶음은 가로로 같은 줄에 있는 원소들, 곧 동주기 원소다. 이러한 과학자들의 연구 덕분에 동족 원소와 동주기 원소 사이에 차이가 있음을 알게 되었고, 더 나아가 특정 원소의 화학적 성

---

[*] 사실 스트론튬의 원자량은 칼슘보다 48이 크지만 당시 분자 개념이 확립되지 않아서 분자량이 2인 수소의 분자를 1로 잘못 생각했다. 그래서 주기율표 2족에 속하는 알칼리 토금속의 원자량을 전부 절반으로 줄여 산출했지만 리튬, 나트륨, 칼륨 등 알칼리 금속을 측정할 때는 뒬롱-프티의 법칙이 적용되므로 오류를 피할 수 있었다.

질이 어떻게 변화하는지를 이해하게 되면서 멘델레예프와 이후 등장한 양자 과학자들이 연구를 발전시켜 직사각형 형태의 주기율표가 주류로 자리잡았다.

1960년대 말이 되자 원소들 사이의 관계를 그림과 표로 나타내려는 화학자가 많아졌으며, 몇 년 사이에 프랑스 화학자 알렉상드르에밀 샹쿠르투아Alexandre-Émile Chancourtois가 원기둥에 원소를 나선형으로 배치한 주기율표나, 윌리엄 오들링William Odling이 만든 표 모양의 주기율표 등 수많은 주기율표가 세상에 쏟아져 나왔다. 비슷한 시기에 영국의 화학자 존 뉴랜즈John Newlands는 원자량 순으로 원소를 배열하던 도중에 일곱 번째 원소마다 비슷한 화학적 성질을 가진 원소가 나타난다는 것을 발견한 뒤 음악의 옥타브도 여덟 번째 음정에서 반복된다는 점에서 착안해 '옥타브 법칙law of octaves'이라고 명명했다(사실은 여덟 번째 원소가 맞지만 당시에는 비활성기체를 발견하지 못했기 때문에 하나가 줄어들었다).

뉴랜즈가 원소 주기성의 법칙을 발견하도록 문을 거의 다 열어준 과학자인 것은 맞지만, 옥타브 법칙에 벗어나는 붕소족 원소들을 억지로 법칙에 끼워 맞추고 붕소족 원소 간의 관련성을 연구하지 않은 점은 아쉽다. 그래서 원소 속에 하모니가 감춰져 있다는 사실은 밝혀냈지만 오들링의 주기율표를 살짝 개선한 것에 불과한 뉴랜즈의 작품에서는 여전히 귀를 찌르는 듯한 소음이 났다. 후일 멘델레예프는 뉴랜즈가 풀지 못한 수수께끼를 빈칸으로 놔두고 에카붕소와 에카알루미늄의 존재를 예언함으로써 원소 주기성의 법칙이라는 불후의 명작을 완성했다.

24.

제3악상,
전 인류의 과학적 합의

19세기를 전후하여 등장한 기라성 같은 화학자들은 2,000년이 넘는 시간 동안 인류가 물질을 탐구한 덕분에 이 세상에 나올 수 있었다. 일찍이 아리스토텔레스가 대표 저서인 《형이상학Metaphysics》의 첫 번째 장에서 세상은 흙, 공기(또는 바람), 물, 불 등 네 개의 기본 원소로 구성된다는 '4원소설'을 꺼냈을 정도로 그가 살던 시대에도 철학자들은 '물질이란 무엇인가'라는 문제의 답을 찾으려고 상상의 나래를 펼쳤다. 4원소설은 아리스토텔레스 이전에 활동했던 그리스 철학자 엠페도클레스Empedocles*가 기초를 닦은 이론이었고, 엠페도클레스 역시 그보다 100~200년 앞선 철학의 선현들이 쌓아

---

* 다양한 분야에 관심을 가졌던 시칠리아 출신의 고대 그리스 철학자로, 의학, 우주학, 화학과 관련된 자연 현상에 대해 자신만의 철학을 제시했고, 그중 여러 이론과 철학은 현재도 널리 사용되고 있다. 일설에 의하면 그는 자신의 주장을 증명하려고 화산 분화구에 몸을 던져 세상을 떠났다고 한다.

올린 지혜를 바탕으로 그 이론을 만들었다. 이렇게 오래된 생각들이 쌓이고 쌓여 아리스토텔레스가 4원소설을 철학 개념의 반열에 올려놓는 데 성공했으며, 이 때문에 후세 사람들은 4원소설이 아리스토텔레스의 공적이라 생각했다.

오랫동안 4원소설을
믿은 이유

아리스토텔레스는 신의 세계관과 4원소설이 완벽하게 맞아떨어지지 않는다는 점을 눈치챘다. 만약 4대 원소가 더 이상 쪼갤 수 없는 원소라면, 왜 기체의 냄새는 제각각 다르며 광물별로 특성이 다르단 말인가? 그는 논리적 허점을 수정하려고 4대 원소란 차가움과 뜨거움, 건조함과 습함이라는 두 쌍의 물리적 속성의 매개체라는 또 다른 개념을 내놓았다. 다시 말해 차가움과 습함이 합쳐지면 순수한 물이라는 원소가 탄생하고, 차가움과 건조함이 합쳐지면 흙이 되며, 뜨거움과 습함이 조합되면 공기가 형성되고, 뜨거움과 건조함이 섞이면 불이 만들어진다고 주장했다. 어떤 물질에 네 가지 원소가 어떤 비율로 들어 있느냐에 따라 성질이 달라지므로 물질들 사이에 차이가 존재한다고도 설명했다. 이처럼 새롭게 수정한 4원소설을 통해 아리스토텔레스는 세상의 만물은 각각 다른 원소로 조합된 물질이라고 주장할 수 있게 됐다. 같은 흙이라도 순수하게 흙으로만 구성된 것이 아니라 물이 들어갔기 때문에 어떤 흙은 끈적끈적한 점토가 되고, 어떤 흙은 부슬부

슬한 모래가 된다고 주장했다.

아리스토텔레스의 주장은 어전히 허점투성이였다. 그의 이론으로는 물과 불이 상극인 이유조차 설명할 수 없었다. 그는 이 허점을 메우려고 서로 상대되는 성질을 가진 두 종류의 원소는 한데 뭉쳐 물질을 구성할 수 없다는 규칙을 또 추가했다. 물과 불만 합쳐 만들어진 물질이나 공기와 흙만 섞여서 만들어진 물질이 없다는 것이었다.

아리스토텔레스의 주장을 접한 사람들의 머릿속에는 한 가지 생각이 떠오르기 시작했다. 내 마음대로 4대 원소의 비율을 바꾸고 조합하면 원하는 물질을 만들 수 있지 않을까? 그러면 돌도 금으로 만들 수 있지 않을까? 이 질문에 대해 아리스토텔레스는 '안 된다'고 대답했다. 세상에는 눈에 보이지 않지만 물질을 구성하는 근원 또는 물질을 결합하는 힘을 지닌 다섯 번째 원소, 곧 '에테르ether'가 존재하기 때문이었다. 그러나 아리스토텔레스조차 에테르를 어떻게 찾을 수 있냐는 질문에는 대답하지 못했다. 결국 자연에 대한 아리스토텔레스의 4원소설은 아랫돌 빼서 윗돌 괴는 식으로 문제가 튀어나올 때마다 이리저리 둘러맞춰 해결하는 것에 불과했다. 하지만 그가 제시한 에테르라는 개념은 끊임없이 회자되었다. 과학자들이 새로운 현상을 발견하고도 이를 설명할 수 없을 때는 현상 뒤에 숨어 있는 힘을 표현하려고 에테르를 즐겨 썼던 것이다.

허점투성이인 4원소설은 시간이 흘러 중세 서구 사회의 기본 물질관으로 자리 잡았으며 연금술사들에게는 가장 권위 있는 법칙으로 추앙받았고 의학계에서는 둘도 없는 중요한 이론으로 대접받았다. 사실 모든 물질이 차가움과 뜨거움 그리고 건조함과 습함으로 조합된다는 아리스토텔레스의 주장은 서구 의학의 시조인 히포크라테스^{Hippocrates}*의 4체액설을 참고해 만든 것이다. 히포크라테스는 사람의 몸도 혈액, 점액, 담즙, 흑담즙이라는 네 가지 체액으로 구성되어 있다고 말했는데, 이는 각각 불, 물, 흙, 공기라는 원소 네 개에 대응하며 우리 몸의 심장, 뇌, 간, 위에서 만들어진다.

자연의 4대 원소가 각각의 특성을 보인다는 주장은 점차 발전하여 사람의 성격이나 기질도 4체액과 관련이 있다는 이론이 탄생했다. 300년 후 고대 그리스(당시 고대 로마 제국에 속해 있었지만)의 의사 클라우디오스 갈레노스^{Claudius Galenos}**는 4체액설과 아리스토텔레스의 4원소설을 한 차원 더 발전시켜 혈액량이 많을수록 열정적이고 활달한 기질을 가진 사람이 된다는 식으로 개인의 성격이 4체액의 많고 적음의 영향을 받는다는 내용을 담은 '4기질설'을 제시했다.

점성학은 4원소설을 눈뜨고 못 봐줄 정도로 현실과 동떨어진 이론으로 만들었다. 오늘날 널리 알려진 열두 별자리는 황도십이궁^{黃道十二宮}이라는 또 다른 이름이 있는데, 지구에서 태양을 봤을 때 태양이 하늘을 지나가는 길인 황도에 위치한 별자리들을 가리킨다. 점성술에 따르면 7월과 8월에 태양이 사자자리를 지나가기 때문에 이 시기에 태어난 사람은 사자자리의 성격을 지니게 된다. 하지만 황도에 속한 별자리는 열두 개보다 많다. 천문학적

---

* 의사 집안에서 태어난 그리스 철학자로 엠페도클레스의 4원소설을 계승했다. 현재까지 전해 내려오는 그가 썼다는 저서들의 연대를 측정한 결과, 그중 일부는 그를 사칭한 다른 사람들이 저술한 것으로 추정된다.

** 고대 그리스시대 최고의 명의인 갈레노스는 평생 500여 권의 의학 도서를 편찬·저술했으며, 동물 사체 해부를 통해 해부학의 토대를 세웠다. 비록 일부 저술과 이론에 오류가 있지만 그의 저서들이 의학의 경전임을 부정할 수는 없다.

으로 황도에는 열세 번째 별자리인 뱀주인자리가 하나 더 있다. 또 점성술은 열두 별자리를 네 개 그룹으로 나눈 후 각각의 그룹에 불, 흙, 바람, 물의 속성을 부여했다. 사자자리는 양자리, 사수자리와 함께 불의 속성을 가진 별자리 그룹에 속하는데, 불의 원소에 속한 별자리를 가진 사람은 열정적이고 불같은 성격을 띤다고 했다. 심지어 불의 속성을 가진 사자자리 사람과 물의 속성을 가진 물고기자리 사람 사이에 사랑의 불꽃이 튀기란 어렵다는 식으로도 말했다. 이처럼 점성술은 4원소설을 가져다가 억지로 자신들의 주장에 끼워 맞춘 사이비 과학에 불과하지만, 아직까지 진심으로 열두 별자리 이론을 믿는 사람이 많은 것만 봐도 우리의 삶에 얼마나 큰 영향을 끼쳤는지 잘 알 수 있다.

서양의 4원소설 vs
동양의 오행설

동양 문화권에서는 4원소설과 유사한 오행설이 널리 사용되었다. '오행'은 태양계의 5대 행성인 금성, 목성, 수성, 화성, 토성(태양계 행성의 순서와 직접적 관계는 없다)을 가리킨다. 망원경이 발명되기 전인 고대에는 육안으로 관찰할 수 있는 태양계의 주요 행성이 다섯 개밖에 없었으므로 오행으로 이를 설명했다. 가끔 천왕성을 볼 수 있었지만 무척 느린 속도로 공전하다 보니 금방 잊히기 일쑤였다. 고대 그리스인이 점을 치기 위해 사용한 별자리는 모두 항성이지만 동양의 오행은 모두 행성이다. 항해에 능하고 별을 등대와 같은 길잡이로 사용한 고대 그리스인은 항성 사이의 상대적 위치를 이용해 캄캄한 밤에 방향을 판단하는 등 항성 관찰을 중시한 반면, 농작물 경작에 능한 동양인은 온화한 바람과 적당한 비가 오기를 하늘에 기도하고, 불규칙하게 움직이는 것처럼 보이는 행성, 유성, 혜성 그리고 일식과 월식을 유심히 관찰해 불길한 전조를 읽어내려고 했던 것으로 보인다.

금, 목, 수, 화, 토로 이뤄진 오행 역시 원소라는 개념에 국한되지 않고 인간의 삶 곳곳으로 그 의미를 확장해나갔다. 사람들은 동쪽, 서쪽, 남쪽, 북쪽 및 중앙까지 다섯 개의 방위가 각각 목, 금, 화, 수, 토에 대응한다고 생각했으며, 몸속의 장기는 실제 장기의 수와 다르게 심장, 간, 비장, 폐, 신장 등 다섯 가지로 나눠 각각 화, 목, 토, 금, 수에 대응하도록 했다. 또 색깔도 청색, 황색, 적색, 백색, 흑색 등 다섯 가지로 구분하고, 각각 목, 토, 화, 금, 수를 나타낸다고 생각했다. 고대 동양인은 다섯 개의 기본 원소가 상호 작용한 결과에 따라 세상의 체계가 만들어지고, 오행 사이의 균형이 흐트러지면 전체 체계의 조화가 깨진다고 보았으며 왕조가 세워지고 멸망하는 것마저도 오행의 변화에 따른다고 여겼다. 따라서 그 누구도 오행의 영향권에서 벗어날 수 없었으며, 아이의 이름을 지어줄 때도 오행이 상생하는지를 철저하게 따졌다. 중국의 문호 루쉰魯迅의 단편소설 〈고향故鄕〉에는 주인공의 어린 시절 친구 '룬투閏土'가 오행 중에 '토'가 빠진 날에 태어나서 일부러 아버지가 이름에 '토'를 넣었다는 설명이 나오기도 한다.

아리스토텔레스의 4원소설을 바탕으로 한 서구의 여러 이론에 비해 오행은 더 복잡한 체계로 이루어져 있다. 다섯 가지 기본 원소가 각각 다른 속성을 지니고 있을 뿐 아니라 상생과 상극이라는 관계도 있기 때문이다. 가령 물과 다른 네 가지 기본 원소와의 관계를 설명할 때, 오행설에서 물은 나무를 낳고 살릴 수 있으므로 수생목水生木은 상생하는 관계지만 물은 불을 끄고 이기기 때문에 수극화水剋火는 상극 관계라고 해석한다. 오행설은 일관된 구조를 갖춘 이론이지만 너무나 단순하게 세상을 구분하기 때문에 이를 통해 세상의 문제를 얼마나 해결할 수 있겠느냐는 의구심이 들기도 한다. 특히 '금, 목, 수, 토, 화'가 원소나 물질과 전혀 관계없는 틀에 갇혀버린 이상, 오행설은 과학의 발전을 가로막는 족쇄가 될 수밖에 없었다.

수천 년 동안 오행설이 지배적인 위치를 차지했지만 그 속에서도 원자설에 관한 생각이 탄생했다. 오행설이 갓 싹을 틔우기 시작하던 전국시대에 묵가 학파의 창시자인 묵자墨子가 동양의 원자설을 제시했다. 묵자는 동시대를 산 고대 그리스 철학자 데모크리토스와 마찬가지로 세상에는 '단端'이라는 더 이상 쪼갤 수 없는 작은 단위가 있다고 주장했다. 묵자가 내세운 다른 학설과 마찬가지로 이 이론은 외면받았지만, "세상 만물은 매일 절반씩 잘라도 영원히 다 자를 수 없다"라는 장자의 철학은 흔쾌히 받아들여졌다. 이 세상에 쪼개지지 않는 물질은 없다는 뜻에서 장자가 남긴 이 말은 넓은 시각에서 보면 요즘 물리학을 이끄는 '끈 이론'과 여러 유사성이 있으므로 더 진리에 가까운 주장처럼 보인다. 그러나 묵자의 이론이 주기율표를 만든 멘델레예프의 이론과 더 일맥상통한다.

17세기까지만 해도 서양에서 발견된 만큼 중국에서도 많은 원소를 발견했다. 특히 연단술이 크게 발전했을 때는 화학반응에 관한 기록을 많이 남겼는데, 송나라 말기부터 원나라 때까지 활동한 어떤 연단술사는 원시적인 형태이기는 하지만 '질량 보존의 법칙law of conservation of mass'을 제시하기도 했다. 바로 이러한 사회적 환경 덕분에 이탈리아 선교사 고일지高一志*가 1626년에 두 번째로 중국을 찾아왔을 때 들고 온 4원소설은 '사행四行'이라고 번역되었으며, 흙, 공기, 물, 불에 관한 이 이론은 명나라 제국 학술계의 주의를 끄는 데 성공했다. 하지만 다섯 개의 원소에서 하나가 빠진 사행으로 세상이 이루어졌다고 믿는 사람은 없었다.

의심의
싹

동양은 여전히 오행 사상에 푹 빠져 있었지만 서구에는 화학이라는 새로운 학문이 자리 잡았다. 과학이 신학과 현학에서 벗어나고자 약 200년에 걸쳐 치른 독립 전쟁이 막바지에 이르렀으며 현대 원소 이론은 온갖 고생을 거쳐 겨우 4원소설의 족쇄에서 벗어난 상태였다. 1661년에는 드디어 과학의 '독립 선언문'이라고 할 수 있는 영국 화학자 보일의 《의심 많은 화학자》가 발표되었다. 보일은 이 책에서 스스로 이성을 대표하는 의심 많은 화학자 역할을 맡아 최초로 아리스토텔레스의 물질관, 그중에서도 4원소설에 대해 의문을 제기했다.

왜 보일은 번거롭게 책 속 캐릭터의 입을 빌려 기존의 체계를 에둘러 비

---

* 이탈리아인으로 본명은 알폰소 바뇨니Alfonso Vagnoni이며, 고일지 또는 왕풍숙王豐肅이라는 중국 이름으로도 불린다. 중국에 선교하러 두 차례 방문했으며, 산시성에서 세상을 떠났다.

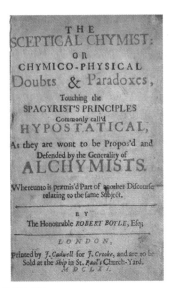

그림 6-2. 《의심 많은 화학자》의 친필 원고

판했을까? 오랜 세월에 걸쳐 발전해온 아리스토텔레스의 학설은 지배계층과 성직자들의 사랑을 한 몸에 받으면서 중세부터는 유일무이하며 가장 권위 있는 세계관으로 자리 잡았다. 따라서 아리스토텔레스에게 도전한다는 것은 교회의 권위에 도전장을 내는 것과 다름없었다. 하지만 르네상스 시대가 되자 천문학계에서는 니콜라우스 코페르니쿠스^{Nicolaus Copernicus}가 기존의 천동설을 부정하며 지동설을 들고나왔고, 의학계에서는 의사 파라셀수스^{Paracelsus}가 갈레노스의 4체액설을 강하게 비판하며 고대 로마시대부터 전해져 내려오던 의학 경전을 학생들 앞에서 불태우는 등 '의심'이라는 새로운 원동력이 형성되기 시작했다. 심기가 불편해진 교회의 권력자들은 과학자들의 연구를 방해하는 데 그치지 않고, 1600년에는 지동설을 지지하는 이탈리아 철학자 조르다노 브루노^{Giordano Bruno}를 화형에 처하고 온 유럽

에 명성을 떨치던 갈릴레이를 박해하는 등 과학자들의 목숨까지 위협했다. 브루노와 갈릴레이는 1992년에야 겨우 로마 교황청의 사면을 받았다. 이런 사회적 흐름 속에서 보일은 노골적으로 교회에 맞설 수 없었다.

엄밀히 말하자면 각양각색의 실험에 손을 댄 보일은 전업 화학자도 아니었으며, 그의 성과 중에 가장 유명한 '보일의 법칙' 역시 화학반응에 관한 법칙도 아니다. 그저 보일이 의심 많은 화학자를 자처하고 나선 덕분에 최초의 화학자로 기억됐을 뿐이다. 당대의 여러 과학자처럼 보일에게도 신학 연구는 중요한 과업이었다. 보일이 신학을 어떻게 생각했는지 그 속마음을 알 수는 없지만 당시의 상황을 감안했을 때 만약 보일이 신학에 조예가 없었고 신의 계시 덕분에 학술적 성과를 얻을 수 있었다고 인정하지 않았다면, 영국왕립학회 회장으로 임명되기는커녕 위대한 진리를 발견할 기회조차 없었으리라는 점은 확실하다.

100여 년이 지나자 세상은 완전히 달라졌다. 화학은 아직 연금술의 그림자에서 완벽히 벗어나지는 못했지만 어느덧 라부아지에를 필두로 한 수많은 신예 학자가 포진한 학문으로 점차 거듭나는 중이었다. 구세력과 신진 세력의 기나긴 줄다리기가 바로 이 시기에 시작되었다. 비록 신세대 화학자들이 극렬하게 4원소설을 반대했지만, 그들의 대표 격인 라부아지에도 원소 사이에 어떤 객관적 법칙이 존재한다는 점을 확신하지 못할 정도로 새로운 이론은 아직 정립되지 않은 상태였다. 4원소설이 성립된 때로부터 2,000여 년이 지난 시점에 멘델레예프가 등장해 승기를 잡고 나서야 200여 년에 걸친 전쟁의 포연이 서서히 걷히기 시작했다.

주기성의 법칙,
세계의 법칙이 되다

유럽 전장에서 완승을 거둔 원소 주기성의 법칙은 곧이어 동쪽 세상에 도전장을 내밀었다. 가장 먼저 서구 근대 과학을 받아들인 아시아 국가는 일본이었다. 먼 곳에서 온 최첨단 함선과 강력한 대포에 의해 문호가 개방된 후 일본은 유럽의 과학과 기술이 과학의 종주국으로 추앙해온 이웃 나라 중국보다 훨씬 앞서 있음을 깨달았다. 원소 주기성의 법칙은 손 하나 까딱하지 않고도 일본 학계를 제패했다. 언제나 타국의 앞선 과학, 기술, 문화를 배우는 데 열심이었던 일본은 과감하게 자국 체제를 서구화하는 정책을 시행했다.

하지만 19세기 일본인에게 주기율표에 적힌 대부분의 원소는 매우 낯설었다. 붕소와 알루미늄의 차이조차 모르는 일본인에게 알아보지 못하는 서양 글자로 적힌 주기율표는 무용지물이었다. 따라서 동양에 상륙한 주기율표의 첫 번째 과제는 언어 문제 해결이었다. 다행히 일본어는 가타카나 체계를 이용해 외래어나 의성어를 일본어로 바꿀 수 있었으므로 해외에서 들어온 화학 용어도 금방 일본어로 번안되었다. 지금도 일본에서는 원소 대부분의 이름을 가타카나로 음역해 표기하며, 일부 원소만 한자로 표기한다. 가령 모든 산성 물질에 산소가 들어 있다고 오해한 라부아지에가 산소의 원소명을 산酸으로 구성된 원소라는 뜻에서 'oxygen'이라고 명명했는데, 일본에서는 이를 그대로 의역해 '酸素[산소]'라고 한자를 빌려 표기하는 식이다. 한편 칼륨은 라틴어 이름인 '칼륨kalium'을 가타카나로 음역해 '카리우무カリウム'라고 쓴다.

일본을 휩쓴 서구 근대화의 바람이 중국으로 넘어와 중국에도 서서히 서구 학문이 전국으로 퍼지는 '서학동점西學東漸'의 시대가 열리면서 19세기 후반의 중국 철학은 끊임없는 공격에 시달렸다. 다른 민족의 우수한 학문을 겸손한 마음으로 받아들이고 배우는 법을 잊어버린 중국은 자신들이 세계의 중심이라는 과거의 세계관에서 벗어나지 못한 채 우왕좌왕하기만 했다.

중국도 일찍이 근대 화학을 배울 기회가 있었다. 런던선교회에서 파견한 선교사들이 중국에 세운 최초의 근대 인쇄소인 묵해서관墨海書館에서 영국 학자 벤저민 홉슨Benjamin Hobson의 저서《박물신편博物新編》을 출판해 당시 서구에서 활발히 연구되던 원소 주기성의 법칙에 관한 지식을 선보였다. 그러나 중국은 19세기 말까지 화학이라는 학문의 체계를 세우는 것은 고사하고 원소명조차 통일하지 못했다. 일본은 조금 어색한 발음으로 칼륨을 부르면서도 전국적으로 같은 원소명을 사용했으나, 같은 시기에 중국은 칼륨 하나를 두고도 '보두이쓰아모葡對斯阿末' '파타이시언怕臺西恩' '부아다시에아무不啊大寫啊母'처럼 중국어로 음역하거나, '회정灰精' '갑鉀' 등으로 의역하는 등 무려 10여 가지 이름으로 불렀다. 서구에서 원소 주기성의 법칙이 4원소설을 꺾고 승리를 거두는 사건이 일어났다는 점을 감안하면, 서구 과학 체계가 확립된 지 반세기나 지난 19세기 후반에 오행설도 마땅히 물러나야 했지만 중국에서는 과학이 태동할 그 어떤 조짐도 없었다. 청나라 황실 조정이 무능했기 때문이다.

이때 뜻있는 몇몇 지식인이 노력하지 않았다면 아마 과학은 중국에 더 늦게 보급되었을지도 모른다. 청나라 말기의 학자 서수徐壽는 화학과 원소 주기성의 법칙을 들여오기 위해 심혈을 바친 사람이다. 서수는 일평생 서구 과학을 중국어로 정리하는 데 매진했다. 여러 서구 학문 중에서 신비로운 화학에 매료된 그는 따로 가르침을 받지도 않은 채 화학 실험을 했다. 중국에서 활동하던 영국인 선교사 존 프라이어John Fryer와 함께 영국 화학 교과서인 데이비드 A. 웰스의 《화학의 원리와 응용Wells' s Principles and Applications of Chemistry》을 중국어로 번역해 《화학감원化學鑑原》《화학감원·속편》《화학감원·증보편》으로 나눠 편찬해 서구 지식을 알리는 데 힘썼으며, 당시 가장 앞선 지식이었던 멘델레예프의 원소 주기성의 법칙을 연구하기도 했다.

서수가 낯선 서양의 원소를 낱개의 한자, 곧 단자單字로 번안한 덕분에 후대 중국인은 서구 근대 화학이 처음으로 중국에 유입되었을 때보다 훨씬 쉽게 주기율표를 배울 수 있었다. 원소를 알아보기 쉽게 낱개의 한자로 번안해야 한다는 그의 주장에 따라 흔히 사용되지 않아 낡은 책 구석에서 잠들어 있던 한자들이 되살아난 것은 물론, 원소의 금속성을 표현하도록 '금金' 부수를 넣은 새로운 한자들이 탄생했다. 오늘날 중국어 버전의 주기율표에는 서수가 쓴 수십여 개의 한자가 들어 있다. 만약 서수의 뛰어난 창의력과 끈기가 없었더라면 지금도 중국인은 주기율표의 열아홉 번째 원소를 '부아다시에아무'라고 읽고 있을지도 모른다.

화학이 중요한 기초 학문 중 하나로 대접받으면서 드디어 동서양에서 같은 원소의 멜로디가 울려 퍼졌으며, 원소 주기성의 법칙은 전 인류의 과학적 합의로 자리 잡았다. 하지만 역사의 수레바퀴는 여전히 멈추지 않고 굴러갔다. 귀가 멀 정도로 엄청난 소리를 내면서 말이다.

25.

제4악장,
118개 원소 이름의 완성

멘델레예프가 세상을 떠난 지 얼마 안 된 1911년에 영국 과학자 러더퍼드가 '알파 입자 산란실험'을 진행한 후 원자의 행성 모형을 제시하면서 원자설은 새로운 시대를 맞이했다. 러더퍼드의 원자모형에 따르면 원자는 쪼갤 수 없는 물질이 아니라 원자의 질량 대부분이 모여 있는 양전하를 띤 원자핵이 한가운데에 있고, 음전하를 띤 전자가 그 중심을 돌고 있는 미시 구조를 가진 물질이다.

최초로 원자의 미시 구조를 제시한 사람은 러더퍼드가 아니라 그의 스승 톰슨이다. 그렇다. 앞서 소개한 전자의 발견자다. 톰슨은 러더퍼드가 원자의 행성 모형을 제시하기 전에 원자는 얼마든지 더 쪼갤 수 있으며, 원자가 중성을 유지하는 이유는 원자 속에 음전하를 띤 전자와 정전하를 띤 어떤 입자가 있기 때문이라고 주장한 바 있다. 이러한 주장을 명확히 설명하기 위해 여러 가지 실험을 한 끝에 톰슨은 1904년에 '건포도 푸딩 모형plum pudding model'을 제시했다. 러더퍼드는 "스승은 소중하지만 진리는 더 소중하다"라는 아리스토텔레스의 명언처럼 진리를 추구해야 한다는 학자의 사명을 철저히 지키는 사람이었으므로 스승이 제시한 원자모형에 현혹되지 않고 새로운 행성 모형을 제시해 톰슨의 건포도 푸딩 모형을 뒤집었다.

원자의 구조가
완성되다

원자가 '속이 꽉 찬 단단한 작은 공' 같은 형태를 띤다고 생각하고 원자를 더 쪼갤 수 있다는 주장을 믿지 않은 만년의 멘델레예프는 질량이야말로 원소의 성질을 결정하는 가장 중요한 요소이자 원소를 구분하는 기준이라 보았다. 하지만 왜 원자번호와 원자량 순서가 역전된 '순서 역전' 현상이 나오는지는 설명하지 못했다.

톰슨과 러더퍼드의 이론을 적극적으로 받아들인 20세기 초의 젊은 과학자들은 원자 내부 구조를 살펴보며 원소의 주기성을 파헤쳐나가기 시작했다. 멘델레예프가 고전적인 원소의 음악을 연주하는 화학자였다면, 과학계의 신예들은 혁신적으로 원소들을 다루며 새로운 멜로디와 노래를 써 내려간 현대 전자 음악의 연주자였다.

1913년, 스물여섯 살의 젊은 영국 물리학자 헨리 모즐리Henry Moseley는 여러 원소에서 방출되는 고유의 엑스선 파장을 측정하고, 엑스선의 값과 주기율표의 원자번호 사이에 어떤 관계가 있음을 발견했다. 이후 모즐리는 원소의 원자번호가 원자핵의 양전하 개수에 비례한다는 놀라운 결론을 얻었다! 이것이 바로 원소 주기성의 법칙을 현대화로 이끈 그 유명한 모즐리의 법칙Moseley's law이다.

불행히도 젊은 물리학자 모즐리는 과학 연구를 계속 이어가지 못했다. 1914년, 연구를 뒤로한 채 나라를 구하기 위해 제1차 세계대전에 참전했고 이듬해에 전사하고 말았기 때문이다. 그의 갑작스러운 죽음에 많은 사람이 안타까워했지만 그의 발견은 과학의 발전을 이끌어냈다. 얼마 지나지 않아 모즐리가 남긴 미완의 과제를 계승한 스웨덴 과학자 칼 시그반Karl Siegbahn이 엑스선 분광법을 이용해 주기율표상의 모든 원소에 각자의 위치를 정해줌으로써 주기율표를 최종적으로 완성했으며, 후일 시그반은 업적을 인정받아 1924년에 노벨 물리학상을 받았다.

발전에 발전을 거듭한 원자 이론은 원소의 노래를 완벽하게 연주할 수 있을 정도에 이르렀지만 과학자들이 보기에는 여전히 뭔가가 부족했다. 원자핵 바깥에 전자가 퍼져 있는 것까지 알게 된 이상, 원자 질량의 99.9퍼센트 이상을 차지하는 원자핵 속에 도대체 무엇이 들었는지 궁금해하지 않을 과학자가 어디 있겠는가?

러더퍼드는 끊임없이 여러 원소의 원자핵에 알파 입자를 쏘아 충격을 주는 실험을 진행하다가 마침내 1919년에 모든 원자핵이 '쪼개진' 후 수소 원자핵과 동일한 양전하 입자를 방출한다는 현상을 발견했다. 그리고 이 입자에 '양성자proton'라는 이름을 붙였다. 하지만 양성자의 질량을 전부 다 더해도 원자핵의 질량과 일치하지 않았다. 심지어 대부분의 원소는 양성자 질량의 총합이 원자핵 질량의 절반에도 미치지 않았다. 러더퍼드는 원자핵에 분명히 또 다른 중성 입자가 존재하며, 그 중성 입자의 질량은 양성자와 거의 비슷할 것이라고 예언했다. 러더퍼드의 이 예언은 말년에 그의 제자 제임스 채드윅James Chadwick에 의해 사실로 확인되었다. 채드윅도 스승과 마찬가지로 알파 입자를 원소에 충돌시키는 방법을 통해 미지의 입자의 존재를 발견한 뒤 이 입자가 중성을 띤다는 점에서 착안하여 '중성자neutron'라는 이름을 붙였으며, 이 공로로 1953년에 노벨 물리학상을 받았다.

중성자에는 한 가지 재미난 일화가 얽혀 있다. 1932년에 채드윅이 최초로 중성자를 발견한 것은 맞지만 그는 직접 실험을 설계하지 않고 바로 한 해 전에 퀴리 부인의 딸과 사위인 프랑스 과학자 졸리오퀴리Joliot-Curie 부부가 했던 실험 방식을 그대로 따라 해 중성자가 존재한다는 가설을 검증했다. 졸리오퀴리 부부는 실험하던 중에 중성을 띠는 이상한 '선'의 존재를 발견했는데, 이는 중성자가 방출되어 나타나는 중성자선이었다. 이때 졸리오퀴리 부부는 중성자선을 대수롭지 않은 전자기파로 취급하고 넘어가 중성자 발견뿐 아니라 노벨상을 거머쥘 기회도 놓치고 말았다. 채드윅은 졸리오퀴리 부부의 실험 결과를 접하자마자 스승 러더퍼드가 예언했던 입자를 떠올렸고, 같은 실험을 통해 중성자가 정말로 존재한다는 사실을 증명했다.

마침내 발견된 중성자는 낡고 오래된 원자설을 새롭게 탈바꿈시켰다. 이후 전자, 양성자, 중성자와 같은 원자를 구성하는 아원자 입자들이 원소 주기성의 법칙을 연주하기 시작했다. 멘델레예프의 골칫거리도 스승인 톰슨과 그의 제자들인 러더퍼드와 채드윅이 40여 년에 걸쳐 꾸준히 연구한 끝에 전자, 양성자, 중성자를 발견함으로써 완벽하게 해결되었다.

주기율표의
마지막 열

앞에서 멘델레예프가 원소 주기성의 법칙을 이용해 새로 출현할 원소를 미리 예언했고, 시간이 흐르면서 예언이 하나씩 검증되어가는 일화를 다루었다. 그런데 에카알루미늄이나 에카붕소처럼 멘델레예프가 예측한 원소뿐 아니라 1880년대 이후 발견된 수많은 원소도 원소 주기성의 법칙과 밀접한 관계가 있다. 이와 관련된 이야기를 시작하기 전에 한 가지 문제에 대해 생각해보자. 공기는 어떤 성분으로 구성되어 있을까?

라부아지에가 살던 시절에 이 문제는 전 세계에서 내로라하는 학자들이 격론을 벌일 정도로 까다로운 문제였으며, 플로지스톤설 신봉자와 라부아지에의 산소설 지지자 사이의 공기 논쟁을 촉발하기도 했다. 플로지스톤설을 확립하고 또 오류를 입증하는 과정에서 벌어진 사건들은 근대 화학사에 중대한 영향을 끼쳤다. 플로지스톤설은 모든 가연성 물질에 플로지스톤이 들어 있으며, 물질을 태울 때 플로지스톤이 공기에 흡수되어 빠져나가 그 자리에는 재만 남기 때문에 재가 더 이상 타지 않는다는 주장으로 물질의 연소반응을 설명하고자 했다. 하지만 플로지스톤설에는 심각한 오류가 있었다. 어떤 가연성 물질은 연소하고 남은 재의 질량이 연소하기 전보다 더 늘어났기 때문이다. 이 현상을 설명하려고 플로지스톤 신봉자들은 '어떤 물질의 플로지스톤은 음의 질량을 가진다'는 주장을 내세웠지만 대중은 받아들이지 않았다. 이후 과학이 발전하면서 연소반응에 관해 구체적인 사실들이 알려지고 라부아지에가 연소란 일종의 산화 현상이라는 것을 새롭고 체계적인 이론을 통해 입증하면서 마침내 화학은 올바른 길을 찾을 수 있었다.

플로지스톤설 신봉자 중에는 뛰어난 실험 능력을 갖춘 것으로 유명한 과학자 헨리 캐번디시Henry Cavendish도 있었다. 사람들이 캐번디시를 입에 침이 마르도록 칭송하는 이유는 그의 이름을 딴 '캐번디시 실험' 때문일 것이다. 회전력과 광학의 원리를 응용한 이 실험을 통해 그는 만유인력의 존재를 증명하는 동시에 슬기롭게 지구의 질량까지 측량해냈으니, 그의 실험 설계 능력은 가히 신이 내려주신 능력이었다.

캐번디시는 자신의 천부적인 실험 재능을 화학 연구에도 남김없이 쏟아부었다. 특히 공기의 성분은 항상 고정되어 변하지 않는지, 또 공기는 어떤 성분으로 구성되어 있는지를 화학적으로 규명하고자 매진했다. 이 과정에서 수소를 발견하고, 수소를 공기 중에서 연소시키면 물이 생긴다는 점을 알아냈는데, 그는 밀도가 공기의 10분의 1밖에 되지 않는 이 기체의 정체가 수소가 아니라 플로지스톤이라고 생각했다. 비록 플로지스톤을 믿은 과학자였지만 캐번디시는 이산화탄소의 밀도를 측정하고, 수증기와 이산화탄소를 제거한 공기는 20.83퍼센트의 산소와 79.17퍼센트의 질소로 이루어져 있다는 측정 결과를 도출했다. 그의 측정값은 라부아지에의 측정값보다 훨씬 더 정확할 정도였다. 그뿐 아니라 전기 불꽃을 이용하면 질소 가스와 산소에 반응이 일어나고, 그 과정에서 만들어진 생성물이 염기에 흡수된다는 사실도 발견했다.

물론 플로지스톤설이 주류이던 시절에는 산소를 산소라 부르지 않고 '탈脫플로지스톤 공기'라고 불렸고, 질소와 이산화탄소는 각각 '플로지스톤 포화 공기'와 '고정 공기'라고 불렸다. 캐번디시가 사용한 용어를 그대로 사용했다간 수수께끼처럼 알쏭달쏭해서 이해하기가 어려우므로 이 책에서는 현재 우리가 사용하는 명사로 이들을 대체했다.

전기 불꽃을 이용하면 소위 질소 가스와 산소를 반응시킬 수 있다는 것을 발견한 캐번디시는 '질소 가스와 많은 양의 산소를 반응시켰을 때 질소가 전부 화학적으로 반응하는지'를 알아보려고 재미난 실험을 했다. 그 결과, 캐번디시는 전기 불꽃을 사용해 기체에 자극을 가해도 끝내 화학작용에 참여하지 않고 남아 있는 약간의 질소가 있으며, 그 양은 실험 전 전체 공기 부피의 약 120분의 1을 차지한다는 사실을 발견했다. 뛰어난 실험 정밀도를 자랑하기로 유명했던 캐번디시에게 1퍼센트는 매우 큰 편차였지만 무슨 까닭인지 그는 잔류 질소에 대한 연구를 포기해버렸다. 만약에 이 기체의 밀도를 다시 측정하고, 100년 더 일찍 노벨상이 설립되었더라면 캐번디시는 노벨상을 수상한 화학자가 되었을지 모른다.

평생에 걸쳐 대단한 업적을 이룩한 캐번디시는 영국에서 뉴턴 다음가는 위대한 과학자로 추앙받고 있으며, 명문가 출신으로 어마어마한 액수의 유산을 남겼다는 사실 덕분에 '학식 있는 사람 중에 가장 부자이며, 부자인 사람 중에 가장 학식 있는 사람'이라는 평을 받기도 했다. 후일 캐번디시 가문에서 배출된 옥스퍼드대학교 총장은 캐번디시를 기념하고자 사재를 털어 캐번디시연구소Cavendish Laboratory를 설립했다. 전자기파 이론으로 유명한 영국 물리학자 제임스 맥스웰James Maxwell이 초대 소장을 맡았고, 앞서 거론한 톰슨과 러더퍼드가 각각 3대 소장과 4대 소장을 맡았다. 한편 맥스웰과 톰슨 사이에서 2대 소장을 맡은 사람은 존 윌리엄 스트럿 레일리John William Strutt Rayleigh였다. '레일리 산란Rayleigh scattering'을 발견하고 '레일리-진스 법칙Rayleigh-Jeans law'*을 제시한 그 레일리이자, 캐번디시가 놓친 공기 부피의 약 120분의 1을 차지하는 그 기체를 발견한 사람이다.

1892년, 질소의 밀도를 연구하던 중 레일리는 암모니아 기체에서 분리해낸 질소 기체의 밀도가 공기 중에서 분리해낸 질소 기체보다 약간 낮다는 것을 발견했다. 화학 전공자가 아니었던 레일리는 대신 이 현상의 해답을 찾아줄 영웅을 찾는다는 광고를 냈다. 이 광고를 보고 한 용사가 등장했다. 당시 런던대학교에서 교수로 일하던 윌리엄 램지였다. 그는 '주기율표의 마지막 열에 남아 있는 빈자리는 기체 원소의 것일지도 모른다'는 내용을 담은 출사표를 던졌다. 그리고 불과 반년 만에 정체불명의 기체를 정제하는 데 성공하고 '게으르다'라는 뜻의 그리스어 argos에서 따와 '아르곤'이라는 이름을 붙였다. 이 덕분에 주기율표에는 '게으른 기체', 곧 화학반응을 일으키지 않는 기체인 비활성기체 열이 추가되었다.

어느 날, 램지는 한 친구로부터 어떤 우라늄uranium, U 광석에서 질소처럼 화학반응성이 없는 기체가 생성된다는 소식을 접했다. 그 기체 역시 '비활성기체'일 것이라고 생각한 램지는 다시 팔을 걷어붙이고 곧장 이 기체의 흔적을 찾기 위해 분광 분석에 나섰다. 그리고 이 기체가 수십 년 전에 과학자들이 태양의 스펙트럼을 연구할 때 발견한 헬륨 원소라는 것을 알게 되었다. 그렇게 램지 덕분에 수소와 리튬 사이에 비어 있던 주기율표 공간이 주인을 찾았다.

원소 주기성의 법칙을 철석같이 믿었던 램지는 밝혀지지 않은 비활성기

★ 흑체 복사의 복사파 파장에 따른 복사파의 세기에 관한 법칙이다.

체의 가족들이 분명히 더 있다고 보았다. 갑자기 그의 머릿속에 '아르곤'이 스쳐 지나갔다. 아무래도 아르곤은 다른 비활성기체가 섞여 있는 순수한 물질이 아닐 것 같다는 생각이 들었다. 역시나 그의 생각은 옳았다. 램지는 공기를 액화한 후 증류하는 액화 분리 방법을 통해 아르곤을 분리한 뒤 그 속에서 네온, 크립톤, 제논이라는 세 가지 원소를 찾아냈다. 이로써 방사성 기체인 라돈을 제외한 모든 비활성기체의 정체가 드러났으며, 동시에 역사상 가장 단기간 내에 발견된 원소 가족이라는 기록도 세웠다.

한 가지 재미난 사실은 원소 주기성의 법칙을 굳건히 지지한 과학자이자 원소 주기성의 법칙으로부터 얻을 수 있는 혜택이란 혜택은 전부 누린 램지가 아르곤에서 다른 기체를 분리해냈다는 사실 때문에 후일 멘델레예프가 아르곤의 원자량을 의심하게 되었다는 점이다. 램지가 완벽히 아르곤을 분리해냈지만 아르곤의 원자량이 칼륨보다 크다는 것을 믿을 수 없었던 멘델레예프는 줄곧 아르곤은 순수한 원소가 아니라고 생각했다.

119번 원소는
언제 발견될까?

비활성기체가 발견되면서 원소 주기성의 법칙은 멘델레예프의 예언보다 더 체계적으로 탈바꿈했다. 그리고 새로운 기체가 등장해 주기율표의 빈자리를 메우면서 드디어 양자화학 탄생의 길이 열렸다. 인류가 끝내 원소 주기성의 법칙을 찾아내지 못했더라면 화학은 연금술과 그다지 차이 없는 학문에 머물렀을지도 모른다.

이러한 과정을 거쳐 과거보다 훨씬 정확한 가이드라인이 생긴 덕분에 1923년에 미국 화학자 호러스 데밍Horace Deming이 최초의 현대식 주기율표를 발표했다. 지금도 우리가 사용하는 화학 전공 서적에 등장하는 그 표다. 그렇다면 오늘날 우리는 이 세상에 존재하는 모든 원소를 다 찾아냈을까?

2016년 11월 30일, 국제순수·응용화학연합은 113번(니호늄nihonium, Nh), 115번(모스코븀moscovium, Mc), 117번(테네신tennessine, Ts), 118번(오가네손oganesson, Og) 원소의 명칭을 공식적으로 확정했다. 이로써 주기율표의 1주기부터 7주기까지 모든 칸이 빈틈없이 원소로 채워지고, 모든 원소가 자기만의 이름을 얻었다. 한편 주기율표의 8주기를 채우기 위해 119번 원소를 양자 역계산하는 작업을 시작한 지 꽤 되었지만 아직 8주기 원소를 찾았다는 소식은 들리지 않고 있다.

주기율표의 새로운 구성원을 찾는 일은 갈수록 어려워지고 있는데, 흔히 접하는 탄소, 수소, 산소, 질소 등과 달리 아직 발견되지 않은 원소들은 적어도 300개의 양성자와 중성자로 구성된 대단히 큰 원자핵을 갖고 있을 것으로 예상되기 때문이다. 이러한 아원자 입자들 사이의 관계는 인간 사회의 모습과 조금 비슷하다. 입자의 개수가 충분히 많아지면 밀어내는 힘이 끌어당기는 힘보다 강해지므로 원자핵은 핵분열 과정을 거쳐 더 가볍고 안정적인 원자핵이 되는데, 이 과정에는 일정한 규칙성이 있다. 어느 정도 시간이 흐르면 원자의 절반에 핵분열이 일어나며 헬륨 핵과 같은 입자나 전자파, 곧 방사능을 방출하는데, 이때 소요되는 시간을 반감기라고 부른다. 수십억 년이나 될 정도로 반감기가 긴 우라늄의 동위원소와 같은 원소도 있지

그림 6-3. 데밍이 1923년에 발표한 주기율표는 현대 주기율표의 기본 틀을 다졌다.

O	IA R_2O	IIA RO	IIIA R_2O_3	IVB RO_2	VB R_2O_5	VIB RO_3	VIIB R_2O_7	Transition Group VIII (Valence Variable)			IB R_2O	IIB RO	IIIB R_2O_3	IVA RO_2	VA R_2O_6	VIA RO_3	VIIA R_2O_7
2 He 4.00	3 Li 6.94	4 Gl 9.1	5 B 10.9											6 C 12.005	7 N 14.008	8 O 16.000	9 F 19.0
10 Ne 20.2	11 Na 23	12 Mg 24.32	13 Al 27											14 Si 28.1	15 P 31.04	16 S 32.06	17 Cl 35.46
18 A 39.9	19 K 39.10	20 Ca 40.07	21 Sc 45.1	22 Ti 48.1	23 V 51.0	24 Cr 52.0	25 Mn 54.93	26 Fe 55.84	27 Co 58.97	28 Ni 58.68	29 Cu 63.57	30 Zn 65.37	31 Ga 70.1	32 Ge 72.5	33 As 74.96	34 Se 79.2	35 Br 79.92
36 Kr 82.92	37 Rb 85.45	38 Sr 87.63	39 Yt 89.33	40 Zr 90.6	41 Cb 93.1	42 Mo 96.0	43 ? 99 ±	44 Ru 101.7	45 Rh 102.9	46 Pd 106.7	47 Ag 107.88	48 Cd 112.40	49 In 114.8	50 Sn 118.7	51 Sb 120.2	52 Te 127.5	53 ? 126.92
54 Xe 130.2	55 Cs 132.31	56 Ba 137.37	57+72 Rare Earths 139–170	72	73 Tn 181.5	74 W 184.0	75 ? 188 ±	76 Os 190.9	77 Ir 193.1	78 Pt 195.2	79 Au 197.2	80 Hg 200.6	81 Tl 204.0	82 Pb 207.20	83 Bi 209	84 Po 210	85 ? 219 ±
86 Nt 222.4	87 ? 225 ±	88 Ra 226.0	89 Ac 230	90 Th 232.15	91 Pa 234.2	92 U 238.2											

1 H 1.008

LIGHT METALS HEAVY METALS NON+METALS INERT GASES

Arrows indicate directions of increasing basic properties.
Sloping lines indicate the degree of relationship between Extreme Groups (A) and Intermediate Groups (B); greatest for Group IV, decreasing in both directions, and nearly disappearing with Groups I and VII.

The rare earth elements are:

57 La	58 Ce	59 Pr	60 Nd	61 ?	62 Sa	63 Eu	64 Gd	65 Tb	66 Dy	67 Ho	68 Er	69 Tm	70 Yb	71 Lu	72 Ct

Valence Detaibs:
+5
At. 0
No.

25. 제4악장, 118개 원소 이름의 완성

만 주기율표의 116번 자리를 차지한 원소인 리버모륨livermorium, Lv처럼 반감기가 수십 초에 불과할 정도로 짧은 원소도 있다. 반감기가 너무 짧은 원소는 한때 지구상에 존재했더라도 인간이 발견할 수가 없다.

과학자들은 인공 합성이라는 방법으로 원소를 만들어 남은 주기율표의 빈자리를 채우기로 했다. 최초의 인공원소는 앞서 소개한 테크네튬, 곧 멘델레예프가 출현을 예고했던 에카망가니즈다. 그 후 지구상에 존재하지 않던 20여 종의 원소가 인공적으로 만들어졌고, 이제 전체 원소 중에서 약 4분의 1을 차지할 정도로 많아졌다!

인공원소를 만들기는 상당히 어렵다. 화학반응이란 원자핵 바깥에 있는 전자 사이에 공유나 전이가 일어나는 것인데, 고온, 고압, 강한 전류 등의 수단을 동원해야 겨우 일어날 수 있다. 심지어 원자핵은 전자에 둘러싸여 단단히 보호되어 있으므로 양성자와 중성자를 융합할 때는 입자를 광속으로 가속해 다른 물질에 충돌시킬 수 있도록 도와주는 사이클로트론cyclotron 같은 최첨단 설비가 필요하다. 설령 사이클로트론을 구비하더라도 새로운 원소를 만들기란 절대 쉽지 않다. 새로운 원소를 탄생시키는 과정을 테트리스에 비교하면 쉽게 이해할 수 있다. 우선 사이클로트론에 들어가는 가벼운 원소가 테트리스의 네 가지 모양 블록 테트리미노이며, 바닥에 미리 깔린 블록 위에 테트리미노를 차곡차곡 쌓는 것을 목표로 한다고 가정해보자. 이를 위해 사이클로트론 가속기 버튼을 눌러 테트리미노를 바닥으로 떨어뜨리면, 바닥에 깔린 블록과 테트리미노가 합체해 한 줄이 채워지는 순간과 동시에 가로줄 블록은 사라져버린다. 이렇게 계속하다 보면 결국 테트리스 블록은 전부 사라지고 점수 말고는 남는 것이 하나도 없는 셈이니, 인공원소를 만들고 발견하는 과정은 험난하기 그지없다.

1주기부터 7주기까지의 원소가 모두 채워졌지만 새로운 인공원소를 만들려는 과학자들의 발걸음은 여기서 멈출 생각이 없어 보인다. 거기에는 두 가지 이유가 있다. 첫 번째, 시공간을 초월해 지구에서 '작은 우주'를 탐사하기 위해서다. 인공원소가 만들어지는 과정은 우주 공간상의 천체 움직임과 유사한 점이 많다. 두 번째, 의학과 원자력에 널리 사용되는 테크네튬처럼 상업적 가치가 뛰어난 새로운 인공원소를 찾아내기 위해서다.

아마 8주기 원소가 발견될 때쯤에는 기존 방법으로 주기율표를 작성하기가 어려울 테니, 우리는 지금보다 훨씬 더 신기하게 생긴 주기율표와 마주하게 될 것이다. 그때가 되면 새로운 주기율표에 적힌 원소 이름이 대부분 생소하게 느껴지겠지만 과거와 마찬가지로 우리는 매일, 매시간, 매분, 매초 원소의 도움을 받으며 살아가게 될 것이다. 또 원소가 노래하고 춤추고 존재한 덕분에 나는 이 책을 쓸 수 있었고, 여러분이 이 책을 읽을 수 있었다는 점도 기억해주기를 바란다. 어쩌면 여러분은 눈치채지 못했을지도 모르지만, 지난 46억 년 동안 원소는 한순간도 멈추지 않고 지구를 위해 노래했으며 앞으로도 계속해서 노래할 것이다.

26.

후주곡

1959년 하버드대학교의 수학자 톰 레러^{Tom Lehrer}는 갑자기 떠오른 영감을 받고 아래와 같은 노랫말을 써 내려갔다. 그 어떤 화려한 수식어도 없이 원소 이름을 그대로 가사에 옮겨놓은 것에 불과했지만 주기율표상의 순서보다 훨씬 더 운이 잘 맞는다.

> 여기 안티모니, 비소, 알루미늄, 셀레늄이 있어요.
>
> 수소와 산소, 질소, 레늄,
>
> 니켈, 네오디뮴, 넵투늄, 저마늄,
>
> 철, 아메리슘, 루테늄, 우라늄,
>
> 또 유로퓸, 지르코늄, 루테튬, 바나듐이 있어요.
>
> 란타넘, 오스뮴, 아스타틴, 라듐,
>
> 금, 프로트악티늄, 인듐, 갈륨,

또 아이오딘, 토륨, 튤륨, 탈륨도 있어요.

이트륨, 이터븀, 악티늄, 루비듐,

붕소, 가돌리늄, 나이오븀, 이리듐,

스트론튬, 규소, 은, 사마륨,

또 비스무트, 브로민, 리튬, 베릴륨, 바륨도 있지요.

홀뮴과 헬륨, 하프늄과 어븀,

인과 프랑슘과 불소와 터븀,

망가니즈와 수은, 몰리브데넘, 마그네슘,

또 디스프로슘과 스칸듐, 세륨, 세슘이 있네요.

납, 프라세오디뮴, 백금, 플루토늄,

팔라듐, 프로메튬, 칼륨, 폴로늄,

탄탈럼, 테크네튬, 타이타늄, 텔루륨,

또 카드뮴, 칼슘, 크로뮴, 퀴륨도 있군요.

황, 캘리포늄, 페르뮴, 버클륨,

멘델레븀, 아인슈타이늄, 노벨륨,

아르곤, 크립톤, 네온, 라돈, 제논, 아연과 로듐,

또 염소, 탄소, 코발트, 구리, 텅스텐, 주석과 나트륨도 있지요.

하버드가 알고 있는 것은 이 정도뿐이지만

아직 발견되지 않은 것이 더 많을 수도 있어요.

원소가 만들어낸 멜로디를 악보에 옮긴 이 노래의 제목은 〈원소의 노래The Elements〉다. 혹시 앞서 언급했던 멋진 고전 오페레타 〈펜잰스의 해적〉

이 기억나는가? 멘델레예프가 낸 두 번째 수수께끼의 정답이 공개된 바로 그해에 만들어진 작품인데, 레러 교수는 〈펜잰스의 해적〉 중 한 곡인 〈장군의 노래The Major-General's Song〉에 가사를 붙여 〈원소의 노래〉를 썼다.

〈원소의 노래〉는 세상에 등장한 이후 여러 문학 작품에 등장했다. 레러 교수는 종종 학회에서 직접 피아노를 치며 이 노래를 불렀는데 때로는 짐짓 진시한 모습으로 "여기 흙, 공기, 불 그리고 물이 있어요!"라는 가사로 고쳐 부르며 4원소설을 풍자했고, 그때마다 청중은 폭소했다. 두 가지 버전의 가사를 통해 지난 수백 년 동안 물질에 대한 우리의 관점이 얼마나 크게 바뀌었는지를 여실히 느낄 수 있다.

기존에 있는 노래의 가사에 이미 알려진 원소 명칭을 바꿔 붙이기만 했으므로 레러 교수가 〈원소의 노래〉의 원작자는 아니다. 그렇다고 해서 원소 주기성의 법칙을 밝힌 멘델레예프가 원작자라는 뜻도 아니다. "모든 돌 안에는 조각상이 있다. 나는 그저 필요 없는 부분을 깎아냈을 뿐이다"라는 미켈란젤로 부오나로티Michelangelo Buonarroti의 명언처럼 원소의 법칙은 본래 자연계에 있었으므로 인류가 발견하지 못했더라도 사라지지는 않았을 것이다. 더군다나 멘델레예프와 거의 비슷한 시기에 살았던 또 다른 과학자가 멘델레예프의 작품에 비견할 만하고 〈원소의 노래〉에 가까운 작품을 만들었다는 점을 생각하면 멘델레예프는 더더욱 〈원소의 노래〉의 원작자라고 할 수 없다.

한때 원소 주기성의 법칙을 최초로 발견한 사람으로 알려졌던 19세기 후반의 독일 과학자 율리우스 마이어Julius Meyer는 멘델레예프와 거의 동시에 원소 주기성의 법칙을 발견했다. 과학계는 이처럼 서로 접점이 전혀 없는 과학자들이 짧은 시차를 두고 같은 진리를 발견하는 경우가 많은데, 바로 시기가 무르익었기 때문으로 보인다.

마이어와 멘델레예프는 이전까지 그 누구도 가보지 않은 길을 헤쳐나가며 인식의 전환을 끌어낸 과학자다. 마이어도 수중에 원소 주기성의 법칙을 입증할 정확한 수치를 많이 보유했지만 신중한 성격의 소유자라서 '멘델레예프처럼 확신 있게 예언할 수 없었기'(실제로 1880년 논문에서 이렇게 자평했다) 때문에 공신의 자리를 흔쾌히 멘델레예프에게 양보했다. 진솔한 마이어와 마찬가지로 멘델레예프 역시 마이어는 원소 주기성의 법칙을 탐구한 위대한 과학자라며 칭찬을 아끼지 않았다. 이처럼 두 과학자는 서로를 진심으로 아끼고 존중했다. 1882년에 영국왕립학회는 원소 주기성의 법칙을 발견한 공로를 인정해 두 과학자에게 동시에 데이비드 메달을 수여했다.

때때로 역사는 이상한 일을 저지르곤 한다. 주기율표에 관해 이야기할 때 세상 사람은 모두 멘델레예프만 생각할 뿐, 그 누구도 마이어를 언급하지 않는 점을 보면 그렇다. 그러나 멘델레예프와 마이어는 〈원소의 노래〉속에 영원히 살아 숨 쉰다. 과학은 세상을 발전시키지만 그러한 과학을 발전시키고 더 감미롭게 만든 장본인들이기 때문이다.

〈원소의 노래〉 출연자 명단

- 감독 -

멘델레예프(원소 주기성의 법칙 제창자, 예언가)

- 지휘자 -

마이어(원소 주기성의 법칙 제창자)

- 프로듀서 -

데밍(현대 주기율표 편찬자)

- 작곡가 -

길버트와 설리반(〈펜잰스의 해적〉 작사가, 작곡가)

- 작사가 -

레러(하버드대학교 교수)

- 크리에이티브 디렉터 -

데모크리토스(원자설 제창자)

엠페도클레스(4원소설 제창자)

히포크라테스(4체액설 제창자)

아리스토텔레스(4원소설 확립자)

갈레노스(4기질설 제창자)

묵자(동양식 원자설 제창자)

- 현악 연주자 -

보일(근대 화학 확립자)

라부아지에(근대 화학의 아버지)

돌턴(근대 원자설 제창자)

베르셀리우스(원자량 측정자)

아보가드로(분자설 제창자)

데이비(알칼리 금속 발견자)

칸니차로(분자설 확립자)

- 관악 연주자 -

되베라이너(세쌍원소 발견자)

페텐코퍼(세쌍원소 개선자)

글래드스턴(다섯쌍원소 제창자)

샹쿠르투아(나선형 주기율표 제창자)

오들링(주기율표 제창자)

뉴랜즈(옥타브 법칙 제창자)

- 타악기 연주자 -

모즐리(원소 번호 제창자)

시그반(원자 위치 확인자)

톰슨(전자 발견자)

러더퍼드(양자 발견자)

채드윅(중성자 발견자)

레일리(공기 조성비 연구자)

램지(비활성기체 발견자)

- 가수 -

드부아보드랑(갈륨 발견자)

닐손(스칸듐 발견자)

빙글러(서마늄 발견자)

- 무대 연출 -

볼타(전지 발명가)

게이뤼삭(기체 반응의 법칙 발견자)

뒬롱과 프티(열용량 법칙 확립자)

캐번디시(천재 과학자)

패러데이(전자기학 확립자)

졸리오퀴리 부부(중성자 실험 설계자)

서수(원소 주기성의 법칙 전파자)

- 특별 게스트 -

비제(〈카르멘〉 창작자)

　이 멋진 공연에 참여했으나 언급되지 않은 그 외의 출연자들에게도 감사의 인사를 전한다. 여러분 덕분에 원소 주기성의 법칙이 불후의 명작이 될 수 있었다.

참고문헌

1부

1. Stefan Zweig 著, 《人類群星閃耀時Sternstunden der Menschheit》, 張衛 譯, 北京: 北京出版社, 2005. (슈테판 츠바이크 지음, 《광기와 우연의 역사》, 안인희 옮김, 휴머니스트, 2004.)

2. Barbara A. Somervill 著, 《印卡帝國Great Empires of the Past: Empire of the Incas》, 郝明瑋 譯, 北京: 商務印書館, 2015.

3. Peter Marshall 著, 《哲人石:探尋金丹術的秘密The Philosopher's Stone: A Quest for the Secrets of Alchemy》, 趙萬裏 · 李三虎 · 蒙紹榮 譯, 上海: 上海科技教育出版社, 2007.

4. 中國黃金學會 著, 《中國黃金經濟》, 1996(6), 北京: 中國黃金報社, 1996.

5. 國家林業局 · 經濟發展研究中心 著, 《綠色中國》, 1996(6), 北京: 綠色中國雜誌社, 2006.

6. 中國有色金屬學會 著, 《中國有色金屬學報》, 2003(10), 北京: 科學出版社, 2003.

7. 中國科學院研究生院 著, 《自然辨證法通訊》, 1995(1), 北京: 中國科學院 · 自然辨證法通訊雜誌社, 1995.

8. 中國化學會 著, 《化學通報》, 2002(10), 北京: 化學通報雜誌社, 2002.

9. 世界知識出版社 著, 《世界知識》, 1981(13), 北京: 世界知識出版社, 1981.

10. 廣西民族文化藝術研究院 著, 《民族藝術》, 2011(2), 南寧: 民族藝術雜誌社, 2011.

2부

1. 曾甘霖 著, 《銅鏡史典》, 重慶: 重慶出版社, 2008.

2. 郭燦江 著, 《光明使者: 燈具》, 上海: 上海文藝出版社, 2001.

3. 顏鴻森 著, 《古早中國鎖具之美》, 台南: 中華古機械文教基金會, 2003.

4. 著者 未詳, 《考工記》, 聞人軍 譯, 上海: 上海古籍出版社, 2008.

5. 宋應星 著,《天工開物·譯註》, 潘吉星 譯, 上海: 上海古籍出版社, 2016.

6. 自然雜志編輯部 著,《自然科學年鑑:1985》, 上海: 上海翻譯總公司, 1987.

7. 盧嘉錫 著,《中國科學技術史·軍事技術卷》, 北京: 科學出版社, 1998.

8. 陝西省社會科學院 著,《新西部》, 2018(8), 西安: 新西部雜誌社, 2018.

9. Elsevier 著,《Journal of Archaeological Science》, 2011(38), London: Elsevier, 2011.

10. 浙江大學 著,《浙江大學學報》, 2017(2), 杭州: 浙江大學學報雜誌社, 2017.

11. 黃山學院 著,《黃山學院學報》, 2004(6), 黃山: 黃山學院學報雜誌社, 2004.

12. 遼寧省檔案局 著,《蘭臺世界》, 2015(6), 沈陽: 蘭臺世界雜誌社, 2015.

13. 何堂坤 著,〈關於銅鼓合金技術的初步研究〉, 南寧: 中國銅鼓研究會, 2011.

3부

1. Italo Calvino 著,《看不見的城市Invisible Cities》, 王志弘 譯, 台北: 時報文化出版社, 1993. (이 탈로 칼비노 지음,《보이지 않는 도시들》, 이현경 옮김, 민음사, 2007.)

2. 李安山 著,《中國非洲研究評論》, 北京: 北京大學出版社, 2001.

3. 中央民族大學 著,《中央民族學院學報》, 1982(2), 北京: 中央民族大學出版社, 1982.

4. 上海大學 著,《自然雜志》, 2012(6), 上海: 上海大學自然雜誌社, 2012.

4부

1. 上海石油化工總廠廠史編纂委員會 著,《中國石化上海石油化工股份有限公司司誌》, 上海: 上海社會科學院出版社, 2012.

2. 袁翰清 著,《中國化學史論文集》, 北京: 生活·讀書·新知三聯書店, 1964.

3. Charles Dickens 著,《霧都孤兒Oliver Twist》, 何文安 譯, 南京: 譯林出版社, 2010. (찰스 디킨스 지음,《올리버 트위스트》, 유수아 옮김, 현대지성, 2020.)

5부

1. 王桂生 著,《鈦的應用技術》, 長沙: 中南大學出版社, 2007.

2. 谷鳳寶 著,《鈦資源綜合利用》, 北京: 人民日報出版社, 1992.

3. Paul Andreu 著,《安德魯建築回憶錄Archi‐mémoires》, 周冉·繆伶超·王笑月 譯, 北京: 中信出版社, 2015.

4. 中國殘疾人聯合會 著,《中國矯形外科雜誌》, 2016(8), 泰安: 中國矯形外科雜誌社, 2016.

5. 上海交通大學 著,《醫用生物力學》, 2014(3), 上海: 醫用生物力學雜誌社, 2014.

6. 中國康復醫學會 著,《中國組織工程研究》, 2013(47), 沈陽: 중국조직공학연구잡지사, 2013.

7. 온라인 자료,〈3D打印技術在醫療領域應用廣泛〉, http://www.21ic.com/news/med/469579.htm.

6부

1. 李紹山·王斌·王衍荷 著,《化學元素週期表》, 北京: 化學工業出版社, 2011.

2. 郭保章 著,《世界化學史》, 南寧: 廣西教育出版社, 1992.

3. 淩永樂 著,《化學元素的發現》, 北京: 商務印書館, 2009.

4. 郭保章 著,《中國化學史》, 南昌: 江西教育出版社, 2006.

5. 中國科學技術史學會 著,《中國化學學科史》, 北京: 中國科學技術出版社, 2010.

6. 李麗 著,《近代化學譯著中的化學元素詞研究》, 北京: 中央民族大學出版社, 2012.

7. Theodore Gray 著,《視覺之旅: 神奇的化學元素Reactions》, 陳沛然 譯, 北京: 人民郵電出版社, 2011. (시어도어 그레이 지음,《세상을 바꾸는 반응》, 전창림 옮김, 다른, 2018.)

8. Peter Marshall 著,《哲人石:探尋金丹術的秘密The Philosopher's Stone: A Quest for the Secrets of Alchemy》, 趙萬裏·李三虎·蒙紹榮 譯, 上海: 上海科技教育出版社, 2007.

9. 劉新錦·朱亞先·高飛 著,《無機元素化學第二版》, 北京: 科學出版社, 2010.

10. 車雲霞·申泮文 著,《化學元素週期系》, 天津: 南開大學出版社, 1999.

찾아보기

ㅈ

숙명여자대학교에서 중어중문학을, 이화여자대학교 통번역대학원에서 한중통역학을 전공했다. 삼성전자, 주중한국대사관에서 통번역사로, 수인법인과 대법인 인증 통역인으로 일했디. 현재 번역집단 실그로드 ⏚ㅅ 번역기 겸 프리랜서 통번역사로 활동하고 있다. 지은 책으로 《나의 중국어 다이어리》《열정 중국어 회화 1,2,3(공저)》가 있으며 옮긴 책으로는 《시경 속 동물》《자존감 회복 수업》《곤충은 어떻게 하늘을 날까요?》《새는 어떻게 하늘을 날까요?》《사람은 어떻게 하늘을 날까요?》 등이 있다.

5개 원소로 읽는 결정적 세계사

초판 발행 • 2024년 8월 21일
초판 3쇄 발행 • 2024년 9월 19일

지은이 • 쑨야페이
옮긴이 • 이신혜
감수 • 김봉중
발행인 • 이종원
발행처 • (주)도서출판 길벗
브랜드 • 더퀘스트
출판사 등록일 • 1990년 12월 24일
주소 • 서울시 마포구 월드컵로 10길 56(서교동)
대표전화 • 02)332-0931 | **팩스** • 02)323-0586
홈페이지 • www.gilbut.co.kr | **이메일** • gilbut@gilbut.co.kr
대량구매 및 납품 문의 • 02) 330-9708

기획 및 책임편집 • 안아람(an_an3165@gilbut.co.kr) | **편집** • 박윤조, 이민주 | **제작** • 이준호, 손일순, 이진혁
마케팅 • 정경원, 김선영, 정지연, 이지원, 이지현 | **유통혁신팀** • 한준희 | **영업관리** • 김명자, 심선숙 |
독자지원 • 윤정아

디자인 • 김종민 | **교정교열** • 오지은 | **전산편집** • 상상벌이 | **인쇄** • 금강인쇄 | **제본** • 경문제책

• 더퀘스트는 ㈜도서출판 길벗의 인문교양 • 비즈니스 단행본 브랜드입니다.
• 잘못 만든 책은 구입한 서점에서 바꿔 드립니다.
• 이 책에 실린 모든 내용, 디자인, 이미지, 편집 구성의 저작권은 (주)도서출판 길벗(더퀘스트)과 지은이에게 있습니다.
  허락 없이 복제하거나 다른 매체에 실을 수 없습니다.

ISBN 979-11-407-1052-2 03900
(길벗 도서번호 040232)

정가 21,000원

독자의 1초까지 아껴주는 정성 길벗출판사
(주)도서출판 길벗 | IT교육서, IT단행본, 경제경영서, 어학&실용서, 인문교양서, 자녀교육서 **www.gilbut.co.kr**
길벗스쿨 | 국어학습, 수학학습, 어린이교양, 주니어 어학학습, 학습단행본 **www.gilbutschool.co.kr**

페이스북 **www.facebook.com/thequestzigy**
네이버 포스트 **post.naver.com/thequestbook**